恋愛 家族 そして未来

中央大学文学部編

中村 昇
坂田 聡
横湯園子
宇佐美 毅
杉崎泰一郎
中尾秀博
野口 薫
斉木眞一
榎本泰子
松田俊道
松田美佐
矢島正見
古賀正義

中央大学出版部

初めに

初めに書く文章として相応《ふさわ》しくないのは、よくわかっているが、無味乾燥なものを書いてもしょうがないので、私事にわたるが許していただきたい。同じ中学・高校に通っていた友人にMという男がいた。彼は、女性にとにかくよくもてた。あんなに異性にちやほやされる人間は、それ以降見たことがない。ただ、彼の場合は、恋愛をゲームのようにみなしていた節があった。男性にも人気があり、頭もよく、文句なくいい奴なのだが、どうしても最後の一点で信用できない。そのうち、いろいろ問題をおこし、高校を中退した彼は、他の高校にうつり、そこでも女性に取りまかれていたらしい。そういうMも、大学を卒業し婚約をした。今までの生き方を改め、税理士になり就職もした。仕事の関係で、ニューヨークに行ったが、そこで、強盗に刺殺される。あっけない最期だった。もう二〇年以上も前の話だ。「恋愛 家族 そして未来」というテーマから、彼のことを思いだしてしまった。恋愛から家族、そして未来へと、自然に時が過ぎていく場合もあるだろうし、Mのように、ばっさりとぎれる人生もある。複雑な世界を、多くの人間たちが手探りで進んでいく。苦しいことや悲惨なことも多いけれど、楽しいこともある。生きていくのは、そうそう捨てたもんじゃない。恋愛というご褒美もあるし、家族という安らぎもある。そんな人間という豊饒《ほうじょう》で無類の存在を、二三の異なった切り口から考えてみた。あなたには、どんな世界が見えてくるのだろうか。存分に楽しんでいただきたい。

中村　昇

contents

contents

Ⅲ　若者文化　そして未来

I

昔 今 愛のカタチ

恋愛なんてありえない!?

中村 昇 哲学専攻 教授

NAKAMURA Noboru

1　恋愛という不思議

恋愛というのは本当に不思議な現象ですよね。なぜ恋愛があるのか、私はいまだによくわからない。このあたりから話しはじめたいと思います。

三つぐらい、恋愛の不思議さについて、ピックアップしてみましょう。

まず、一般に恋愛して結婚して子供が生まれるわけですが、子孫を増やすということと恋愛とは何か関係があるのかということを考えてみましょう。恋愛と子孫を増やすということが関係あるのであれば、我々人類にとって恋愛というのは必要なことになるわけです。不思議な現象かもしれないけれども、恋愛というのはどうしても人間になくてはならないものになる。ところが、子孫を増やすだけであれば、発情期があればいい。人間は発情期が壊れてしまったと言われています。つまり、いつでも発情できる状態になっているわけですから、恋愛がなくったって一向に構わない。

逆に、恋愛があると差し障りがあります。つまり、恋愛というのは、かけがえのない人、取り替えることができない人だけに対する感情です。その人だけしか目に入らない。そうすると子孫を増やすという点に関しては、逆にマイナスです。つまり、子孫を増やすことに関しては、恋愛は全く役に立たない。私が考えるに、恋愛というのは肉体的な欲望とは全く無縁の、非常に純化されたもの、精神的なものだと思うので、子孫を増やすということとは関係ない。

二番目。今言ったように、恋愛というのは肉体的欲望とは全く関係ない。つまり、肉体的欲望が欠如します。私は皆さん方が、恋愛経験があるという前提で話していますが、恋愛をされたことがない方はいらっしゃいますか。こんな大勢の中で手は挙げづらいと思いますが（笑）。以前、私が哲学の授業で恋愛の話をした時、「恋愛をしたことがない学生さんはいる？」と訊ねたら、男子学生が一人手を挙げた。「あっ、恋愛したことないの」と言った途端に、その学生の携帯電話が鳴ったんです。私の授業では着信音を授業中に三回鳴らせばAを取れます（!?）ので、「おい、携帯が鳴ったぞ。ちょっと話せよ」と言うと、その学生は携帯に出て「うん、わかった、わかった。今授業中だから、もう電話かけてこないで」と言って切ったんです。「誰からかかってきたの？」と聞くと、「お父さんからです」。お父さんから電話がかかってくるんです、授業中に。これはちょっと恋愛できないなと（笑）。そういう学生もいますが、皆さんは、恋愛のご経験がおありですよね。

　皆さん方の恋愛のご経験と照らし合わせて考えていただければわかるように、恋愛をすると欲望が激減する。私は少なくともそうです。まず食欲がなくなりますし、もう何をする気もなくなる。ただ、腹ペコの状態でも、逆に、人生は薔薇色に輝きますけれどもね。精神的には非常に充実しているのだけれども、肉体的な欲望は激減する。

　私は志ん朝が亡くなって（二〇〇一年）から落語は見なくなったのですが、「崇徳院」という有名な落語があります。これはある大店の息子さんが病気になって、何の病気かわからないまま、どんどん衰弱して、医者に「あと五日の命だ」と言われる。もうどうしようもないから、大店の旦那さんは熊五郎に「息子の病気が何だか聞いてくれ」と頼みます。聞くと、どうも恋をしている。「恋煩い」をしているというわけです。恋煩いをしているために、肉体的にだんだん衰弱していく。その熊さんが「恋煩いの相手を探せ」と言われて、もう東京中、日本国中探して、やっと見つかった。実はその相手の娘さんもやはりこっちに恋煩いをしていて、めでたし、めでたしという話なのです。

　この「崇徳院」でも言われているように、恋というのは我々の肉体にダメージを与えます。この落語では、命も危ない。つまり恋愛は、子孫を増やすということに対してマイナスであるどころか、人間一個の肉体を滅ぼすかもしれない、非常に危険なものだということがわかります。

以上から、人間にとって恋愛は非常に危険だということがわかります。では、なぜ恋愛があるのか。家族と恋愛はどういう関係があるか。今度は、家族について考えてみましょう。

だいたい、今の世の中は恋愛結婚をして家庭をつくって子供が生まれるというような流れがありますから、家族と恋愛とは何か関係があるような気がする。しかし家族にとって恋愛は危険です。例えば夕食の席で、お父さんが「いや、今日ちょっと恋愛しちゃってね」と言ったら、もう食卓は凍りつきます。すごいスピードで茶わんか何か飛んでくるかもしれない（笑）。つまり恋愛して結婚したはずなのに、家族という単位になった途端、そこには恋愛は絶対に入り込めない。タブーになってしまいます。これも非常に不思議なわけです。夫婦だけではなく、子供だって恋愛について家庭で語るのは、難しい。家族をつくるだけだったら恋愛なんかしないで、見合い結婚をすればいい。とにかく、男性と女性が、ある約束をするわけですからね、結婚というのは。一生一緒に暮らしましょうと約束をするわけですから、「もうこの人だけだ」というような熱烈な恋愛をする必要はないわけです。ですから家族という単位とも関係ない。家庭に恋愛は入ってこない。

2　恋愛とは、どういう現象か

三つの不思議さを見てきましたが、結局恋愛が持っている意味、つまり恋愛がなぜ我々の人生に登場するのかは、よくわからない。では、恋愛そのものを見てみましょう。恋愛とはどういう現象なのか。

恋愛という現象は非常に不思議な現象で、まず受動的なものであるということです。例えば食事をしたりスポーツをしたりするのであれば、〈よし、今日、午後からスポーツをしよう〉、〈夕食は何にしようか、何を食べようか〉と考えることはできますが、「今日はちょっと暇だから、渋谷に行って恋愛をしよう」とは、誰も言いませんよね。

恋愛はしようと思ってできるものではない。必ず受動的に振りかかってくるものなのです。ウイルス性の病気に突然かかるようなものです。この病気には、潜伏期もあります。一目ぼれという現象以外だと潜伏期がある。まずウイルスが入り、ある程度の期間潜伏していて、突然発病する。〈なぜ私はあの人のことが好きなんだろう、あの人のことが気になるんだろう〉という状態になる。そこから本格的な恋愛が始まるというパターンなのです。

言葉の使い方から見てみましょう。「恋する」という動詞は「に」という助詞を使います。「〜に恋する」と言います。ところが「愛」の場合には、「〜を愛する」と言います。「〜に恋する」と「〜を愛する」という違いがあります。「に」というのはほかにどんな例があるかというと、「病気にかかる」。病気があって、それに受動的に自分がかかるということです。あるいは多摩動物公園に行って「ライオンに食べられる」。ライオンがいて、それに受動的に食べられるということです。「〜に」というのは受動であると同時に、到達目標も表します。それに対して「〜を」というのは、明らかに能動です。そういうふうに、この助詞はまず受動を表す。それに対して「〜を」というのは、明らかに能動です。「〜に」というのは受動であると同時に、到達目標も表します。それに対して

「山に登る」と「山を登る」というのは明らかに違います。「山に登る」というのは、到達地点である「山に登る」のです。ところが「山を登る」というのは、山を登っている途中の状態。これが「〜を」というわけです。

「に」という助詞はいろいろな意味を持っているのですが、取りあえず「〜に恋する」ということに関して言えば、受動であると同時に到達地点を表すという二つの要素がある。これは何を意味するかというと、到達地点みたいなものがあって、それに到達しようとしているのだけれども、その到達地点みたいなものからある

る。

影響を受けて、受動的な働きを受けるということだと思います。これが恋愛の構造とどうも密接に関わってい

そして、恋愛といえばやはり一番の特徴は、「かけがえのなさ」です。恋愛をした方であればわかるように、恋愛の相手は、かけがえがない、つまり取り替えることができないわけです。ほかの人では駄目、もうその人だけ。その人だけが、自分にとっての恋愛対象だというわけです。失恋した若者に対して「いやぁ、人類の半分は女性だから心配ないよ」とか言ったら、それはもう恋愛の本質を完璧に見誤っています。つまり世界の半分が男性だろうが女性だろうが、恋愛対象というのは本当に取り替えることができない、もうその人だけなのです。だからどんなに異性が山ほどいようが、その人がどんなに素敵だろうが、全く関係ない。

例えば「二人称」と「三人称」というのがあります。二人称というのは「あなた」とか「君」です。三人称は「彼」とか「彼女」です。我々が恋愛するのは、必ず二人称。「あなた」とか「君」と呼びかける対象に恋愛をします。「彼」とか「彼女」といった三人称が二人称に転換すると、恋愛が始まります。この二人称と三人称との違いは、恋愛だけではない。例えば飛行機事故や大地震が起きて、様々な方が亡くなる。するとテレビのテロップで亡くなった方のお名前がずうっと流れます。なぜテロップを流しているかというと、テレビを見ている人たちが自分にとっての二人称がそこにいるかどうかをチェックするためなのです。もし自分が一番親しい、例えば親であるとか子供であるとか恋人であるとか、そういう人の名前がそこに出てこなければ、何の問題もない。それは全部三人称ですから。確かにそれはすごく悲惨な出来事だけれども、自分にとってはさほど切実ではない。つまり三人称というのは、数や量という形で処理することができる。ところが二人称になると、そういうわけにはいかない。もしテロップが流れて、その中に自分の親の名前があったら、世界は突然がらっと変わり、日常が切断される。つまり、二人称というのは、その人にとって質的で切実なものなのです。

そして、恋愛対象というのは、二人称の中でも一番レベルの高い絶対的な二人称であり、これが「かけがえのなさ」の特徴なわけです。

この世界にいろいろな人間がいますが、これは全部一応最初は三人称です。これは交換可能。いくらでも他の人に替えることができる対象です。ところが、いったんその中の一人が恋愛対象になると——例えば「a」さん、「b」さん、「c」さんという取り替えることができる三人称であったのが、突然「a」さんのウイルスが自分の中に入ってきて、この人が恋愛対象になると、これはもう絶対的なレベルアップした大文字の「A」になるわけです。世界の内部からある意味で超越する。超越というのはどういうことかというと、世界の内部にいる様々な人とは違ったものになってしまう。二人称という言葉を使えば、絶対的な二人称になる。この世界の内部、つまり取り替えることが可能な「a」さん、「b」さん、「c」さんという三人称の状態から、突然世界の外側にレベルアップして超越して、絶対的二人称になるのが、「かけがえのない状態になる」ということになります。これが恋愛対象のあり方ということになります。

対象が、そういうかけがえのない対象になる。つまりこの世界から超越して、普通に生活している人間ではなくなる。そうなると今度は、その相手から、我々はコントロールされます。ところが、超越的な対象なんだけれども、同時にそれは生身の人間として、我々の世界に実際にいるわけです。超越してこちらをコントロールする人間が、目の前にいる。これは、とてつもない状態です。ものすごく苦痛ですよね。つまり、恋愛対象と一緒にいるということは、苦痛なんです。とにかくその場から逃げたい。自分が好きな相手なんだけれども、もう逃げたい。いても立ってもいられない。

これも、非常に不思議ですよね。恋愛対象と一緒にいたいはずなのに、会っても辛いし、会わないともっと辛い。

3　恋愛と宗教

これをちょっと別の側面から考えてみましょう。民俗学などで使う「ハレ」と「ケ」という概念があります。どういう概念かというと、「ハレ」というのは非日常の状態、「ケ」というのは日常的な状態です。例えばお皿を洗ったり食事をしたり、子供の世話をしたり、その合間に無理矢理時間をつくって研究したりという、そういう日常的な状態が「ケ」です。それに対して、「ハレ」は、例えば一年に一度のお祭の状態などを指します。恋愛というのは、この「ハレ」の状態です。我々は「ケ」の状態では本当に面倒くさいことを、毎日毎日いろいろしなくてはいけない。生きていくということは、面倒くさいことを日々続けていくことだと言ってもいい。そういう状態の中で恋愛状態に陥ると、その日常が一変するというわけです。

私は、いわゆる「ケ」の状態を、「原理的な受動性」と言っています。つまりこの世界に、我々は自分から生まれてきたわけじゃない。何かしら突然生まれさせられる。受け身です。突然生まれさせられて生きていかなければいけない。そして、何が何だかわからないけれどもその社会のルールみたいなものをある程度覚え、その社会でうまく生きられるようになったら、例えば七〇年、八〇年長く生きてきたら、自分から死のうと思って死ぬ人はいないわけですから、今度は殺される（笑）。ちょっと過激な発言ですが、そうですよね、自分から死のうという人はいない。殺される。つまり、我々は生まれる時も死ぬ時も、必ず原理的に受動的なあり方だということです。我々は、そういう原理的に受動的な生き方をして、日常的な生活、ルーチンワークみたいなものをずっと続けなければいけない。ところが、恋愛をすると、この受動的なあり方が一変する。理由もわからないまま、この世界に受動的に呪縛されている、ある意味で死刑囚のような状態である我々が、恋愛すると突然世界が意味を持って、もしかしたら世界は自分のためにあるのかもしれない、あるいは世界は自分と恋愛対象のためにあるのかもしれないというぐらい、がらっと変わるわけです。これも恋愛という不思議な現象の一つの側面だと思うのです。

恋に落ちると、超越的な恋愛対象によって自分はコントロールされるわけですが、例えばその人が「あなたのことが好きよ」と言った途端に世界は薔薇色に変わるし、「もう本当に大嫌い、ケッ」とか言われると、世界全体が地獄に変わるわけです。そういうふうに我々は恋愛対象によってコントロールされる。別の言い方をすると、恋愛対象を自分が超越的な世界に持っていって、その超越的な対象を自分で育んでいるわけです。となると、恋愛というのはどう考えても、実際の社会生活を営んで我々の現実の世界の中でいろいろ様々な活動をやっている、生活をやっている状態ではなく、ある意味でその人だけの独りよがりの妄想なのではないか。恋愛対象というのは、すでに現実の人間じゃないわけですから。確かに誰かを愛する。例えば私が誰かを好きになる。でも本当のその人のことは知らないわけです。その人を見た私の印象を受動的に私が受け取って、それを妄想的に膨らませている。私の頭の中で風船が膨らむように膨らんで、自分の世界の中で自分が超越的な対象を育んでいるわけですから、これは明らかに現実の世界とは遊離している。恋愛というのは妄想で、しかもその妄想は現実の世界には登場しないのではないかということです。そしてこれは、宗教的な構造と非常に似ているのではないか。

宗教というのはどういう構造を持っているか。単純化して言えば、我々の世界があって、世界の内部に神様はいない。創造主なわけですから、神様は世界の外側に超越して存在している。神様は超越的な視点からこの世界をコントロールしている、と言えるでしょう。するとこれは、先ほど言いました恋愛の構造と非常によく似ている。つまり我々はこの世界の内部にいるんだけれども、自分が好きな相手を超越させて、この世界の「a」「b」「c」ではない、大文字の「A」にして世界の外側に超越させ、かつ、その超越させた対象から自分がコントロールされるという構造。これは宗教的な構造と非常によく似ているわけです。

このような構造を持った宗教には二つの側面があって、一つの側面は、この世界の内部にいる我々を世界から超越した神様にコントロールされることによって、自分を超えた、人間を超越したもの（神）の素晴らしさみたいなものによって、人間自身が、非常に敬虔な気持ちになる。例えばマザー・テレサをはじめとして、いろいろな聖者がいますが、そういう人たちはこの世界の内部ではない外側に立っている超越的な神にある意味でコントロールされているからこそ、この世の人とは思えないような素晴らしい行為ができるわけです。

ところが逆の側面もあります。この我々の世界の内部の様々な具体的事柄から引き離され、超越的なものによってコントロールされるわけですから、〈超越的なものがそう言った〉と自分で思い込めば、この世界の中の諸々の出来事と遊離してしまう。すると、例えば自爆テロに代表されるような、宗教的な原理主義者が持つ危険性みたいなものも、そこから出てきます。

これは恋愛が持っている二つの側面、つまり自分が好きな人によってコントロールされるから世界が薔薇色に輝いて非常に純粋な状態になるという側面と、一歩間違えれば孤独な妄想の世界に入り込み、ストーカーになってしまう側面に対応しています。ストーカーというのは、やっていることは確かにめちゃくちゃなんだけれども、この世界の内部的な事柄に様々な齟齬《そご》を来しているだけで、彼自身の中では非常に純粋なわけです。だから恋愛が持っている二つの側面というのは、宗教と非常に似ているのではないかと思います。

以上、様々な恋愛の性質みたいなものを考えた上で、恋愛を定義すればどういうものになるか。以上のような状況証拠から、どうも恋愛が目指しているのは「超越的対象との精神的合一」ではないのか。つまり自分が受動的にかかった恋愛という病気は、恋愛対象を世界の外側に超越させて、その超越的な対象と合一しようとしているのではないか。しかし、超越的な対象と合一するというのは、大変難しい。この独りよがりの妄想のきっかけとなった生身の人間は厳然と存在するからです。かつ、その生身の人間も別の精神を持った存在ですから、精神的合一というのはどうしても不可能なのではないか。だから、恋愛というのは自分が不可能になるような目的を自らつくり出して、それを目指しているというパラドキシカルな行為なのではないかというのが、恋愛の最終的な定義になるわけです。

4　恋愛はなぜ存在するのか

そういう恋愛というのが我々の世界に存在する。なぜ存在するのかというお話に移りたいと思います。

まず、人間というのは片割れ的な存在であるということ。プラトンという古代ギリシャの非常に有名な哲学者の『饗宴』という対話篇を取り上げましょう。プラトンは、我々の現実の世界以外に、《イデア（idea）の世界》というのがあると考えました。「イデア」というのはギリシャ語で、英語のアイデアの語源です。イデアの世界というのはどういう世界かというと、これは設計図の世界です。あるいは別の言葉を使えば理想の世界、完璧な世界です。プラトンは、我々の世界は完璧な世界ではなくて、このイデアという一つの設計図の世界があるからこそ成り立っていると言うわけです。これは設計図ですから、実際に現実となった段階では設計図通りにはいきませんよね。ですから現実の世界というのはイデアの世界に比べれば必ず劣っている。例えば三角形の内角の和。この現実の世界で我々は三角形の内角の和は一八〇度だと言っていますが、完璧に一八〇度の三角形なんか、実際には見たことがないはずです、皆さんも。だってこの世界には必ずデコボコがありますし、完璧な直線なんか引くことはできません。だから「三角形の内角の和は一八〇度だと我々が言えるのは、イデアの世界でそうだからだ」というようにプラトンは言った。そして、このイデアの世界では、人間も完全なんだとプラトンは言うわけです。完全人だと。完全人というのはどういう人間かというと、両性具有だという。我々の現実では、男性と女性というように性別が分かれていますが、イデアの世界では両性具有である。男性・男性パターン、女性・女性パターン、男性・女性パターン。三つの完全人がいる。この三つのパターンの完全人がイデアの世界から現実の世界に降りてきたら、それぞれパカッと分かれる、片割れになるのです。だから我々はこの現実の世界で一目会ったその日から一目ぼれをすることもある。それはなぜか。イデアの世界で一つの完全人だったからで、その記憶があるから、この世界に来た時に「あっ、あの人」と思い出す。

次に、「物質との連続」という側面です。進化論によると、物質の段階から有機的なものになり、さらに単細胞生物からどんどん進化して人間になったといいます。つまり、我々はもともとは物質だったわけです。そういう進化論的な流れがある。

我々はそういうふうに物質から離れてきたわけですから、もともとは物質だったわけです。我々の身体は今も物質からでき上がっている。いまだにつながっているとも言える。だから我々はある意味で、その物質的な状態への郷愁みたいなものを持っているのではないか。

フロイトという精神分析学者が「人間にはタナトスという欲求がある」と言いました。タナトスとは、死への欲求です。人間には、生きるという欲求だけではなく、死への欲求もある。人間は進化論的に物質から出てきた、そして物質の状態だと何の心配もなく、非常に安心です。生命体として孤立して生きていくためには、様々なことをしなければいけないからです。えさを探さなければいけないし、様々な面倒くさいことをしなければいけない。物質というのは非常に安定した状態なわけです。だから人間はその生命体の最先端にいるのだけれども、最終的に物質に戻りたいという、タナトスという欲求を持っている。死ねば死体になりますから、物質になります。こういう意味で、人間は、物質と連続している。

次に、誰でもそうですが、我々人間は必ず母親から生まれてきます。母子一体の状態、母親と同じ一つの体であり、連続していたという状態を必ず経験している。つまり物質との連続があって、そこから生命体として孤立して、生命体が個体として生まれてくる時には、必ず自分の母親と連続した状態から分離して生まれてくるわけです。

さらに人は、母親から生まれて家族の中に入る。いきなり独り立ちすることはできない。家族の中に入って家族から社会的な庇護、あるいは経済的な庇護を受けてある程度の年齢まで大きくなる。それが我々人間です。そうすると、人間というのは、系統発生的にまず物質と連続した状態から生命体として孤立し、今度は母親と一体だった状態から赤ん坊として個体発生的に孤立する。次に家族という形で社会的、経済的庇護の連続した状態から孤立する。三つの分離を経験すると言えるでしょう。そして最後の分離の時期が第二次反抗期、一〇代の終わりぐらいです。通常その時期に、我々は恋愛を始めるわけです。

いくつかの連続からの分離の最終的なところに恋愛が位置しているということは、我々は連続からの分離が非常に怖いから、今度は新たな連続をつくろうとして別の個体とある種の連続を形づくろうとする。そういう我々のある歴史的な流れみたいなものがあるから、恋愛というのはあるのではないかというわけです。

だから、恋愛というのは非常に不思議な現象なのだけれども、こういう人間のあり方から、どうしても我々に起こらざるをえない一つの現象なのではないかと思うのです。

このように、恋愛は様々な側面を持っていますし、恋愛のある種の原因みたいなものもわかるのではないでしょうか。

6　純粋な恋愛

最後に純粋な恋愛についてお話しし、その純粋な恋愛はどうしてもうまくいかないということを述べたいと思います。だからこそ「恋愛なんてありえない!?」と言いたいわけです。その話に今から突入します。

先ほど言ったように、恋愛というのは、自分が超越させた超越的な対象と精神的な合一をしようとする。しかし、それはあくまでも妄想。絶対的にうまくいかないわけです。でも精神的な合一みたいなものが達成できたよという錯覚を我々が持つこともある。それはどういう現象かというと、まずは、片思いです。

片思いというのは、自分の恋愛対象と精神的な合一ができたと思い込むことのできる幸せな状態です。だから、ある意味で「片思い」こそ純粋な恋愛の一番最高の形態だと、私は思います。片思いというのは自分で自分の恋愛対象をずっと育んでいけばいいわけですから、非常に安心というか、何の問題もない。そういう意味で片思いは一つの純粋な恋愛形態である。次に、片思いだけではなくて、両方が片思いの状態を維持できる状態もある。これは「遠距離恋愛」だと思うのです。肉体的な接触がなければ、会っていろいろな話をしなければ、エゴがぶつかり合ったり生身の人間としてのいろいろな都合が出てきて〈こいつ、何か嫌なやつだな〉とか〈何だ、結局ただの人間か〉と思う経験がなければ、自分の中で育んでいる妄想みたいなものはずっと維持できる。両思いなんだけれども、ある意味でそれぞれが片思いとして維持できる状態が、遠距離恋愛だと思うのです。だから、恋愛の純粋形態というのは「片思い」と「遠距離恋愛」じゃないかと思うのです。

ところが、精神的合一を達成させる錯覚、例えば遠距離恋愛の状態から、今度は具体的に付き合い出します。あるいは、片思いの状態から告白してうまくいって、付き合うことになる。しかし、付き合うということになると、恋愛状態は必ず駄目になります。恋愛を維持しようと思ったら、付き合うなんてとんでもない話です

（笑）。付き合うというのはただの人間関係ですから、生身の人間同士が人間と人間として付き合えば、いろいろ問題が起こるのは当然です。自分がものすごく好きで純粋な恋愛状態みたいな妄想を持っている相手が、その妄想の状態で〈ずっといてくれればいいな〉と思っているのだったら、付き合っちゃいけない。そうではなくて、妄想だということがわかっていて、妄想の当の相手と〈普通の人間関係を維持したい〉、〈普通の人間関係を持ちたい〉というのだったら、付き合えばいい。でも、自分の中で膨らんでいる風船は確実に、バチンと割れて消えてなくなります。自分の純粋な恋愛という妄想はなくなります。なくなるけれども付き合うんだったら付き合っていい。

具体的な人間関係は、独りよがりの妄想を決して許さないのです。ただ、この付き合うという状態は結婚ではない。結婚というのは基本的にずっと一緒にいますよね。ずっと一緒にいると、エゴのぶつかり合いや生身の人間同士の様々な都合が出てきて様々な問題が生じます。けれども、付き合うという状態は、例えば一週間に一回あるいは二回ぐらいデートするという形で、離れている状態があるので、完璧な遠距離恋愛ではないけれども遠距離恋愛の縮小された形態だと言える。ですから、付き合うという状態にも、ずっと維持できるかどうかは別として、純粋な恋愛状態の残りかすみたいなものが続く可能性はあります。だから完全にはなくならない。

ところが結婚してしまうと、それはもう完璧に消滅する。いい悪いは別ですよ。純粋な恋愛は自分の独我論的な妄想ですから非常に苦しい。それがなくなるわけですから本当は結婚した方がいいかもしれないけれど、結婚となると、恋愛というのは絶対になくなってしまう。結婚はいろいろなものの墓場らしいですが、純粋な恋愛の墓場であることだけは確かです。

「恋愛」と「付き合う」と「結婚」とを三つ並べ、恋愛して付き合って結婚するというのが自然な移行のように我々は通常話すのですが、それはおかしい。なぜおかしいかというと、今話したように恋愛というのは精神状態、自分の気持ちです。付き合うというのは人間関係。結婚というのは制度です。三つの全く違うカテゴリーです。精神状態の次に人間関係を置いて、人間関係の次に制度を並べている。これを自然な移行過程として考えるのはおかしい。もし同じ精神状態で言えば、例えば恋愛状態になったんだけれども次に友愛状態みたいなものになって、最終的に全くの他人状態になったと言わなければならない。通常私たちは、三つの違うカテゴリーを自然な移行状態のように考えているから、いろいろな問題が起きるわけです。結婚したのに、あの時の恋する気持ちはどうなったの？みたいな思いにかられてしまう。しかし、恋愛と結婚は、全く違う種類のもの、別ものなのですから、そこをよく考えた方がいいということです。

そうすると、やっと今日のテーマ「恋愛なんてありえない⁉」にたどり着きましたが、結局、恋愛というのは独我論的な妄想、独りよがりの妄想ですから、我々のこの現実の世界、あるいは人間の社会生活には、生の形、つまり風船が膨らんだままでは絶対に登場しない。普通の人間関係を結ぶのであったら、その風船は必ず壊れるかしぼむかするというわけです。いい悪いは別です。恋愛も様々な定義があると思うので、人によって違うかもしれない。私の定義で言えば、この現実の世界には、あるいは具体的な対人関係を含む社会生活には、恋愛は純粋な状態では現れない、決して。ですから「恋愛なんてありえない⁉」というわけです。「？」が付いてますから、どうかご寛恕いただきたいと思います。

（二〇〇五年八月二七日）

家族の歴史を探る

家族の過去・現在・未来

坂田 聡 日本史学専攻 教授

SAKATA Satoshi

はじめに——歴史の転換期

今私たちが生きている二〇世紀末から二一世紀の初頭、この時代をどういうふうにとらえるか。西暦二〇〇〇年代も五年経った最近ではあまり言われなくなりましたが、二〇世紀末には、やれミレニアムだとか二一世紀だとか世紀の転換だとか、いろいろと言われていました。二〇世紀の末から二一世紀にかけて、ある意味ではやはり歴史の転換期として位置付けられるのではないかと思います。

一例として、長い間日本人の生活と意識とを規定していた「家制度」の崩壊があげられます。例えば遺産相続の方法。家制度の場合、原則は長男の単独相続ですが、戦後民法により単独相続は否定され、分割相続が一般化しました。さらに、夫婦別姓問題の広まり。これは例の郵政民営化問題で有名になった野田聖子さんあたりが国会でかなり主張していますが、その法制化はなかなか進展しないようです。しかし、私的なレベルではかなり進みつつあるという印象もうけます。また、私のところも妻と一人息子と三人で暮らしていますが、核家族の増加とか、あるいは離婚の増加とか、ご年配の方だと顔をしかめたくなるような若者の性的な規範の緩みとか、恋愛結婚の一般化とか、シングルの増加とか、様々な問題が出てきています。そして、これら諸問題の表面化は日本的な家制度が崩れてきた証であろうとも言われています。

家制度の衰退は、戦後六〇年の間に徐々に進行したと考えられます。現在、家制度的なものが残るところといえば、例えば結婚式で「〇〇家、××家、ご両家結婚披露宴会場」というような案内板が見受けられます。また、例えばお墓の墓碑銘には「〇〇家代々の墓」と刻まれています。つまり結婚の時と亡くなる時とにちょっと表に出てくるぐらいで、あとはほとんど日常生活には関係ない。地方においてはまだそれなりに残っているところがあるかもしれませんが、都会だともうその程度の状況になっている。

では、家制度とはどんなものなのかと考えていく上で、まずは家制度に対する両極端の評価について、お話ししましょう。一つは「家制度美化論」です。保守的な政治家や評論家がよく言っています。つまり、「日本の家制度は伝統的な、太古の昔からずっと続いているような美風であって、今日それが怪しくなってきているからいろいろな問題が起きているのだ。そこで、この家制度的な秩序や道徳を復活させることによって、今噴出しているいろいろな問題の解決をはかるべきだ」というような議論が、一方にあるかと思います。

他方、最近はあまり聞かなくなりましたが、「悪しき封建遺制論」が六〇年前の敗戦直後の頃には盛んに言われていました。家制度は日本の封建的な古いしきたりや考え方の残存物であり、これが日本の近代化を抑える役割を果たしてしまった。近代化が不徹底に終わった要因、つまり悪玉として家制度があげられ、「これを一掃しない限り、真に民主的で近代的な社会は建設できないのだ」というのです。論壇の大御所で近代主義者と呼ばれた丸山真男さんや大塚久雄さんらがそのような議論を展開しました。

結論から言うと、この二つの見解はどちらもあまりに一面的すぎるのではないかと感じます。私は歴史学者なので、家制度の功罪を決め付け的に言い立てるのではなく、いつ頃、どうしてその制度ができたのかを明らかにすることによって、家制度の本質に迫れるのではないかと考え、これまで研究を進めてきました。さらに言えば、家制度成立の筋道を明らかにすることによって、実は案外、家制度が崩壊したとされる二一世紀の家族のあり方——換言すれば家族の未来——を探るヒントが得られるのではないかとも思っています。

ところで、私は家制度が大きな意味を持った時代の社会を「家社会」、それ以前の社会を「プレ家社会」、それ以後の社会を「ポスト家社会」と名付けましたが、「プレ家社会」と「ポスト家社会」の間には結構似たところがあるように思われます。私たち歴史学者の間では「歴史は繰り返す」などという言葉はタブーなのですが、ここではあえて「プレ家社会」と「ポスト家社会」の共通点に目を向けることにします。

1 「家社会」の特徴

(1) 家とは何か

まず「家とは何なのか」ということから考えたいと思います。日常的には、言葉は自分なりのイメージで自由に使ってもさして問題はないのですが、一応学問となると、各自が思い込みで語ると議論がかみ合わず、混乱をきたします。ですから学問では「定義」を大切にします。そこで、私なりの「家」の定義をお話しします。家とは家名（家の名前）を代々受け継ぎ、家産（家の財産）を持って家業（家の職業）を営む組織です。私みたいなサラリーマンだと家業というのは存在しませんが、例えば農家とか商家とか自営業をイメージしていただければと思います。こういった家名、家産、家業などを父親から嫡男へと父系の線で先祖代々継承する。それによって維持される永続的な経営体のことを家とみなします。ここでは坂田は家を議論する際に、家名と家産と家業の三本柱に注目しているということを、押さえておいて下さい。そして長男一人が家を相続する。長男は家長として、その家の財産を単独相続する権利を持っている。しかし一方、両親を扶養する義務も負う。また、先祖のお墓あるいは位牌を守る、祖先祭祀の義務も果たさねばならない。長男が家名、家産、家業すべてを継いで家を守り育てていくような体制を、ここでは「家制度」と規定したいと思います。

さて、この祖先祭祀ですが、日本の場合祖先の霊は簡単には成仏しないんです。例えば、お葬式をやって初七日をやって四十九日をやって、だんだんと成仏していく。逆に言うと、このような祭祀をちゃんとしてくれる子孫がいないと、成仏できないんです。成仏できないとどうなってしまうかというと、幽霊になってその辺をふらふらせざるを得なくなる。いわゆる無縁仏です。私たち日本人は、自分が無縁仏になってしまうのが怖いので、ご先祖様に対して祖先祭祀をちゃんと果たすことによって、自分も子孫から同じようにやってもらえることを期待するのです。成仏して晴れて仏様になると、その家が未来永劫に至るまで栄え続いていくように、家をお守りしてくれる。そしてお盆とかお彼岸の時には帰ってきて、家族と一緒に過ごす。日本人は死後の世界を、こういったイメージで解釈していたわけです。その点でも、「祖先祭祀」と家制度とは切っても切れない関係にあるといえます。

(2) 象徴としての家名

　次に、家のシンボルとしての家名についてお話ししたいと思います。ここでポイントになるのは、苗字と姓は違うものだということです。アンケート用紙や保険証に「住所、氏名」と書かれていたり、「あなたの姓は何ですか?」とか「君の苗字は何だい?」と聞かれたり、私たちは姓・苗字・氏名をかなり適当に使っています。日常生活ではそれで全然問題ないのですが、歴史学的に言いますと、姓と苗字はまったく別ものなのです。

　このうちのどれが家名なのかと言うと、苗字こそが家の名前、つまり家名です。姓と苗字の混同は江戸時代から始まっていて、一番混乱してしまったのは明治維新の時です。明治維新の四民平等政策により庶民に苗字を名乗らせるようになった時に、姓・苗字・氏の混同が進行したのです。

　では、姓と苗字はどこがどう違うのでしょうか。姓というのは氏《うじ》の名です。例えば源氏、平氏、藤原氏、橘氏など、俗に源平藤橘《げんぺいとうきつ》と呼ばれる四氏をはじめ、古代貴族が組織した氏と称する族集団のシンボルが姓なのです。本来は貴族が名乗っていたのですが、武士が勢力を伸ばしてくると武士もそれを使うようになり、ついには庶民までもが僭称し始める。ただ、姓は本来天皇が上から家臣に与える公的な名前だという点が、その最大の特徴としてあげられるかと思います。

これに対して苗字はどうなのかというと、基本的に家の名前、家名である。先祖代々続く家のシンボルマークが苗字なのだということになるかと思います。苗字を最初に名乗ったのは中世の武士です。苗字には官職名を使うケースもありますが、一番多いのは地名です。三浦半島に住んでいるから三浦だとか、伊豆の北条に住んでいるから北条だとか、自分が住んでいる地名を苗字にする（もっとも、これは苗字以前の単なる地名、例えば「八王子のおじさん」とか「函館のおばさん」とかいうレベルの呼称に過ぎないという説もありますが）。姓は天皇が上から与える名前だったのに対して、苗字の方は私的に名乗っている名前です。まずここが、姓と苗字の大きな違いだといえます。

姓は古代の貴族が用いた名前であり、室町時代以降衰退していくのですが、決してなくならず、重要な局面では登場します。武士なども、自分を権威付ける時には姓を名乗ります。例えば征夷大将軍に任命される時、その書類には征夷大将軍徳川家康とは書かれていません。源とくるわけです。天皇の権威と結びつくような、公的な重要書類や重要な儀式などにおいては、武士も源なり平なり姓で呼称される。いざという時は姓を使うということで、姓は最終的には江戸時代まで残ります。

だんだん衰退していく姓に対して、苗字の方は鎌倉時代頃から出てきて、後に一般化しました。つまり鎌倉、室町、江戸時代は姓と苗字が併存した時代であり、そして家の名前は姓ではなくて苗字の方なのです。姓は氏の名前であるということを押さえていただければと思います。氏というのは家よりも幅広い範囲まで含む集団です。藤原氏にしてみても、ピンは摂政・関白からキリは地方の名もない武士に至るまで、みな藤原氏ですから。そして苗字が家の名前である以上、先祖代々その苗字を伝えていくことが一般化する。つまり家の成立は苗字の成立とリンクしているのです。

そして、庶民も苗字を名乗り出した。そもそも苗字は勝手に名乗って構わないのですが、この庶民の苗字の成立過程について、ちょっとお話ししておきたいと思います。江戸時代、庶民は「苗字帯刀禁止」だった。刀を持ってはいけないし、苗字など名乗ったら不届き千万という時代であったが、明治維新で四民平等となって「庶民も姓（正しくは苗字）を名乗れ」と命じられ、村のお坊さんやお偉いさんに相談した。私の場合だと坂道の途中に田んぼがあったから「お前は坂田にしろ」とか言われ、慌ててお上に「坂田」と届け出た―などと、まことしやかに言われています。

しかし、江戸時代の庶民の中にも私的には苗字を名乗っている者がかなりいたことが、最近の研究でほぼ確定しています。武士の前で苗字を使ってはいけない、あるいは武士に提出する書類の中では苗字を名乗ってはいけない、ただそれだけです。私は京都近郊の山国という地域で古文書を調査していますが、同地でも武士に提出する書類等では「〇〇村の誰兵衛」とか「××村の何とか左衛門」など、名前だけです。ところが同じ人物が村の中でやりとりする書類には、西とか井本とか鳥居とか、堂々と苗字を記している。ついでながら刀についても、江戸時代の庶民がまったく丸腰だったというのは、相当誤解があるといえます。村の中の儀式等の時には堂々と刀を差すことを認められていたという事実が、最近の研究で判明しています。

ではもっと昔はどうなのか。先に述べた山国地域には、室町時代の庶民が苗字を名乗っていたことがわかる史料がたくさん残されていますが、これらの苗字がいつ頃できたのかをまとめたのが表1です。

一四世紀の前半、ちょうど後醍醐天皇の建武の新政の頃、今安、高室、田尻という三家の苗字が史料上に残されています。一四世紀後半になると、溝口だとか、新井だとか、大宅《おおや》だとか、苗字がだんだんと増え、一五世紀頃になるともうごろごろ、一六世紀には本当にたくさんの苗字が出てきます。そして、一五世紀前半の菅《す》

表１　山国地域住民の苗字の初見

年　代	苗　　字	小計
14世紀前半	今安、高室、田尻	3
14世紀後半	溝口、新井、大宅、北	4
15世紀前半	池尻、林、山吹、比果、鶴野、吹野、小畠、坂尻、由利、菅河、塩野、中江、和田	13
15世紀後半	溝尻、大野、新屋、宇津和、大西、藤野、三条原、江口、前田、庄前、野尻、比果江、竹原、森脇、長塚、小塩口、甘木、大江(大家)、井鼻、坊、南、中(井本)、久保、庄、塔下、下上、釜田	27
16世紀前半	鳥居、中西、横田、水口、横屋、坂上谷、平井、黒野、中畠、清水、辻、米田、上手、上野、杼木、小磯、中塚、石畠、田中、佃、西、畠、井戸、柿木原、吹上、田口、灰屋、小西、堂下(堂本)、内田、江後、丹波屋	32
16世紀後半	窪田、貝井尻、麹屋、西山、森下、平谷、夷、東谷、村山、津原、丹、三宅谷、今井尻、前、辻河原、紙屋、鵜川、中井、大西後、下原、淵野辺、河原、下浦、柿木、井上、石原、前辻、塚、脇田、中、大蔵、虫生、奥、梅谷、高野、橋爪、貝田、室、野上、河原林、喜田川、東(大東)、紺屋、中野、井口、槙山、上、高橋、谷川、谷口、宮井、森脇、中田	54
合計		133

注　中世の年号をもつものでも、明らかに近世に偽作されたことがわかる文書に載っている苗字は除いた。

（拙著『苗字と名前の歴史』より転載）

河《がわ》さんとか和田さん、一五世紀後半の藤野さんとか井本さん、一六世紀前半の鳥居さんなど、いくつかの苗字は何と今日まで伝わっています。つまり室町時代に名乗っていた苗字を二一世紀の今日まで伝えている旧家が、おそらく三分の一ぐらいは残っているのです。少なくとも山国地域の村々では、一四世紀前半から苗字が用いられ始め、一五世紀後半から一六世紀頃にはそれが一般化したと言うことができます。「坂田は山国地域の実例ばかりあげているが、ほかの地域では庶民の苗字などあまり見当たらない」などという批判もれ聞こえますが、私は室町時代の庶民も苗字を名乗っていたということを声高に主張し続けています。

なお、苗字を持たない家に家名はなかったかというと、実はそうではなくて、いわゆる屋号がそれに当たるかと思われます。琵琶湖の北方、ＪＲ湖西線の永原駅からバスでしばらく行ったところにある菅浦は、高校の日本史教科書にも登場する著名な村ですが、そこに残された史料に出てくる人名をリストアップしたものが表2です。簡単に言うと、同じ名前をどのぐらい使い続けているかという表です。もちろん、同名の赤の他人という可能性もゼロではありませんが、ほとんどの場合、父子が同じ名を用いたと考えられる。したがって、同じ名を何世紀にもわたって用い続けているということは、それが個人名ではなく先祖代々の家の名前、すなわち屋号として世代を超えて受け継がれたことを意味している。表2を見ると、屋号も苗字と同様に一四世紀頃から見受けられるようになって一五世紀頃には増加し、戦国時代に一般化したといえそうです。おおむねその頃から、先祖代々伝わる名前を屋号として、例えば平三郎《へいざぶろう》家、江介《ごうすけ》家という形で名乗っていくようになる。

つまり、苗字にせよ屋号にせよ、家のシンボルとしての家名は室町時代を通じて成立したのです。

人名＼年代	1251～1300	1301～1350	1351～1400	1401～1450	1451～1500	1501～1550	1551～1600	欠年	合計
※★兵衛四郎					4	10	7	3	24
兵衛三郎		1			5	10	7	4	27
★兵衛五郎					2	9		6	17
★左近		1		3	7	18	6	15	50
★左近五郎					1	11	5	10	27
※★左近二郎					3	14	7	12	36
刑部			1	1		6	6	6	20
※★四位					3	14	2	7	26
宮内三郎						9	2	8	19
宮内						4	5	8	17
★孫太郎	1	3			3	15	5	8	35
※★孫四郎	1			3	1	8	9	12	34
★孫						7	3	5	15
助四郎	1	1			1	2	7	5	17
★助三郎		1		2	1	7	4	4	19
彦五郎				1	3	10	3	8	25
※★新次郎			1	2	3	15	7	13	41
※★新五郎				1	7	14	4	11	37
※★新九郎					3	7	6	4	20
★新三郎	1			1	3	16	11	16	48
★又五郎				2		5	4	4	15
弥二郎			2	5	6	1		5	19
※★弥三郎		1	1		4	15	6	12	39
※★弥六					2	10	7	10	29
★与一					3	7		7	17
※★与五郎					3	12	17	11	43
★与四郎						14	5	6	25
与次郎						14	1	5	20
与三郎						3	8	4	15
★六郎次郎				2	3	14	7	11	37
★六郎三郎						2	9	6	17
★三郎次郎						6	4	7	17
六郎		3	2	3	4	14	5	12	43
★五郎						7	8	11	26
二郎					2	8	12	3	25
★萬屋						6	4	5	15

注１　菅浦住民の全人名のうち、延べ15回以上登場する人名のみをリストアップした。
　２　※印は現代まで継承されている人名（屋号）。
　３　★印は幕末（1864年〔文久４〕）まで継承された人名（屋号）。
　（拙著『苗字と名前の歴史』より転載）

表2　菅浦住民の人名

年代／人名	1251～1300	1301～1350	1351～1400	1401～1450	1451～1500	1501～1550	1551～1600	欠年	合計
※★藤次郎	1	3	1	4	3		5	10	27
藤細工		3	1	2	2	6		4	18
藤七		2	1	3	2	4		4	16
★藤介		1	1	3	3	11	10	7	36
※★藤四郎		1			2	10	13	7	33
藤三郎				2	1	10	7	6	26
★左藤五					2	12		2	16
★源三郎	1	1		3	1	14	9	8	37
弥源太		2			3	10	4	4	23
★源三				1	3	11	8		23
※★源内					3	6	4	6	19
★源三(右)衛門(尉)						7	2	10	19
源大夫						8	5	3	16
★平三郎	1	1	1	4	2	16	5	5	35
★平四郎		2	1	5	2	12	6	10	38
★平七		1				10		8	19
★平六			1	3	3		7	5	19
★平次郎			1	5	3	13	8	9	39
※★平介					4	12	1	5	22
★平細工					3	11		3	17
平大夫					3	10	6	2	21
※★清太郎	1				3	4	3	4	15
清六		1		2	1	9	5	7	25
清源太		2		1	3	7	2	3	18
※★清内		2	1	1	1	2	5	3	15
※★清三郎		2	1	1	3	13	14	19	53
清次郎		1		2	3	10	2	12	30
清検校			1	1	1	17		5	25
★清別当			1	1		2	6	8	18
★清九郎				2	5	5	7	9	28
※★清五					1	11	3	3	18
清大夫					3	5	4	5	17
★中五郎		2	1		1	4	2	6	16
江介	1	1	1	1	3	2	3	13	25
江四郎		1		2	1	8	2	2	16
※★丹後介				1	3	11	4	5	24
衛門太郎					2	10	2	5	19
六郎衛門尉						2	6	7	15
兵衛二郎					3	5	6	5	19

(3) 家産の成立

では、家産の方はどうなのか。相続問題を考える際に大切なことは、分割相続か単独相続かという点です。戦後民法の下で暮らす私たちは分割相続が原則になっています。父親が亡くなった場合、特に遺書がなければ母親＝妻が遺産の半分を取り、残り半分を兄弟姉妹で均等分割するのが一般的です。ところが、家制度の下での家産は単独相続です。すべての財産を長男だけが独り占めする。もちろん、長男にはそれにともなう義務も当然ながらありますが、いずれにせよ、単独相続の起源はすなわち家産の起源ということです。

さらに遡って鎌倉時代以前の段階では、武士にしても一般庶民にしても、親の財産は娘をも含む子供たち全員で分ける分割相続が一般的でした。家制度的な単独相続は、決して大昔からの伝統ではないのです。分割相続だと子供たち全員に親の財産を分けますから、子供が三人いれば三等分、四人いれば四等分されます。親の土地・財産をそっくりそのまま一人が受け継ぐわけではないので、例えば土地だったら、ばらばらになってしまいます。分割相続のもとでは、代々伝えられる家の家産などは考えることもできないのです。

次に問題となるのは単独相続化したのはいつ頃だろうかという点ですが、それはおおむね室町時代だったと思われます。なぜ分割相続が単独相続化するのかというと、分割相続となると親の財産を子供の人数に応じて三等分、四等分……一〇等分くらいするかもしれません。財産としてはお金よりも土地の方が重要で、土地の場合、次の子供の代には三分の一に、孫の代には十分の一に……と、どんどん減ってしまう。まだ鎌倉時代は、武士だったら戦争で勝てば一獲千金でした。例えば源氏と平氏が戦って平氏側の領地を全部没収すれば、分割した分を恩賞としてもらって取り返せますから、別に大して問題はなかった。庶民の場合も、当時の農業技術のレベルで開発できる田んぼや畑がまだまだあったので、分割相続して田畑が減っても、未開地をちょっと切り開けばよかったわけです。しかしある段階を過ぎると、あまり戦争がなくなって世の中が平和になってきた。ご存知のように、元寇（モンゴルとの戦争）は相手を追い返しただけなので、当然のことながら十分な恩賞は期待できません。農民も当時の技術力で開発可能なところはほとんどすべて開発してしまった。そうなれば、分割相続を繰り返しているうちに土地はどんどん減ってしまうので、ある段階から誰か一人だけが親の全財産を相続するという単独相続の制度が一般化してきたわけです。

例えば、戦国時代も末の天正三年（一五七五年）に、山国地域にある上黒田村の三郎治郎という人が息子の三郎右衛門に「跡式《あとしき》・名前譲状《なまえゆずりじょう》」という書類を渡しました。その書類を読むと、三郎右衛門さんに対して三郎治郎さんが「跡式と名前」を譲り与えたことが判明します。ここに見える名前とは、吹上という苗字の方なのか、はたまた三郎治郎という名前の方なのかはわかりませんが、いずれにしても家名だと思われます。これに対して跡式の方は、おそらくこれこそが家産なのではないかと私は考えているわけです。跡式の「式」という字のかわりに、職業の「職」の字を当てることもありますが、後者は財産を意味する語です。したがってこの書類は、吹上三郎治郎が家名と家産を息子の三郎右衛門に譲った際の書類なわけです。つまり、戦国時代も終わり頃になると、庶民も自分の家名と家産を子孫（長男だと思いますが）に譲り与えるようになる。こういった家制度的な慣習が完全に一般化したといえるのではないかと思われます。

以上をまとめると、庶民の場合、家名と家産を父親から長男へと先祖代々伝える永続性を持った家は、室町時代を通じて徐々に形成され、最終的には戦国時代頃に確立したということになります。もちろん、反論もいろいろとありますが、この結論にはかなり確信を持っています。

2　プレ家社会から家社会へ

(1)「夫婦別姓」から「夫婦同苗字」へ

次に、家制度が一般化した室町時代以降の「家社会」と、それ以前（鎌倉時代より前）の「プレ家社会」とはどんな点がどう違うのかというところをお話ししたいと思います。

まず名前の問題では、夫婦別姓から夫婦同苗字へといった変化があげられます。鎌倉時代以前は夫も妻もそれぞれ姓を名乗っていて、その姓は結婚後も変わらなかった。まさに文字通りの夫婦別姓の世界だったのです。例えば、鎌倉幕府の執権北条氏の姓は平ですから、源頼朝の奥さん北条政子は、正確には平政子です。政子さんは結婚しても、源政子にはなっていません。平政子のままです。これは鎌倉時代が夫婦別姓であることの何よりの証拠です。論証は省きますが、実は庶民の世界でも同じような状況でした。

これに対して、室町時代以降に苗字が一般化すると、夫婦は同じ家の一員として同じ苗字を名乗るようになります。この点は私が研究している山国地域で夫婦が同一の苗字を名乗っている実例がいくつかあり、かなり自信を持って言えます。それどころか、このころには苗字すら名乗れず、○○の妻とか××の娘とか、女性が夫や父親の付属物的に扱われるようなケースも出てくるのです。

鎌倉時代から江戸時代にかけて、一般に男性は成長とともに名前を変えていきます。それが一人前の大人になる証だったのです。一方女性の場合、鎌倉時代の女性は男性と同様にちゃんとした姓を持っており、下の名前の方も、成長とともに変えるケースもまま見受けられました。ところが室町時代以降に至ると、女性は大人になっても相変わらず童名《どうみょう》と呼ばれる子供時代の名前（例えば、動植物の名から取った松女《まつめ》とか犬女《いぬめ》とかいった名前や、仏の名から取った観音女《かんのんめ》とか薬師女とかいった名前）を用い続けねばならなくなってくる。室町時代の女性は生涯童名を使い続けるか、○○の妻だとか、××の娘だとかで済まされてしまうという状況になってくる。名前の面においても鎌倉時代から室町時代にかけて大きな変化が起きるのです。

(2) 分割相続から単独相続へ

財産面でも、分割相続だった鎌倉時代には娘も両親から土地を相続し、結婚後もそれを私財として保有することができた。つまり、当時の女性は経済力があったのです。ですから離婚してもそれほど困らなかった。ところが、鎌倉時代の半ば頃から夫婦別財の雲行きがだんだん怪しくなり、一期分《いちごぶん》相続が一般化します。これは何かと言うと、女性は生きている間だけ親から土地を相続するのですが、死んだら兄（または弟）に返すというもので、一族内からの土地の流出を防ぐための方策です。したがって、自分で自由に土地を売ったり譲ったりする権利がなくなってしまったわけで、要は生きている間だけ、親から土地を借りているに過ぎないのです。

これで女性の相続権、財産相続がだいぶ怪しげになりました。室町時代になると事態はさらに進行し、女性は化粧料《けわいりょう》というわずかな持参財を除くと、土地を一切保持できなくなる。こうして、経済力を失った女性は、夫に従属せざるを得なくなってしまいました。

(3) 婿取り婚から嫁取り婚へ

では、婚姻形態はどうか。戦前から戦後にかけて活躍した高群逸枝《たかむれいつえ》（一八九四〜一九六四）という有名な女性史研究者によれば、平安時代までの婚姻は、夫が妻のもとに通う「妻問婚」が一般的だったとのことです。ただしずっと妻問いしているわけではなく、ある段階では同居するのですが、同居先も妻の父の住居だったり、親と独立して別のところに住んだりということで、決して夫方に同居することはなかったことを、高群さんは強調しました。これは一言で言うと、男が婿に入るという「婿取り婚」の風習だろうと、高群は解釈しました。高群のこの研究に対しては、最近ではいろいろな批判も出ているのですが、私はいまだにスケールが大きくてつぼを押さえた研究だと思っています。

さらに高群は、婿取り婚をもう一つ別の側面から見ると、対偶婚ともいえると述べています。対偶婚とは、お互いの気の向く間だけ結びついている、したがって離婚や再婚が極めて容易な不安定極まりない婚姻形態であるということができます。簡単に言うと、今日の同棲みたいなものです。明確な結婚式も存在しないので、結婚と同棲あるいは単なるお付き合いとの違いが不明確です。高群は対偶婚が平安時代に一般的だったと考えていますが、私は「鎌倉時代も庶民のレベルでは対偶婚だった」と言って、結構批判されています。でも、その方がいろいろなことを合理的に説明できるので、いまのところこの説を変える気はありません。

ところが、室町時代になると婚姻制度が大きく変わって、妻が夫の家族の一員になり、夫の両親と同居する嫁取り婚が一般化します。そうなると、さすがに対偶婚という不安定な婚姻形態ではなくなり、夫婦は生涯一緒に暮らすことを前提として結婚生活を営むようになる。こうした側面から見ると、嫁取り婚は一夫一婦婚と呼ぶこともできます。ただし、この一夫一婦婚は、若干留保付きです。妻は夫以外の男性とは一切性関係を持てなくなるけれども、夫が妻以外の女性と性関係を持つことに対しては、かなり寛容な制度なのです。その理由としては「後継者を産み育てる」ということがあげられます。家制度が一般化すると、その家の跡継ぎが生まれなければ困る。男が妻のほかにいわゆる「お妾さん」を持つことは、「後継者を産み育てるためには子供がたくさん生まれた方がいい」という都合のよい解釈により正当化されるわけです。

これに対して、妻の方の性の自由を認めてしまうとどうなるか。男にとって自分の息子だという確証を得るには、当時はＤＮＡ鑑定などありませんから、妻を囲い込む以外に方法はない。そこには、自分の息子じゃないやつを家の跡継ぎにするなんてとんでもないという、男のエゴが見え隠れしています。

ただ、裏を返せば、この段階に至ると夫婦の結合は強化される。それまでは、結婚していても夫以外・妻以外の異性と自由に関係を持ててしまうような状況で、不倫・浮気は当たり前でしたから、婚姻関係は極めて不安定なものでした。それから比べると室町時代以降は、女性は性的に不自由になったけれども、婚姻関係は安定してきたということができるわけです。

もう一つ、奈良時代の万葉集の世界に見られるように、鎌倉時代に至るまで、日本では恋愛結婚が主流でした。ところが室町期以降になると、家制度が成立したことによって、いわゆる見合い婚がだんだんと一般化してきます。家制度のもとでの結婚は、個人と個人の結びつきではなく、家と家との結びつきであり、したがって家柄の釣り合い重んじることになりますが、その点で見合い結婚は好都合な制度だったのです。

最後に女性の貞操観念の話に移りますが、対偶婚の下では既婚男性だけではなくて、既婚女性も夫以外の異性と性関係を持つことが、必ずしもタブーではなかった。もちろん奨励はされませんでしたが、少なくともそれが悪とはみなされなかったわけです。ところが室町時代になって安定的な一夫一婦婚が成立すると、先にも触れたように女性の貞操のみが一方的に強調されるようになるのです。

以上のごとく、「プレ家社会」である鎌倉時代以前と、室町時代以降の「家社会」との間には、婚姻形態の問題はもちろんのこと、財産相続の問題、恋愛の問題、女性の貞操観念の問題など様々な面で、大きな隔たりが存在したと思われます。

3　家社会と「日本の伝統」

ここで、家社会の成立と、いわゆる「日本の伝統」なるものとの関係についてお話ししたいと思います。かつて歴史学の分野では、日本だけでなく世界中のどの地域、どの民族においても、進歩のスピードの違いはあるにしろ、奴隷制の社会が進歩・発展して封建制の社会になり、さらにそれが進歩・発展して資本主義の社会になるのだというような、「進歩・発展史観」とでもいうべき歴史認識が一世を風靡しました。最近でこそこういった見解は、あまりおおっぴらには主張されなくなりましたが、それでも歴史学者の多くは、今日においても心の中では〈歴史は進歩・発展するものだ〉と確信しているわけです。しかし私は、家をめぐる諸問題は「進歩・発展史観」の図式ではとらえられない類の問題なのではないかと考えています。

私は先ほど、鎌倉時代以前の「プレ家社会」、室町時代から高度成長期頃までの「家社会」、二〇世紀末以降の「ポスト家社会」という区分を提唱しました。つまり、二〇世紀末は「家社会」から「ポスト家社会」への移行期に当たり、その兆候として、前述したような社会のいろいろな変化が見受けられるのです。

では、「家社会」はいつ頃できたのか。これはだいたい室町時代を通じて形成され、最終的には一六世紀、戦国時代頃に確立したと言えるのではないか。実は同じようなことを言っている中国史の研究者がいるのでご紹介します。それが岸本美緒さんの「東アジア伝統社会論」です。岸本さんによれば、東アジアの歴史を見ていくと、日本の伝統とか中国の伝統とか朝鮮の伝統とかといわれるような事柄の大部分は、その淵源を太古の昔まで遡れるわけではなく、たかだか数百年の伝統に過ぎないとのことです。岸本さんはさらに、こうした意味での「伝統社会」は一六〜一八世紀にかけて、東アジアの諸地域でほぼ一斉に成立したこと、それは社会の進歩とか発展とかという問題とはまったく別次元の問題であることなども述べていますが、私はここまで見てきた「家社会」と岸本さんの「伝統社会」とをだぶらせ、「我が意を得たり！」という気になっています。

終わりに——歴史と未来

最後に、数百年以上昔の「プレ家社会」と、これから迎えるであろう「ポスト家社会」とを対比すると、実は両者の間に似ている部分がいくつかあるというお話をして、まとめに代えたいと思います。

先述したように、「プレ家社会」に当たる平安時代や鎌倉時代には「夫婦別姓」が当たり前でした。その後「家社会」の成立とともに「夫婦同苗字」となり、つい最近まで至ったわけですが、「ポスト家社会」の到来とともに、いわゆる「夫婦別姓」が広まり始める。もちろん、今日いわれるところの「夫婦別姓」は正確には「夫婦別苗字」であって、かつての「夫婦別姓」とは本質的に異なりますが（姓と苗字の違い！）、いずれにせよ、どちらも夫婦の上の名（姓あるいは苗字）が違うことが当たり前な社会だとはいえます。

それから戦後民法の下での分割相続の一般化。これは「夫婦別財の広まり」と言ってもよいかと思いますが、女性も再び財産を持てるようになりました。次に、最近いろいろと取り沙汰されている離婚の増加の問題。「プレ家社会」においては対偶婚だったため、離婚と再婚は日常茶飯事だったのですが、二一世紀の今日、「ポスト家社会」に足を踏み入れるとともに、再び離婚が増加する兆しを見せている。さらには、恋愛婚の増加。「家社会」では見合い婚が一般的であり、「家社会」が崩れつつあった私の青春氏時代でも、恋愛婚と見合い婚はおそらく半々くらいだったろうと思いますが、「プレ家社会」の時代と同様に、今の若い世代では見合い婚よりも恋愛婚の方がはるかに多いのではないでしょうか。

このように、いくつかの重要な現象面で、「プレ家社会」と「ポスト家社会」はかなり似ているところがありそうです。こじつけかもしれませんが、私はあえて「歴史は繰り返す」ということを言いたいと思います。言い換えれば、保守的な論者が賛美してやまない「古き良き日本の伝統」なるものが存続したのは、一六世紀から二〇世紀までの、たかだか四〇〇年余りのことに過ぎなかったのです。

それでは、果たして歴史学は未来を予言できるのだろうか。私は「今起こっている現象は過去と同じものですよ。だからびっくりする必要はありません。日本の長い歴史で言えば、案外昔だって同じようなことがあったのですよ」ということを言っているのであって、別に未来を予言しているわけではないのですが、一昔前の歴史学は本気で「未来は予測可能である」と考えていたのです。戦後の歴史学は、戦前の皇国史観があまりにも「非科学的」だったことに対する痛切な反省から、「科学的」であることを標榜し、法則性を重視しました。そして歴史の進歩・発展の法則を過去で検証できれば、その延長線上に未来の社会もおのずと見えてくるものだとみなし、壮大な「物語」＝歴史理論（グランド・セオリー）を提示しました。

ところが、「近代的な知」を懐疑する「ポストモダニスト」の一人、リオタールの「大きな物語は終わった」という有名な言葉に象徴されるように、経済、社会、政治、文化のすべてをトータルに把握して、歴史を過去から未来に至るまで一貫した進歩・発展のストーリーで描きだそうとする試みに対しては、根本的な批判が加えられています。最近では私も、残念ながらそんなことは無理だろうと考えるようになったわけで、歴史には進歩・発展の図式に当てはまるものもあれば、当てはまらないものもある。おそらくいろいろだと思います。

しかし、進歩・発展の図式でとらえるか否かは別にして、個々の地域・個々の問題に限定した「小さな物語」を語ることは、もしかしたら可能なのではないか。本講座でお話しさせていただいた日本の家をめぐる問題も、実はその「小さな物語」の一つに当たるわけです。

（二〇〇五年一一月一九日）

〔参考文献〕

小田中直樹『歴史学ってなんだ？』ＰＨＰ新書、二〇〇四年。

岸本美緒「現代歴史学と「伝統社会」形成論」（『歴史学研究』七四二号）歴史学研究会、二〇〇〇年。

坂田聡『苗字と名前の歴史』吉川弘文館、二〇〇六年。

坂田聡・榎原雅治・稲葉継陽『村の戦争と平和』（『日本の中世』一二巻）中央公論新社、二〇〇二年。

高群逸枝『招婿婚の研究』（『高群逸枝全集』二・三巻）理論社、初出は一九五三年。

豊田武『苗字の歴史』中公新書、一九七一年。

鳥越皓之『家と村の社会学』世界思想社、一九八五年。

洞富雄『庶民家族の歴史像』校倉書房、一九六六年。

苗字と名前の歴史

この連続講座で講演を行なってから4カ月ほど経った本年の3月、拙著『苗字と名前の歴史』が発売された。本書は『読売新聞』の「書評」欄や『日本経済新聞』の「読書」欄でも取り上げられるなど、幸いなことにそれなりの評価を得ているようで、著者としては喜ばしい限りだが、講演でお話ししたことのうち、姓と苗字の違い、苗字の成立過程など、総じて家名の問題にかかわる部分の学問的な裏づけは、本書において詳しく論じた。講演の内容をより深く理解したい方は、ご一読いただければ幸いである。

それにつけても、連続講座で大変お世話になった上に、拙著のこともイの一番に紹介してくれた『読売新聞』には、感謝の念に絶えない。実を言うと私はジャイアンツが嫌いだし、『読売新聞』の読者でもなく、そんなわけで拙著の「書評」が掲載されたことは、学生から聞くまで知らなかったのだが、今になってみると、連続講座で話した内容とかかわりが深い本の書評を同新聞で行なってくれたことに、何か因縁めいたものを感じている。

なお、講演の際には話の成り行きでつい口をすべらせてしまった「過激」な発言も、いざ本にするとなれば「うかつなことは書けない」と、たちまちトーンダウンし、「当たり障りのないきれいごと」にうまくまとめあげてしまうところが、悲しいかな学者の性だが、あえて弁解すると、その分手を入れたことによって論旨が明快となり、読み易くはなったのではなかろうか。

ついでながら、校正用に送られてきたゲラから削り落とした「危ない部分」、「くどい部分」ともかかわるような、家制度研究の背後に見え隠れする、私なりの歴史観や研究のスタンスについては、『文学部解体新書』という、教員の素顔に迫る文学部広報誌の第参巻（2005年12月刊）に掲載されたインタビュー記事の中で、けっこう赤裸々に、かつ熱く語っている。自分の宣伝ばかりではなはだ恐縮だが、それを読んでいただけると、講演の内容の理解はさらに深まるかもしれない。

ともあれ、「不用意で危ない発言」をすべてカットした上でもなお、私は「プレ家社会→家社会→ポスト家社会」という、私なりの「小さな物語」だけには確信を持っている。今後はさらに論証を深め、このストーリーの内実をより豊かなものにしてゆきたいと思う。

暴力の悪循環を断つ、
そして回復・癒しへの道

横湯園子 心理学専攻 教授

YOKOYU Sonoko

1　暴力を振るわれているのは女性だけではない

ＤＶ、いわゆるドメスティック・バイオレンスという言葉が知られるようになったのは、まだ二〇年前後そこそのことです。初めは、バタードウーマンという言葉がより多く使われていましたが、配偶者から暴力を振るわれているのは、決して女性だけではありません。

例えば内閣府の調べでは、相談支援センターの相談に配偶者に関係する相談に来られた数は、二〇〇三年度は四万三、二二五名のうち女性が四万三、〇五四名、男性が一七一名です。翌年の四年度、三万七、〇八七名のうち女性三万六、九一九名、男性は一六八名であったということです。家庭内において配偶者から暴力を振るわれているのは、数の上では圧倒的に女性の方が多いとはいえ、男性にも被害者がいるということです。

私はもともとは不登校・登校拒否とかノイローゼ、いじめ、いじめられ等を中心に仕事をしてきた人間です。たまたま北海道にいる時に子どもの虐待防止協会を立ち上げ、その代表をしていたことから、虐待は暴力との関係ですので、自然にＤＶや少年事件を含めた殺人に関する事柄の相談が入るようになりました。暴力の凄まじさ、悲惨さ、おぞましさは言葉にするのも避けたいほどで、それに付き合っている私たち自身もあたかも暴力を振るわれているような、あるいは性的に犯されているような、そんなしんどさに見舞われることがあります。ＤＶを含む暴力は被害者だけではなく、関わっている臨床家もまた、暴力にさらされているような思いになるほど深刻な問題なのです。もう少し、ゆったりとしたテーマを選べばよかったと思いながら、ここに立っています。

ところで、なぜいまＤＶなのかです。「問題は意識され、命名されるようになって存在する」と言われています。この言葉は、精神科医の斎藤学先生が児童虐待について語った時の言葉です。子どもの虐待がそうであったように、「家庭内における配偶者からの暴力」、つまり、DVも同じです。警察へ訴えても「夫婦関係」と相手にされない時代が長く続きました。DV防止法が制定された現在でも、誤解の中で苦しんでいる人が多いのではないでしょうか。

2 勇気が試される

私が北海道で虐待防止の仕事に関わっていた当時、一九九〇年前後は、まだまだ子どもの虐待への関心の薄かったといえます。札幌の札弁連の弁護士たちを前にして子どもの虐待についてお話しする機会がありました。その時、予防、発見、介入、ケアする側の人間の心理について話すわけですが、私は虐待を受けている子どもの心理ではなく、私自身が経験した動物虐待の例で話をしました。弁護士は虐待事案になれていたと思いますが、その頃、私は近所の犬が気になっていて、しかも、子どもの虐待防止に力を注ごうとしていたにもかかわらず、虐待状態にある犬を救い出すことができないでいました。

マイナス一〇度前後になる真冬になっても、雪の中に置かれている犬小屋で飼われている犬がいました。犬が凍えるのではないかと辛くて仕方がなかったのですが、そのお宅に行って「わんちゃんを家の中に入れてください」と言う勇気がありませんでした。どこに通報すればよいのかにも悩みました。私は深夜、犬の様子を見に行ったこともありました。吹雪の中の犬小屋は虐待の象徴そのものに見えました。そのうち、犬小屋を見るのが辛くて歩く道を変えてしまいました。あたかも何事もなかったかのように、見なかったかのように目をそらしてしまうという選択的非注意の心理が働いてしまったのです。弁護士たちを前に、私はその話をしました。〈子どもが虐待を受けているのではないか〉、〈隣の子がおかしい、尋常ではない〉と疑念を抱いても行動に移すのには勇気がいるのです。「私」という人間の勇気の質が問われるのです。

ＤＶも同じです。特に、配偶者間における暴力は家庭という密室でなされていて、発見されにくく、しかも、夫婦間の問題であるので、「夫婦げんかは犬でも食わない」という言葉もありますように、とりあってもらえない方が多いだけになおさらです。警察だけでなく、例えば家裁における離婚の調停の場で、悔し涙を流した人もいたはずです。「痴話げんかに過ぎない」「夫婦の間のことである」と、相手にされない時代が長く続いてきたのですから。

被害者は偏見の中で、苦しんできました。ひどい暴力であると認識されたとしても、「振るわれる方にも問題がある」として処理してしまわれることも多かったのです。ＤＶ法は二〇〇一年成立、二〇〇四年一部改正、同年から全面施行され、それぞれの領域の機関での対応だけでなく、裁判所による保護命令制度ができたのは成果だと思いますが、ＤＶ被害の証明をどうすればとれるのか、子どもとの関係でも、課題は山積みです。

離婚の調停の段階において、子どもの親権がどちらに行くのかもその一つです。被害者がノイローゼその他の症状を呈し、一見、統合失調症のように見えるほどに傷ついてしまった場合、養育能力に欠けると判断される恐れがあります。その場合、親権者は症状を呈していない、虐待者、加害者になってしまう可能性がありま す。虐待者、加害者である親は配偶者だけでなく、子どもにも暴力を、つまり、わが子を虐待していることも多く、私たちはそのような事例を見てきました。密室での暴力ですから、見えにくく、一見何事もなく正常に社会生活をしている虐待者、加害者の方が、養育能力があると見なされて親権者になった場合、子どもはどうなるのでしょうか。ＤＶ問題と子どもの虐待を切り離して考えてはいけないというのが私の意見です。そのような考え方をしている私が、どんなに心を痛めても、法の前では何もできないことがあります。

このように、ＤＶ問題への知識が広がり、理解が深まってきたとはいえ、まだまだ課題は山積みです。

3 被害者はなぜ逃げないのか

私はよく、「被害者はなぜ逃げないのか」、「被害を受けた人はどうなってしまうのか」という質問をされます。昨日も古い友人から電話があり、勤務の都合でリレー講座会場にくることはできないということでしたが、「なぜ被害者が逃げないのか」と質問されました。私は逃げることができなくなっていく心理的メカニズムについて話しました。この方だけでなく、多くの方々が同じ疑問を抱いているはずです。檻があるわけではなく、鎖につながれているわけではないのに、なぜ、逃げないのか。問題の核心がここにあります。

被虐待児、ＤＶ被害者、いじめ被害者たちと付き合ってきて強調したいことは、被害者たちは逃げないのではなく、逃げられなくなっていくのだということです。ＤＶであろうと、いじめであろうと、同じメカニズムが働いています。

(1) 心理的メカニズム

被害者を心理的に支配するために、加害者が試みるのは「無力化」と「断片化」です。暴力の内容もＤＶ、虐待、いじめだけでなく、人質、政治的囚人、強制収容所で行われるも暴力も驚くほどに似ています。『バタードウーマン』を著した、アメリカのレノア・ウォーカーは「虐待者の強制テクニックは一人一人独特でありながらしかも実によく似ている」と述べています。恐怖と孤立無援感を注入していく暴力のメカニズムを理解できれば、ＤＶ、虐待、いじめだけでなく、地球上で起きているあらゆる暴力が気味悪いほど似ているのに気がつくでしょう。そして、いじめられている子どもが、なぜ逃げられないのか、なぜ自殺する子どもがいるかの疑問もとけるはずです。

自分以外の人間を屈従させていくため、虐待者、加害者は心理的外傷、いわゆるトラウマをシステマチックに反復して加えていきます。暴力に遭ったのが一回だけであれば、それは事故である可能性もあり、また単一の外傷的事件はどこで起きても不思議ではありません。しかし、繰り返し行われる長期の反復性外傷は違います。心的外傷をシステマチックに反復して加えて痛めつけていくことで、被害者は主体的な力を失い、無力化していきます。

しかし、加害者、虐待者は被害者を無力化させるだけでは満足しません。自分との関係以外の人間関係一切を断つことによって、完全な服従と忠誠とを示すことを求めます。

断片化とは、全ての人たちから切り離されて孤立無援の状況になっていくということをいいます。

無力化、断片化を完成させるためのテクニックの一つに、暴力を使わないで心理的に支配する方法があります。人質をとる方法です。例えば、「もしお前が逃げたら子どもを殺すぞ」と脅かすとか、可愛がっているペットを壁に投げつけるのを目撃させるなどです。そうしますと「子どものことを考えろ」、「ペットを殺すぞ」の言葉だけで恐くて動けなくなります。「親に話したら、親を殺すぞ」と脅かされた方もいます。子ども、ペット、親を人質にとられたのと同じになってしまいます。

加害者は恐ろしいほどの勘でもって、被害者の考えていることを察知します。友達のところに逃げよう考えた瞬間に、「お前をかくまった奴は、ただでは済まないぞ」という脅かしを受けます。たまたま、友達のことを考えていた時に、そう言われたのかもしれません。このような偶然でさえ「この人は何でもわかってしまう」と怯えてしまい、考えることを自分で禁止してしまいます。こうして心理的支配は完成していきます。

子どもの虐待も同じです。人質という言葉によって、一人の少女を思い出しました。かなり昔のことです。まだ、子どもの虐待について、社会的にも関心の薄い頃でした。彼女は不純異性交遊、非行、家出の繰り返し、不登校ということで連れてこられました。当時、私は虐待についての知識がなかったわけではありません。しかし、知識はあっても勘が育ってはいませんでした。勘、直感、インスピレーションは知識と経験がベースになります。その上にその人固有の感性がプラスされてつくものです。若かった私は虐待事例への経験が足りませんでした。ですから、主訴の通りに、家出その他の結果、不登校状態になった少女として理解し、関わっていきました。

家出その他の行動もなくなり、高校に進学することもできるようになって、カウンセリングは終わりになりました。その彼女が結婚する直前に私を訪ねてくるわけですが、挨拶もそこそこに、「先生、私を愛している？」と訊ねるではありませんか。その性急さに驚きはしましたが、私は何の躊躇もなく「愛しているわ」と答えました。彼女は「どんなふうに？」と訊いてきます。私は「自分の娘を愛しているような愛し方とは違う、〈不憫で不憫でたまらない〉という愛し方」と答えました。すると、彼女は「先生のその一言で私は結婚できる」と結婚の話をしました。

この時です。彼女が虐待を受けていたと話したのは。母親が蒸発して、しばらくして、姉たちが順番に家を出て行き、姉たちがいなくなってから、父親に性的虐待を受けるようになったとのことでした。私は彼女が性的虐待を受けていたのを全く知りませんでした。ショックでした。もし、私に性的虐待への勘があったなら、母親の蒸発後、次々と姉たちが家を出て行き、残された妹である彼女は家出を繰り返していたのですから、性的虐待を疑ったはずです。経験が少ない、勘がないということの罪というのでしょうか。済まなかったという思いでいっぱいになりました。

私の「なぜ、話してくれなかったの？」に対して、彼女は「先生は正義感が強いから、私を助けてくれたと思う。でも、弟はどうなるの？」と言いました。彼女は口実をつくって、なるべく家に帰らないようにはしていたが、「今夜は家にいろ」と命令されると、その夜、自分に何が起きるのかをわかっていても、逃げ出すわけにはいかなかった。その場で逃げ出し、家出をしたこともあったが、その度に、弟が怪我をするほど殴られ救急車で運ばれることもあったそうです。弟のことを考えると、逃げられなかったと涙声になっていました。私は「人を苦しめる正義感もある」ことを知りました。「ごめんなさい」と謝りました。「でも、先生は私を愛してくれたから」と許してくれました。

もう少し、虐待について話をさせてください。次は、虐待されている息子を護るために離婚を決心した母親が受けた暴力の話です。子どもの虐待が先にあり、後からＤＶが行われたという虐待とＤＶがセットであった事例です。

父親による息子への身体的虐待は一歳半の時からでした。母親は彼が小学校中学年になるまで見て見ぬ振りをしていました。見て見ぬ振りをしてきたとはいえ、息子が父親と同じような人間にはなってほしくないと考え続けていたそうです。離婚を決心し、離婚の交渉をはじめますが、離婚話を出した途端に、母親も暴力を振るわれるようになりました。息子たちのいる前で性行為を強いられるという暴力、人前でのレイプです。それでも、決心を貫き離婚にこぎ着けました。このように、家庭内暴力の中にはかなり性的な暴力が絡んでいるのではないでしょうか。相談を受けていてそう思います。

ようやく、離婚にこぎ着けた母親でしたが、次は息子が暴力を振るうようになります。安全な環境が確保されたにもかかわらずです。息子さんのカウンセリングをしてわかったことの一つに、感情表現の未分化がありました。嬉しい時も母親を殴り、悲しくても母親を殴るなど、喜び、悲しみ、腹立ちの全ての感情を「殴る」

で表現していました。身体的虐待を受けてきた彼は感情表現の言葉を持っていなかったのです。

その大変さを目の当たりにしながら、母息子のカウンセリングをしてきましたが、喜びの表現を知らない彼も気の毒でしたが、離婚を機に再出発を願っていた母親の失望と悲しみ、それでも頑張る姿にも胸がふさがりました。

先に、被害者は無力化、断片化によって逃げられなくなっていくと述べました。「断片化」について詳しく述べます。完全支配の技術としての無力化と断片化は、完全支配のテクニックであるわけですが、断片化とは、全ての人間関係から切り離されることをいいます。断片化は恋人関係のある段階から、新婚生活の早い段階からはじまっていきますので、ハネムーン時期にはじまる支配に気がつくのは難しいかもしれません。

例えば、「僕を愛しているのだったら、僕だけを見てほしい」と言われたら、愛されていることに感動するのではないでしょうか。「昔の恋人につながるものは全部捨ててほしい」と言われたら、「愛されているから」と愛を感じ甘い気分に浸る人もいるでしょう。極端だなと思っても、愛とはこういうものだと、自分を言い聞かせる人もいるはずです。ハネムーン期でのこのような要求は、愛という言葉のマジックによって希望的に受けとめられるために、気がついた時は心理的コントロールの罠にはまっていたということになります。DVの初期段階における「愛しているなら」という前提でもって出される無理難題が、DVのはじまりであることもあるということを知っていることは、自分を守るために大事なことだと思います。

先ほど、人質について述べましたが、無力化、断片化はセットになっていますから、断片化していくプロセスでも、人質でもって脅かされていきます。ところで、実際には「殺すぞ」、「痛めつけるぞ」という脅かしの方が、暴力に訴えるよりもはるかに多く用いられます。直接に暴力を振るうのと同じ効力があるからです。

「ボクのことだけを考えていてくれ」だけであれば、だまされても仕方ありません。しかし、「アルバムを全部捨ててくれ」と幼い頃の写真から家族写真まで捨てるように言われたり、「手紙も焼いてほしい」と親戚からの年賀状に至るまで、焼くことを強いられたり、「同窓会に出席しないでほしい」と出欠のハガキまで焼くとなったらどうでしょう。極端すぎます。ハネムーン期ですと、「極端すぎる」という気持ちがよぎっても、「愛してくれている証拠」と考えて、極端な要求に応じてしまうかもしれません。

極端な要求に応じるといっても、アルバムまで捨ててしまう人は少ないのではないでしょうか。しかし、捨てないことをきっかけに暴力がはじまるかもしれません。懐かしい友人たちに会える同窓会です。行かなかったにしても、電話で様子を聞き、懐かしい人と話がはずむかもしれません。そのような電話での話がきっかけで、激しい暴力がはじまるかもしれません。何がきっかとなるかは相手次第なのです。

こうして、繰り返される暴力と脅しという恐怖のもとで、同窓会名簿が捨てられ、携帯電話が取り上げられ、電話代がチェックされ、全ての行動が監視されていくようになると、誰かとコンタクトをとろうと考えるだけで恐慌をするようになります。結婚する以前から持っていた預金通帳も取り上げられて、実家に行く交通費もないという状態に追いやられる場合もあります。

私たちは家族だけの人間関係で生きているわけではありません。多種多様な人間関係によって生きており、他者との関係で「私」という存在があるのですが、この関係を断たれてしまったら、どうなるのでしょうか。私は私でなくなってしまうでしょう。そして、この頃になると、動悸や不眠、目まいのような身体症状を呈する人もいます。

無力化、断片化に加えて、自立性の粉砕もあります。

何を食べるか、いつ眠るべきか、いつトイレに行くべきか、どういう服を着るべきかまでいちいち監督指示し、食事、睡眠身体の運動などに至るまでコントロールしていきます。日常の些細なことも監視され、些細なことが暴力の発端になっていきます。このようなコントロールは身体障害を起こさせます。また身体的自立への破壊は、被害者に恥辱感を生み、その志気を打ち砕いてしまいます。心理的支配はこのようにして完成していきます。逃げないのではなく逃げられなくさせられてしまうのです。

諸外国のＤＶ関係の書物を読んでいても、手口は似ているというより、全く同じです。まるで申し合わせたように似ているという点で、人間が人間を支配する支配の仕方は同じであるということに驚かされます。

(2) 暴力のサイクル理論

暴力のサイクル理論で説明します。レノア・ウォーカーは、暴力は第一相「暴力の高まり」、第二相「激しい虐待」、第三相「優しさと悔恨、そして愛情」のサイクルで行われると述べています。

先ほど、暴力は四六時中なされるわけではないとお話ししましたが、暴力を振るわれっぱなしであれば、我慢の限界という言葉があるように、逃げようとするでしょう。暴力のサイクルが繰り返されていくことによって被害者は無力になっていきます。

第一相の「緊張の高まり」の時期では、些細な暴力が起こります。被害者はこれらの出来事に虐待者をなだめるために迎合的な態度、あるいは邪魔をしないように様々な方法で対処します。対処することでバタラーの怒りがエスカレートするのを防げるだろうと考え、また、自分自身がバタラーに怒りを感じることを自らに禁止するのです。暴力事件の原因をバタラーの責任にしないで、「仕事で何か問題があったんだわ」「ちょっと、飲み過ぎただけ」「野菜をゆですぎただけ」などと外的要因のせいにした方が、自分の怒りを否認するのが容易になるからであり、外的なものであれば状況を変えることは自分にはできないと考えることができるからです。しかし、このような努力は状況の改善にはつながらず、単に第二相の過酷な虐待が起きるのを伸ばすだけなのです。

第二相「激しい虐待」の時期についてですが、第一相の緊張が高まる最後の頃に、コントロールが全く効かない時がやってきます。そして、最終点に達すると、虐待行動が展開されます。あまりに大きな怒りが行動コントロール機能を停止させ、大抵、被害者はひどい傷を負います。被害者が第二相に移るきっかけをつくることはまずなく、バタラーの内面的な状態が原因です。被害者にはどのような暴力が起きるのかは予測できず、この頃になると重いストレス、様々な心身症症状、不眠などを呈するようになります。激しい暴力が終わると最初のショックが来て、否認が起こり、双方とも、出来事の深刻さに合理的な説明をつける方法を見つけます。例えば、「あんなに怒っていたのは疲れていたからだ」とか。殆どの被害者は直ちに救いを求めることをしません。心理的虚脱状態が起き、無関心やうつ、無気力という状態で表れます。また、助けを求めても、「夫婦けんか」としてとりあってもらえず、人によっては親や友人に結婚を反対された手前とか、プライドのため助けを求めることができないということもあります。

第三相「優しさと悔恨、そして愛情」の時期ですが、虐待のサイクルが終わります。バタラーの愛情深い、優しい後悔に満ちた態度が特徴で、バタラーは行き過ぎたことを理解しており、何とか償いをしようとします。被害者の犠牲化が完了するのはこの相であり、静かな時をもらします。バタラーは懺悔の気持ちを被害者に伝え、禁酒をしたり、プレゼントをしたり、二度と暴力を繰り返さないことを誓います。被害者も、もはや虐待に悩まなくてもよいと信じ込もうとします。バタラーの懇願の中には、もし許してもらわなかったら、自分の人生は破壊されてしまう、自殺をするなどと脅迫じみたものもあり、現に自殺未遂、自殺する例もあります。このように虐待関係で暮らしている夫婦は共生的・依存的のなっているとレノア・ウォーカーは述べていますし、ＤＶと付き合ってきた専門家の多くが同じことを指摘しています。以上、ＤＶについて、なぜ逃げることができないのかについて説明いたしました。

事例を通して、DV被害が個人にどのように表れるのかをお話しする前に、被害者を救出することは容易ではなく、無力化しかつ共生的・依存的になっているだけでなく、子どもがいる場合、さらに難しくなるということを指摘したいと思います。

ですから、親子ともに救出していく視点で考えていくことが大事です。経済的な苦労はさせたくない、片親では就職に不利、肩身がせまいのではないかと諦めてしまう方もいます。本当にそうでしょうか。暴力を振るい振るわれる親の姿を見続け、緊張し怯えて育つ子どもの心の傷の深さは想像以上のものがあります。片親でも、精神的に安定して育つことの方が幸せなのではないでしょうか。

最近ではDV、虐待についての知識が広がってきていますので、孫の様子からDV、虐待を疑って相談機関を訪れる祖父母が増えてきています。つい最近も、私は「孫だけでも救いたい」という相談の電話を受けました。もちろん、DV関係の相談機関をお教えしました。子どもの虐待防止協会を立ち上げようとしていながら、虐待されている犬の件では、電話をすることさえできなかった私です。その行為がいかに勇気ある行為であるのかもわかります。「孫だけでも」と相談電話をしてこられたお祖母さまの切羽詰った気持ちが伝わってきました。そのことを伝えると同時に、DV、虐待の心理をお話しし、孫だけでなく、暴力を振るわれ続けている娘さんのこともお願いしました。きっと、紹介した相談機関では娘さんのことも相談されたことと信じています。

4　実際の事例から考える

プライバシーの保護、秘密厳守のため、次の二つの事例は背景を加工するだけでなく、文献事例も混ぜましたが、心性は真実を損なうことのないようにしてあります。ですから、「私のこと？」「あの人のこと？」と思わないでください。あなたのことでもあの人のことでもありませんから。

(1) 三〇年余を耐えたAさんが、ようやく言えた、「でも、私も人間です」

「子どもと家業のために離婚できなかった。でも、私だって人間です。苦しかったし、恐かったです」と言うAさんとの付き合いは二〇年近くになります。付き合いは娘さんの不登校・登校拒否、引きこもりのカウンセリングからはじまりました。娘さんは引きこもってはいるのですが、職人さんたちとは話ができ、夜も仕事をする母親を助けて仕事台に並び話もしていたので、学校という社会からは退却しこもっていたが、家の中では動くことができていました。家業のおかげで人間関係は保つことができていました。話す言葉が素敵な娘さんでした。数年はかかりましたが、この娘さんだけでなく、他のお子さんたちもは自活できるようになりました。

本来であれば、この時点でカウンセリングは終わりです。ところが、母親は継続相談を希望します。私も気になっていることがありました。聡明な人柄でありながら、話が堂々巡りをし、「先生、……で、いいですよね」というような確認が多すぎるのです。頂く手紙が文の途中で切れていることもありました。子どもの話との関連で、ご主人の話はするが、自身との関係になると意図的なのか無意識的なのかはともかくとして、話が微妙にずれてしまいます。そのずれを話題にしても、ずれていくのが気になっていました。

まだ、DVへの関心が社会的になかった頃ですが、DVに関する外国文献の紹介はちらほらと目にしはじめた頃です。私は、ふと、「Aさんはもしやご主人に暴力を振るわれているのではないか」と思い、DVの心理的なメカニズムと共依存の話をし「お母さん、そうなのと違いますか?」と訊ねました。

彼女は「そういう呼び方があったんですか」、「共依存ですか」と問うてきました。暴力を振るう人は虐待者、加害者だが、振るわれる被害者も振るわれることで加害者を支えていること。皮肉な表現ではあるが、両者はそのような関係で依存し合っているのではないかと説明しました。その説明が腑に落ちたようでした。子どもたちがしていた父親への批判、「なぜ、お父さんと離婚しないのか。逃げないのか」と迫った時の迫り方を思い出しながら、「私はDVだったのですね」と繰り返していました。

自分の困難を名付けることによって、関係性がはっきりした例ですが、それをきっかけに少し強くなったのでしょうか、ご主人に「働いている人たちの前で引きずられたり蹴られたりして悲しかった」、「入院するほどの怪我、死ぬかと思った」と話したとのことでした。ご主人の「お前が痛いとは知らなかった」の感想にショックを受け、「お前とは一心同体なのだ」の返事には腹を立てていました。その話を聞きながら、私は彼女が「怒る感情」を取り戻す瞬間に立ち会ったと思いました。

感情が戻るということは、「自分が戻る」ことであり、他の誰のものでもない固有の人格を持った人間に戻ることを意味します。このようなプロセスを経て、被害者は癒され、回復していくのだと思います。それからも考え続けていたのでしょう。「私は所有物でしかなかったのです」、「私も人間です」と言えるまでになりました。

だからといって、DV関係が終わったわけではありません。三〇年以上も続いた暴力と夫婦生活です。それからも、様々なことがありました。離婚の決意を伝えたこともその一つですが、夫は病気で入院。その姿を見て、「この人には私が必要なのだ」と離婚話をなかったことにしてしまいました。妻の離婚の決心は病気になるほどの衝撃だったのでしょう。別の考え方もできます。病気になったのは本当であっても、入院するほどであったかどうか、入院という方法で、コントロールをしたのではないかとも考えられます。共依存の心理、力動のなせる技だとも思いました。

救いは子どもたちが、「私も人間です」と言うことができるようになった母親を支えたことでした。「お父さんも可哀相。お母さんが悪い」と言い続けている間は、子どもたちも手を差し伸べることができなかったのでしょう。暴力が激しくなる前に逃げることのできる場所を準備し、父親に対しては、母親への暴力は子どもである自分たちが許さないと迫る場面もありました。このような形で、父親に迫ることができたことで、無力化されていた子どもたちもまた、有力化していったはずです。

先に「家業があったおかげ」と言いましたが、三〇年以上も暴力が続いていたにもかかわらず、母子が力を合わせることができたのは、職人さんたちが陰で母子を庇っていたこともあったと思います。無力化していったにしろ、完全に断片化するには至らなかったのは、そのような人たちがいたからであると思います。

現在でも、言葉による暴力は続いて、何時激しい暴力に変わるのかわからない恐怖はあるが、その前に逃げ出すことができる場所があるので、耐えられると話していました。カウンセリングも不定期的で、年に数える程度の回数になり、回復に向かってはいますが、今後の展開はまだわかりません。

(2) 暴力の目撃者であったB子の「自由への入り口探し」

次に、目撃者である子どもの事例です。目撃者としての心的外傷が、子どもの生活に及ぼす影と回復へのプロセスを、B子ちゃんの事例で紹介します。

暴力を直接振るわれていなくても、父母間の暴力を目撃し続けること自体、間接的に虐待、暴力を受けていることになります。B子ちゃんの母親は娘を連れて、キリスト教会に逃げこむことがありました、その途中で父親につかまり、母親と一緒に殴られたこともあったそうですから、直接的な身体的暴力も経験していたことになります。B子ちゃんはキリスト教系の私立高校へ進学しました。恐怖と緊張による疲労がたまっていたのでしょう。いつでも尊敬するシスターの近くにいることができるとわかってから不登校状態になってしまいました。そのような姿をシスターに見られるのが恥ずかしい、申し訳ないということで、翌年は別の高校を受験、合格しますが、断続的な欠席が続いていました。そのような経過があって、母娘ともに、カウンセリングを求めてきました。

キリスト教系の女子高校も再受験した私立高校も雰囲気のよい高校とのことでした。「それなのに、どうして学校が恐いのかしら？　今度の高校、自由な雰囲気だというのに」という問いに、しばらく考えていたB子ちゃんは「先生、私は自由への入り口がわからないのです」と顔をあげました。「自由とは」を言葉で説明をしても、言葉は言葉でしかありません。彼女自身で「自由への入り口」を見つけ出し、それ実感することが大事です。私は〈一緒に彼女と自由への入り口探しをするのだな〉と思うと同時に、私の自由とは何なのか、私は自由であるのかと自分の内に問うていました。

彼女は小学校の低学年で一度、いじめを受けていました。中学校でも男子生徒による言葉の暴力を浴び、短い期間でしたが登校拒否をしています。

自由への入り口探しは、いじめられ体験の振り返りからはじまりました。語っては黙り、考えては語るという回が続きました。「私は調子のよい時は元気だけど、調子が悪くなると、いじめられたことを思い出して、どうせ私はダメなのよ」と動けなくなってしまうと言っていました。このような対人不安、恐怖感を内に抱え込んでいる子どもは、いじめの餌食になりやすいのです。B子ちゃんがダメなのではなく、暴力被害の心の傷がそうさせるのであると確認できた頃から、少し、元気になっていきました。

このような心の作業をしていくプロセスで、心の作業を手伝っているカウンセラーに対して安心を感じ、両親のことを話しても大丈夫と思ったのでしょう。彼女は父親による母親への暴力、自身の恐怖、対人不安について話しはじめました。父親に対する恐怖感は男子恐怖となって、男子が近くにいるとおどおどしてしまう、すくんでしまうということでした。ところで凄まじいＤＶ内容の暴力でしたが、クリスチャンであった母親にはシスターがいました。シスターがいただけでなく、教会がシェルターになっていたこともあって、ＤＶ夫の意図する「断片化」は不完全でした。

Ｂ子ちゃんは、「自由への入り口探し」をすることで、いじめられるダメな子ではない自分を確認し、シスターの他にも、両親の話ができるカウンセラーという他人を見つけたのでした。

そんな彼女に、「自由への入り口がわかりました」と報告できる回が訪れます。授業中、ある生徒が「休憩していいですか」と言って、教室を出て、空に向かって大きな伸びをしたのだそうです。他の生徒はそれを気にしないで、各自の課題に取り組んでいる。先生の顔を見たら、先生の目が笑っていたそうです。その途端に〈ああ、私は外にいる自分と、家にいる自分と区別しなくていいんだ。私は私でいていいんだ〉と啓示のようなものが走ったといいます。「ああ、自由は一人ひとりの心の中にある。私は私でいい。そう思ったら楽になった」そうです。「自分は自分でよい」という自己受容の実感によって、暴力からも解放されたのでした。「人にはそれぞれの自由がある。私がそれを侵されたくはないと同じように、私も人の自由は侵してはいけないのだ」ということもわかったといいます。このような時です。私の心に喜びで満ちるのは。Ｂ子ちゃんは繰り叱ったと思うが、甲斐ある登校拒否をしたのでした。

5　男女は対等な関係でありたい

二つの事例を紹介しました。ＤＶ問題、虐待問題が意識されることで、私たちはその根絶に向かって歩き出しています。すごいことだと思います。そのような二〇世紀、二一世紀を生きている私たちの課題は暴力の根絶なのではないでしょうか。そのためには、「暴力の悪循環をどうしたら断てるのか」を真剣に考えることであると思います、格好よい回答はありませんが、「対等な関係でありたい」、「対等な男女の関係を探る」につきるのではないでしょうか。

人類の初めから、人間は群れをなし、家族・家庭をつくりながら現在に至っていますが、原始の初めから配偶者暴力、子ども虐待は存在しており、今日に至っています。二〇世紀から二一世紀にかけて、ようやく光が当てられ、暴力をなくそうという動きになっているのです。私たちはこの動きに身を連ねているのです。「対等な関係でありたい」という願いを持っていることを、まず意識し誇りにすることから、ＤＶ、虐待を終わりにしていくことがはじまっていくのではないでしょうか。私たちはそのような世紀、時代に生きているのです。

ＤＶ問題で感じてきたことを幾つか述べます。

感じてきたことの一つに、「男は強くなければならない。妻子を養うのは男である」とか、「女は優しく控え目でなければならない」という考え方が固まっていることです。

男女ともに自由であるといいながらも、やはり、性的ステレオタイプがあります。「……であるべき」、「……でなければ」というステレオタイプに、男女ともに強迫的にはまっているように見えるのです。男性にとって「強くなければならないし、妻子を養わなければならない」はプレッシャーですし、女性にとって「優しく控え目であれ」を強調されると逃げられなくなります。男性は女性に「おふくろ」を求め、それでいて、「俺について来い」的な傲慢さがあります。女性も「可愛い女」を演じなければならない。演じ続けることなんてできるはずがないのです。男性も女性も一人の人間として、人間と人間とで付き合っていく。そして、どちらがどうであっても、人間として対等であるあり方を探り合っていくことができなくてはなりません。

二つに、悪循環を断つための考え方についてです。A子さんは、息子が〈夫のような大人にならないために〉ということで離婚を決心し、離婚話を切り出し暴力の対象になりました。子どもの前で性行為を強いられます。それでも勇気をもって離婚にこぎ着けますが、その後、息子さんの暴力で大変苦しみました。離婚して暴君がいなくなった途端に、息子がまた暴君になって暴力を振るう。息子さんの「お前が悪い、謝れ」を前にして、お母さんは疲れきっていました。夫とは別れることができても、子どもは捨てることはできません。

お母さんは「私が悪いのですね。私があの人と結婚したから」と自分を責め続けていました。私はその度に、「お母さんが悪いとは思わない。よく勇気を奮って離婚されましたね。勇気をもって離婚された素敵な方だと思っています」と言い続けてきました。

誰かがこのお母さんの〈子どもを暴力で人を支配する以外に感情表現ができない人間にしてはいけない〉、〈暴力で人を支配する以外に自分の感情表現ができないような人間に育てたくない〉という気持ちを受け止めていくことが大事です。そのような関係を築くことが、私たちに求められていると思います。

そして、何よりも大事なのは、暴力の関係を断ちたいと願う当事者たちに関心を持ち、お手伝いすることです。専門家がやれることには限度があります。Aさん母子、B子ちゃん母子には職人さん、シスターがいました。その人たちのおかげで、断片化は完全ではなく、助けを求めることができたのでした。

①　法律上でいえば、DVの防止法が制定されて、法整備がなされてきてはいますが、法整備と同時に、行政もシェルターをつくるなど援助をはじめています。民間のシェルターや、善意の方も存在しますが、そ

れだけでは足りません。DVの真の実態は、暗数の闇の中にあってわかっていませんが、関心が高くなれば、発見されやすく、助けを求める人の数も増えるはずです。それに見合った体制を準備しておく必要があります。Aさん、B子ちゃんの場合も、不登校・登校拒否、引きこもりのカウンセリングの過程で、DV問題が浮かび上がってきました。バックにDVが横たわっていた事例は想像以上に多いのではないでしょうか。

② 逃げようと思っている女性を救うためには、働ける環境について、社会がさらに援助する必要があります。離婚しようとしても、経済的な見通しがない場合、諦めてしまのではないでしょうか。一時期、生活保護を受けるという方法もありますが、働き場所の確保、子どもの教育への見通し、子どもを預ける場所の確保が必要です。

③ 子どもの親権を決めるにあたっては、まず、子どもの意見が優先されなければなりません。

④ 緊急の救出と同時に、暴力による心的外傷後ストレス障害に苦しんでいる人もいます。いわゆる、PTSDです。PTSDにまでいっていなくても、暴力はB子ちゃんの如くに影を落としている事例もあります。治療が必要な場合、治療が受けられるような配慮が必要です。医療費、相談料をどうするのかなど、公的な援助についての検討も急がれます。

治療、研究が進んでいくことが急がれることは言うまでもありません。Aさん、B子さんの事例がそうであったように、長丁場を覚悟しての付き合いとなりますが、希望を失わないことだと思います。希望のあるところには光があります。

6　虐待者、加害者へのアプローチ

最後に、虐待者、加害者もまた治療が必要だということを強調しておきたいと思います。ＤＶ問題は、「虐待者、加害者が悪い」と言うだけでは解決しないからです。

虐待者、加害者はかつての被害者かもしれません。虐待者、加害者もまた救われる必要があると思います。ただ残念ながら、本人が相談機関、治療機関に現れることは少なく稀です。

稀であるとはいえ、ゼロではなく、加害者治療をはじまっており、日本でもセルフヘルプグループのような場もできつつあります。虐待者、加害者治療は今後の大きな課題です。

なお、ＤＶに関する相談機関には、各地に配偶者暴力相談支援センターがあります。

（二〇〇五年七月二三日）

〔参考文献〕
レノア・Ｅ・ウォーカー『バタードウーマン――虐待される妻たち』斎藤学監訳・穂積由利子訳、金剛出版、一九九七年。
ジュディス・Ｌ・ハーマン『心的外傷と回復』中井久夫訳、みすず書房、一九九六年。

村上春樹
―― 喪失の時代／恋愛の孤独

宇佐美 毅 国文学専攻 教授

USAMI Takeshi

今日は、村上春樹の小説に描かれた恋愛について考えてみたいと思います。なぜ村上春樹かといいますと、この講演会の連続のテーマが「恋愛、家族、そして未来」となっています。私は近現代の日本の文学を研究していますから、恋愛と言われれば、例えば明治になって日本の恋愛観が西洋思想が入ってきてどう変わったとか、戦後の家族がどう変わって文学の中にどんなふうに取り込まれているかとか、ネタはいくらでもあります。けれども「恋愛、家族、未来」という形で「未来」が付くと、これはちょっと考えなければいけない。つまり、未来が付くということは、過去のある時代にこういう恋愛観がありましたとか、過去のある時代にこういう家族観が文学に描かれていますというだけでは、やはり済まないだろう。〈未来のことを少し考えるとすれば何だろう〉ということで考えたのが、このネタです。村上春樹という題材を取り上げることによって、現代の恋愛観というものを考えますが、少し未来のことも意識してみたいということなんです。もちろん私は占い師ではありませんから、今後未来の恋愛がどうなるとか、そんなことは予測できないのですが、少しそういうことも視野に入れてみたいというのが今日のテーマです。

1　村上春樹作品の特徴

日本の文学は、海外でもかなり読まれるようになりました。私は日本文学が専門なので、よくいろいろな方から、「外国で読まれている日本の作家は誰？」とか「ヨーロッパだと、今は何が流行《はや》っているの？」と聞かれたりするんですが、「あまり読まれていないよ」というのが一番正確な答えでした。というのは、日本の本屋さんだったら小説の棚があって、日本文学、イギリス文学、アメリカ文学、フランス文学、ドイツ文学と、文庫本の棚とかが分かれていますよね。ああいうものをイメージして、外国の本屋さんに日本文学の棚があるとか、フィクションのところに日本のコーナーがあるとか、そんなことは全然ないです。日本にいて私たちがイギリス文学をイメージするとか、フランス文学をイメージするような形で外国でも日本の文学が読まれていると考えたら、それは全然違うと思います。読まれている量としては、そんなものとは比べものにならないほど少ないんですが、その中でもある程度読者を獲得している、翻訳が出てまずまずの読者を獲得しているという作家を考えてみたら、現在では世界的に見て村上春樹が断トツに一番であるというのは間違いないでしょう。国によって多少好き嫌いがありますから、どこの国だとこの作家が受けているとか多少ありますが、世界的に考えてみれば、今の日本の作家の中で最も読まれているのは村上春樹だと思います。

ただ、日本文学はかつてはエキゾチシズムといいますか、異国趣味で読まれた傾向があります。日本文学の中でノーベル賞を取ったのは川端康成と大江健三郎ですが、その意味はまったく違います。川端康成の場合はやはり、日本文学はもの珍しい、日本文学には欧米にないものがある、日本文学を読むと異国趣味が満たされるという雰囲気があったと思うんです。昔受けていた作家は、川端康成、谷崎潤一郎、三島由紀夫、そういう人たちです。簡単に言うと、芸者が出てくるか腹切りが出てくるか（笑）。川端康成の『雪国』は芸者さんの話ですね。三島由紀夫の『憂国』は二・二六事件ですが、あれは腹切りの話です。やはり芸者か侍か腹切りが出てこないと日本文学という感じがしないというところが、ちょっとあったと思います。

もちろん日本のことを本当に深く十分に理解してくれている人がいたことも事実ですが、多くの読者にとってはそういう面があったと思うんです。しかしそういうものと比べて、大江健三郎がノーベル賞を取って、村上春樹が今読まれている、これは異国趣味ではないです。村上春樹を読んでも日本情緒は味わえない。というふうに考えてみると、日本文学の読まれ方が変わってきた。「世界文学との共通点が増えてきた」と言えるのではないかと思います。

今お話ししたように、村上春樹は日本情緒を求めて読まれているわけではありません。むしろ世界的に考えてみると多くの読者に共感されて読まれているということがあります。特にドイツやロシア、あるいは中国でもかなり読まれていますが、それ以外の国でも読まれています。

一つの例として、韓国を取り上げます。韓国は日本とはいろいろな関係があって、日本のものが受け入れられにくい面もあるんですが、村上春樹の小説は、韓国ではよく読まれていて、日本の作家の中で群を抜いて一番と言ってもいいだろうと思います。中でも一番よく読まれているのはやはり『ノルウェイの森』（一九八七）なんですが、『ノルウェイの森』は、韓国で『ノルウェイの森』というタイトルではないんです。韓国で最初に出した時は『ノルウェイの森』というタイトルだったのですが、全然売れず、別の出版社が『喪失の時代』というタイトルを付けて売り出した。それから火が付いて、この作品が韓国で大変売れるようになったんです。『喪失の時代』というタイトルが、実は『ノルウェイの森』に合っていたといいますか、この作品の性質をよく表しているし、韓国の人たちの興味あるいは関心、共感を引き付けたという面があったのではないかと思います。そういう意味では、この「喪失の時代」というのが今日の私の講演のタイトルにもなっているのですが、村上春樹を考える上でも非常に大きなキーワードになるのではないか。それが私の考えです。

村上春樹の作品と「喪失の時代」とか「喪失感」という言葉は、よく考えてみると非常に深い結び付きがある。『ノルウェイの森』という小説をお読みになるとわかると思うんですが、何か自分には欠けたところがある、何か自分には足りない、自分は何かを失ってしまっているという、非常に深い喪失感を抱えている人物が出てくるんです。これは他の作品にもあります。おそらく村上春樹のどの作品にも当てはまることなのではないかと思うんです。本当はこれだけで何時間でも論証しないといけない重要なテーマなので、簡単に話すのはなければいけないことが二つある。

難しいんです。少しだけ私の考えを述べさせていただくと、村上春樹の喪失感を考える上で、どうしても考える「具体的な何かを失ってしまったという喪失感ではない」、これが一点です。例えばおいしいものを食べたいんだけれど、どうしてもおいしいものを食べるお金がないとか、手に入らないとか、そういう具体的なものが足りないわけではないということなんです。食べ物では極端だったら、例えばある職業に就きたい。どうしても就きたい職業がある、こういう仕事をしたい。でも失業率が高いとか自分の夢がかなわないとか、そういうことでもないんです。つまり、具体的に何かが得られれば幸福になれるんだけれども、その何かが手に入らない、「あそこにあるのに、それは自分は手に入らないんだ」という喪失感ではないという、これが一点です。

もう一点、村上春樹の喪失感を考える上でどうしても大事なことは、私は村上春樹の小説の中によく出てくる「あちら側」と「こちら側」という言葉だと思っているんです。作品によって少し使い方が違うんですが、とにかく「あちら側」と「こちら側」という言葉が出てくるんです。「あちら側」というのは難しいんだけれど、あちら側だけになってしまってこちら側を失った人間とか、あちら側を失ってこちら側だけになってしまった人間とかが出てきます。あちら側だけになってしまった人間というのは、失踪してしまって目の前から見えなくなってしまうんです。こちら側だけになってしまった人間というのは、そこにいるんだけれど、何か抜け殻みたいになってしまった人間なんです。この「あちら側」というのが、村上春樹の喪失感というものとすごく大きく結び付いているというのが、私の考えです。

これは一言では言えないんですが、本当に少しだけお話しすると、前に中村昇先生がお話しされていた「イデア」ということと、非常に結び付きがあるのではないかと私は考えています。中村先生は三角形の例をとって、目の前にある三角形を全部不完全だ。線が曲がっているとか、ちゃんとした角になっていないとか、線に太さがあるとか、全部不完全だけれど何でそれを三角形だとわかるかというと、イデアとしての、理想としての、設計図としての三角形というのをみんなが持っているから、現実の不完全な三角形を三角形と認識できるのだという話をされていました。そのこととぴったり同じではないんですが、村上春樹にとっての「あちら側」というのは、何かそのイデアに近いものがある。つまり人間は生きていてあちら側を失ってしまうと、抜け殻みたいになってしまう。生きていく上での理想とか、規範、方向性、設計図、そういうようなものが、生きていく上で人間に必要だ。それがない人間は、目の前にいても抜け殻になってしまうという感じなんです。だから、あちら側だけだと現実を失ってしまうからどこかに行ってしまうんですが、こちら側だけだと理想とか規範、設計図、方向性とかを失った抜け殻になってしまうという感じなんです。

ですから村上春樹の喪失感というのは、そういうものを失ってしまっている状態とすごく結び付きが強いので、現実的に何かを掴みたい――あの職業に就きたいとか、もっと豊かな暮らしがしたいとか、好きな人と結婚したいとか――それが得られないという喪失感ではない、ということをお話ししておきたいと思います。

2　『ノルウェイの森』は恋愛小説だったのか

さて、「村上春樹と恋愛」ということで考えたいのは、やはり『ノルウェイの森』という作品です。この小説は、恋愛小説として大ヒットしました。最近『世界の中心で、愛をさけぶ』（二〇〇一）という大ヒット作品や、『いま、会いにゆきます』（二〇〇三）など泣ける作品がいっぱい出て、ああいう作品に売れ行きでは抜かれてしまったんですが、それまでは恋愛小説の名作というような感じで言われていたのが、この『ノルウェイの森』なんです。

なぜ『ノルウェイの森』は恋愛小説の名作と言われたかということを考えてみたいのですが、その要因の一つ目は、装丁ではないかと思うんです。一九八七年当時、この小説はクリスマスに爆発的に売れました。私は大学院の学生でしたが、何となく覚えています。世の中でみんな「ノルウェイの森、ノルウェイの森」と言って、恋人にプレゼントしたらしいです。これが当時の村上春樹の『ノルウェイの森』の装丁です。赤が上巻で緑が下巻。金色の帯が巻いてある。派手ですねえ（笑）。この装丁が大変よかったものですから、恋人にプレゼントするということで流行《はや》ったらしいです。僕はしたことがないからよくわからないですが、本を恋人にプレゼントするというのはどういう気持ちなんでしょうね。相手は困るのではないかと思うんですが、本当に中身を読んでプレゼントしたんでしょうか。中を読むと、主人公の「僕」＝ワタナベ君はナンパしまくり男ですね（笑）。「何だこの男は」という感じがしますし。恋人の直子は精神療養施設で自殺してしまうんです。これをプレゼントにもらった女性はいったい何だと思ったんですかね。「僕たちもこういう切ない恋をしようよ」とか、そういうメッセージだと思ったのでしょうか。よくわからないですけれど、とにかくそんなふうな形でプレゼントされていたというのがあります。

ちなみに、今買うと金色の帯は白帯になっています。さすがに恥ずかしくなったのか、よくわからないですが、色は白になっています。この白い帯、金色の帯でもどっちでも同じ言葉が帯に書いてあります。この言葉が二つ目の理由——恋愛小説として受け取られた非常に大きな理由だったと思うんです。本の帯には「一〇〇パーセントの恋愛小説」と書かれているんです。「この小説はこれまでに僕が一度も書かなかった種類の小説です。そしてどうしても一度書きたかった種類の小説です。これは恋愛小説です。ひどく古ぼけた呼び名だと思うけれども、それ以外にうまい言葉が思い付けないのです。激しくて、物静かで、哀しい、一〇〇パーセントの恋愛小説です」。これが帯の全文で、その中でも「一〇〇パーセントの恋愛小説です」とここまで駄目を押されると、それは当然、恋愛小説だと受け取ります。恋愛小説だと疑わないですよね、「村上春樹」と署名が付いているわけですから。ですから、恋愛小説として受け取られた二つ目の理由は、このキャッチコピーなのではないかと思います。装丁と、もう一つこの帯のことが、この小説が恋愛小説としての評価を不動にした理由だと思うんです。

でも、装丁とか帯はやはり小説の評価の一部ではありますが、中身を読んで恋愛小説なのかどうかということを考えないといけないわけですから、私たちは「この装丁が派手だから」、「プレゼントされたから」、「帯にこう書いてあるから」ということだけで恋愛うんぬんというわけにはいきません。ということで、もう少し『ノルウェイの森』という小説の中身の部分、恋愛とかそういう姿について考えてみたいと思うんです。

ここから次のところに行くのですが、我々学者とか研究者というのは結構卑怯なもので、「恋愛とは何か」とか「恋愛小説は何か」とかということを、あまり生で言わないんです。「私の恋愛観はこうだ」とかと言って、「それはお前がそう思うだけじゃない、俺は違うよ」とか「お前、そんなことを思っているのか」とかと言われると、気恥ずかしいではないですか。だから学者とか研究者というのは、ある基準を立てるんです。こういうものではこういうふうに描かれている。それに対して比較してどうかとか、あるいはこういう人はこういうふうに定義している。この定義に当てはめてみるとどうかとか。それが私たち学者とか研究者といわれる人間の態度だという面があるんです。

例えば学生とゼミや演習で話していると、「私は恋愛ってこういうものだと思う」、「いや、そんなの恋愛ではないよ」というふうに、生の議論になってしまうことがあります。これは人間同士がぶつかっているという感じですごくいいんですが、学問的な態度とはちょっと言えないところがあります。つまり「私がどう思うか」ではなくて、ちゃんと基準を立てて、その基準に当てはめてどう見えるか、あるいはどうずれているか、と考えないといけないというところがあります。

3　純愛ブームとは何か

偉そうなことを言いますが、それで何をするかというと、では『ノルウェイの森』は本当に恋愛小説なのかと考えた時に、今は「純愛ブーム」とか言われていますから、これを一つの視座、基準に置いてみましょう。今、世の中で「純愛ブーム」と言われていてものすごく流行っているような恋愛観がもし恋愛だとしたら、それと村上春樹の小説はどこが同じでどこが違うんだろう——そんなふうに考えてみたいと思います。

ですから今日私が村上春樹を考える上で選んだ基準は「純愛ブーム」です。「純愛ブーム」といえば、片山恭一の『世界の中心で、愛をさけぶ』です。これをぜひ知っていただきたいと思います。といいますのは、村上春樹の『ノルウェイの森』を発行部数で抜いた小説ですし、一大ブームになりました。この『世界の中心で、愛をさけぶ』がなぜ三〇〇万部？も売れたかというと、多分、普段小説を読まない方を取り込んだのだと思うんです。つまり、普段小説を読んでいる人間から言うと〈ちょっとどうかな〉というところも、きっとあると思うんです。大学生に聞いてもそんなに読んでいないし、あるいは読んでも「うーん？」という反応が結構ありました。普段小説を読み慣れている方からすると「あれ、昔から変わらないよね」、「こんなの昔からあったよね」というような感じかもしれないんですが、普段小説を読み慣れていない方にとってみれば、初めてというか久しぶりに小説を読んで「小説っていいな」、「小説って泣けるんだな」と。そんな読者を多く獲得したのが、この小説の手柄だったのではないかと思います。

朔太郎と亜紀という高校生のカップルの話です。恋人といっても、高校生同士の淡い初恋みたいな、今の高校生はそうではないらしいですが、僕なんかがイメージしている高校生の淡い初恋の思い出みたいな、そういう二人だったんですが、亜紀という女性の方が白血病で死んでしまうという話です。白血病で死んでしまうなんて、何か昔からいろいろあったような気がしますけれど。

画面もありますし、ここでせっかくですから少し何か見てみようかと思います。私はこういうブームを考えるのに本だけではなくて考えるのがいいと思うんです。例えば『セカチュー』は最初本があって、映画になって、テレビドラマになりました。映画は大人になった方が大沢たかおと柴咲コウ、若い方が森山未來と長澤まさみでしたね。テレビドラマは綾瀬はるかと山田孝之で、一一回の連続ドラマになりました。小説が映画になり、映画がドラマになると、どんどん輪を広げていくんです。小説は例えば一〇〇万部売れても日本人の一〇〇人に一人も読んでいない。映画になってまたテレビドラマになる。テレビドラマで二〇％の視聴率を取ったら二千何百万人とかが見るわけですから、どんどん輪を広げていくわけです。そうするともちろんつくり変わっていきますが、変わっていく分、多くの人が何を期待していくかということが反映してくるということが言えますから、私はそういう意味でテレビドラマはとても面白い研究対象だと思います。

小説とか映画はややマニアックな世界。それに対してテレビドラマはもっと幅広く、多くの人を取り込んだメディアだと考えています。そこで、お葬式のシーンで悲しいんですが、『セカチュー』で亜紀が死んでしまった後の、テレビドラマの場面を見てみようと思います《ビデオ》。

今のところはなかなか面白い場面だと思うんですが、原作ではっきり書かれているのは「空っぽだった」という言葉なんです。亜紀が死んでしまった。「不思議な気分だった。世界で一番好きだった人を焼いた煙が、静かに冬の空へ昇っていく」、「自分の心のなかがすっかり空っぽになってしまった」、「新学期が始まっても、僕のなかの空っぽは、相変わらず空っぽのままだった」。恋人を失ってしまった。もう自分の中には何もない、空っぽになってしまった。何もそれを埋めることはできない、という感覚ですね。

恋人が死んでしまうドラマは、昔からいっぱいあります。基本的には同じパターンだと思うんですが、僕ぐらいの世代の方だと『ある愛の詩』とかで涙した皆さんも大勢いらっしゃると思います。アリ・マックグローとライアン・オニールでしたか。フランシス・レイの曲で、アンディ・ウィリアムスが歌っていましたよね。その前だと私は本当に小さかったんですが、『愛と死をみつめて』なんて覚えていますか。大学生には絶対わからないんですよ（笑）。『愛と死をみつめて』も白血病ではないんですが、ミコという女性が病気で死んでしまう話です。原作というか手記があって、映画化され、テレビドラマにもなった。だから『セカチュー』と一緒です。浜田光夫と吉永小百合で映画になって、テレビでは山本学と大空真弓でしたね。つまり、こういう路線はずっと昔からあって、今回の『セカチュー』もそういう路線の一つと言っていいだろうと思います。

ここで言いたいのはこの「空っぽ」という言葉。テレビでは「空っぽだった」と描けないのでどういうふうに描くかというと、こんな表現になります。亜紀が死んでしまった。彼女の葬式がある。サクは雨の中を走って転ぶわけです。転んでほおに傷をつくる。なぜそういうシーンを撮ったかというと、ほおに傷ができて血が付いた。その手に血が付いたのを見て〈自分は生きている〉と思うんです。「何で自分は生きているんだろう」と言うんです。「空っぽ」という小説の表現を、映像的にはそういうふうに表現しています。彼女は死んでしまった。自分はなぜ生きているんだろう。生きている意味がない。でも自分は転べばけがをして血が出てくる、なぜだろう――というふうに映像的には表現するんだと思います。

こういったものが現在の一つの恋愛観といいますか、純愛ブームに描かれている恋愛観で、それは決して新しいものではないと思います。ずっと昔から延々と続いている恋愛ドラマの、あるいは恋愛小説の王道というものではないかと思います。

恋愛の王道といえば、やはりもう一つどうしても見ていただかなければいけないものがあります。『セカチュー』は小説、映画、テレビドラマとなりましたが、純愛ブームのもう一つの担い手は、何といっても韓流ドラマ。代表作は『冬のソナタ』（二〇〇二）ということになりますから、やはり『冬のソナタ』を見ていただかないことには話が始まらないだろうということで、ここからは『冬のソナタ』になります。

チュンサン（ペ・ヨンジュン）とユジン（チェ・ジウ）とがお互いに大好きなんだけれど、実は二人は兄妹だったとわかった後の場面を見ていただこうと思います。兄妹だったとわかってしまったわけですから、絶対この恋愛を成就できない、結婚もできないという場面です《ビデオ》。

なぜここを取り上げたのか。どこでもいいんですが、『冬のソナタ』の全体を貫いているのは、「あなたを思っている、その思っている気持ちが私にとって本当に大切なことなんだ」という感覚です。これは『セカチュー』と裏返しで同じことなんですが、つまり「亜紀がいるから自分が生きている意味がある。亜紀が死んでしまったら、何もそこを埋めるものがない。空っぽなんだ」という感覚です。こちらの方はユジンとチュンサンが〈兄妹だ〉と思ったわけですから、自分たちはもう愛を成就することができない。結婚することもできないし、付き合っていくこともできない。けれども〈自分があなたを思ってドキドキしていたことは自分にとって本当に大切なことで、ずっとそれを持っていたいんだ〉。つまり、〈あなたを思うことで自分の人生に意味がある。そのことが自分の人生の中で最も大切なことなんだ〉という感覚なんですね。これが、私が考えている現在の純愛ブームを貫いている一番大きなコンセプトといいますか、価値観なんだと思うんです。

もう一つ、そのことを一番端的にはっきりと言っている『グッバイ・マイ・ラブ』（一九九九）というドラマがあるので、それを見ていただきましょう。あまり有名ではないのですが、やはり韓国のドラマです。皆さんは『悲しき恋歌』（二〇〇五）とかで御存知だと思うんですが、キム・ヒソンという女優さんが出ています。これはどんなドラマかというと、二人ともいろいろと辛い育ちをしたカップルの話なんです。二人とも貧乏で育って、男性の方は金持ちの家に引き取られたんだけれども、そこで意地悪されてとか。非常に辛い思いをして二人は育ってきて、その辛い思いをしていた二人が知り合ってやっと生きる意味を見つけたと思ったら、女性の方が白血病になってしまうという話です。韓国ドラマは白血病が多いですね（笑）。交通事故にあって、記憶喪失になって、親に反対されて、白血病になって、そこに出生の秘密がからみます（笑）。これから見ていただくのは、知り合った男女がやっと生きる意味を見つけたら、女性の方が白血病になってしまったという場面です《ビデオ》。

今のは『グッバイ・マイ・ラブ』というドラマですが、これが先ほど見ていただいた『セカチュー』や『冬のソナタ』と同じように、一番端的に純愛ドラマ、純愛ブームを貫いているものを言い表してくれていると思うんです。ヨンジュという女性の方は「自分は迷惑をかけたくないから、もう別れるんだ」、「自分は病気でミンスに迷惑をかけたくないから別れるんだ」と言うんです。そうするとミンスの方が「お前がいない人生なんか何の意味もないんだ」と言います。

つまり、これが先ほどまでご説明したこととまったく同じというか、その精神を一番よく表していると思います。〈自分はお前を愛している。お前を愛しているから自分の人生に意味があるので、お前がいなかったら自分の人生に意味はないんだ〉という考え方です。これは『セカチュー』のサクも同じですし、『冬ソナ』のユジンも「愛が成就しなかったとしても、あなたを思っていた」と言っているその気持ち自体が、自分にとってとても大切なことなんだということと全部つながっていると思うんです。こういったことが純愛ブームを貫いている価値観だと私は考えているんです。

今日は純愛ブームのドラマを見ていただきましたから、家に帰ったら男性の皆さんは奥さんに「お前がいなかったら、俺の人生には意味がないんだ」とか絶叫していただいたらいいのではないかと思うんです（笑）。そうしたら中大の授業を受けたかいがあるといいますか、もしかしたら「あんた『中大に行く』と言って、どっか変なところへ行ってきたんでしょう!」とか（笑）、逆に疑われてしまうかもしれませんけれど。せっかくですから、そういう恋愛観にちょっと浸っていただきたいと思います。

4　村上春樹作品が指し示す方向性

さて、そこまでで純愛ブームの分析をしましたので、元に戻りましょう。ここで私が分析したのは、こういうことです。「その人を思う気持ちがあるから、生きている意味がある。自分の人生に意味がある」――こういうのが恋愛ブームの価値観です。だとすると『ノルウェイの森』は?という話なんです。

『ノルウェイの森』をお読みになった方はわかると思うんですが、実は『ノルウェイの森』にはそういう情熱――「あなたを思っているから人生に意味がある」、「あなたがいるから自分が生きているんだ」という情熱は出てきません。『ノルウェイの森』の中に色濃く出ているのは、先ほどお話ししたような非常に強い喪失感とか孤独感とかといったものです。例えば「直子は僕のことを愛してさえいなかった」とか、「これまで誰かを愛したことはないの?」「ないよ」とか、「僕にも人を愛するということがどういうことなのか本当にわからないんです」とか。「人を愛したことがない」とか「自分には愛というものがよくわからない」とかという表現です。もちろん「愛している」という言葉も出てくるんですが、全体としては「愛したことがない」、「愛というものがわからない」というトーンです。友人の永沢さんという人が言うんですが、「ワタナベも俺と同じように自分のことにしか興味を持てない人間なんだ。他人によって生きる意味が見つかるのではなくて、自分のことにしか興味が持てない人間なんだ」という表現も出てきます。そして自分が一人ぼっちになってしまうというようなところを見てみると、もし純愛ブームのようなものを「恋愛観」と呼ぶなら、『ノルウェイの森』に出てくるのは恋愛ではないということになると思うんです。別の意味の恋愛かもしれませんが、少なくとも純愛ブームに出てくる恋愛ではないと思います。

つまり、村上春樹の作品に出てくるのは、「喪失感」を抱えながら自閉的に生きていく人物です。喪失感というのは、自分の就きたい職業に就けば解決するとか、好きな人と一緒になれたら解決するとかという喪失感ではないということです。そこに村上春樹という作品の喪失感とか自閉性、あるいは孤独というものがあるのではないかと思うんです。

村上春樹の作品に、「人を好きになる」という気持ちは出てきます。人を好きになるという気持ちは出てくるけれど、その「好きになる」という気持ちによって〈自分の人生には意味があるんだ〉と思えるというところにはいかない。そこが大事だと思うんです。ですから村上春樹の作品は「恋愛が不在」と言うこともできる。それは純愛ブームのような恋愛を恋愛と呼ぶなら、村上春樹の作品に恋愛は不在です。でもそれは別な意味の恋愛——人を好きになるけれども、それによって〈自分の人生に意味がある〉とか、〈その人がいるから生きていこう〉とは思えない、非常に孤独な恋愛の姿が描かれているという別な言い方もできるだろうと思います。それが私が考えている村上春樹の小説の「恋愛の不在」ないしは「恋愛の孤独」というものだと思うんです。

そう考えると、村上春樹の作品は悲しいですよね。生きていて人を好きになっても、それで何か情熱もないし、生きている意味もないんですから。それでは村上春樹の小説は悲し過ぎるという感じがするんですが、多くの読者から共感されている。それも日本だけでなく海外を含めて多くの読者を得ているというのは、やはりそれだけではないというか、それもあるんですけれど、むしろハッピーエンドな恋愛とか、やたらと情熱的で好きだ好きだというような恋愛ではないものにひかれている読者がいっぱいいるということなんです。

けれども、それだけではないということも考えたいと思います。ここから村上春樹の小説のことを、もう少し掘り下げて考えてみたいと思います。村上春樹の作品の喪失感の救いの方向性というのはないんだろうか。確かに、人はよく自殺する。終わり方を見ても、あまりハッピーエンドにならない。『ノルウェイの森』でも直子は自殺してしまうし、直子が高校生の時に付き合っていたキズキも自殺してしまう。他の小説を読んでもやたらすぐに人が死ぬし、暗くて絶望的だな、自閉的だな、孤独だなという感じがあることは確かなんですが、救いの方向、未来の方向がまったくないのかということです。

ここで、文学研究の初歩の方法論を話したいと思います。文学研究を、私たちはこんなふうに考えているんです。小説は心のままに読めるものですから、別に無理に難しい方法（哲学とか言語学とか西洋思想とか、いろいろなもの）を知らなくてもいい。ただ、私たち専門家は「私がこう思う」だけでは済まないので、ある基準をつくって、その基準の上で〈この小説がどういうふうに見えてくるか〉と考えますから、いろいろな方法を使ったりすることがあります。

ここで使ってみたいのは、「閉じられた作品」と「閉じられない作品」という考え方です。どういうことかというと、小説というのは一つの世界です。小さな宇宙みたいなものをつくっています。どんなに短い小説でも、そこに生きて広がった宇宙があります。その宇宙が小説の最初から最後まで読み終わった時に、そこでぴたりと決まって閉じている、非常にまとまっているという印象を残す文学作品と、まだ先につながっていくものがあるという文学作品がある、ということです。それを「閉じられた作品」と「閉じられない作品」と言っているのです。

例えば推理小説などは「閉じられた作品」です。事件が起こって謎があって、謎を解決して犯人が出てきて、犯人がわかったという謎解きがあって終わる。全部が世界の中にぴたっとまとまっていて、はみ出すところがない。全部に意味が付けられて小説が終わる。あるいは勧善懲悪の、例えばテレビドラマで言えば「水戸黄門」みたいな話が「閉じられた作品」です。事件が起こってトラブルになって、黄門様が出てきて、最後に印籠を出して解決する。ドラマの中からはみ出すものはなくて、全部がうまくまとまっている。これが「閉じられた作品」です。

そうではなくて、私たちは小説を読んでいて、〈何か終わっていない気がする。そこから先があるような気がする〉と思うことがあると思います。そういうものを、「閉じられない作品」と言ったりします。これは写真とか絵画にもつながる「フレーム」という考え方です。フレームを立てているが、そこにぴたりと収まっているものと収まっていないものがあるので、どこでフレームを切るか、ということです。

写真を使うとわかりやすいので、私が撮った写真をご紹介したいと思います。これは事務室の依田さんのまじめな写真です。いい男ですねえ（笑）。同じ場所で同じ依田さんをもう一枚、こういうふうに撮ってみたんですが、どうでしょう。ちょっと右側にはみ出して、何か白っぽいものが見えていますよね。この二枚の写真の違いは何だろうかということです。もうおわかりだと思いますが、最初の写真は、閉じています。フレームの中にぴたっと全部意味が納まっているということです。もう一枚の方は、意味が外にはみ出しています。二人いる構図の一人分（左側）だけを撮ると、こういう写真みたいになるということです。本当は右側に戸田さんがいて、戸田さんが依田さんに仕事を渡しているというシチュエーションで撮ったものなんです。

話を戻しましょう。この二枚の写真の違いでおわかりいただいたように、物事には、あるいは作品には、それがテレビドラマでも映画でも、美術でも写真でも文学作品でも、「閉じられているもの」と「閉じられていないもの」があります。村上春樹に戻って言うと、村上春樹の小説は「閉じられていない作品」の典型です。

描かれている世界は確かに暗い。深い喪失感が漂っていて、自閉的で、孤独で、自殺者がいっぱいあって、ハッピーエンドにならないという世界です。しかし、村上春樹の作品というのは、読み終わると全部つじつまが合って意味が完結してしまうという世界ではないんです。結末で何らかの方向性を暗示していることが多い。書いてはいないんだけれど方向だけを示して終わるのが、村上春樹の小説のパターンだと思うんです。

例えば『ノルウェイの森』だと「僕は緑に電話をかけ、君とどうしても話がしたいんだ。話すことがいっぱいある」と、こういうところで終わります。象徴的なのは「あなた、今どこにいるの?」と緑に聞かれると「僕はどこにいるのだ?」、「僕にはわからなかった。いったいここはどこなんだ?」という、自分の居場所が全然わからないことです。これは、自分の生き方がわからないとか、生きていく方向がわからないとかということを暗示していると思うのです。自分がどこにいるのかすらわからないけれど、電話ボックスから緑に電話して「君と話がしたい」、「何もかも君と二人で最初から始めたい」と言って小説は終わるんです。

この終わり方は明らかに、小説のフレームからはみ出す方向性を指し示しています。自分はどこにいるかわからない。迷いの中にいる。何もわからないけれども、君と一緒に生きていきたい。君と話をしたい。君とつながりたいという願望を表して終わる。これが、村上春樹の作品が非常に暗くて孤独で内省的であるにもかかわらず多くの読者を引き付けている、もう一つの要因だと思います。自分の居場所はわからないけれども、人とつながりたい。つながっていくことによって生きていきたい、という願望だと思うんです。

『ダンス・ダンス・ダンス』(一九八八)だと、ユミヨシさんという女性が出てきます。このユミヨシさんは「ホテルの精」と書いてある。「ホテルの精」が何なのかは、読んでいただけるとわかると思います。このユミヨシさんについて、「彼女がちゃんとここにいるということを確かめたかった」というところで終わるんです。つまり彼女に声をかけて、彼女がちゃんとここにいるということを確かめたい。そして「こちらの世界なんだということを確かめたい」と言って小説は終わるわけです。つまりこれも、ユミヨシさんという女性とあちら側の世界に行ってしまわないで、こちら側の世界で二人で一緒に生きていきたい。この現実に留まって二人で生きていきたいという方向性を示しています。そして「朝だ」という言葉で終わる。要するに、まだ十分に明るくなっていない（自分は迷っている）けれど、これから朝になって光が入るところで終わるという終わり方です。

『国境の南、太陽の西』（一九九二）という作品は、昔の幼なじみの女性と時間を過ごしてしまった中年の男性が、奥さんのところへ帰ってくる話です。最後に奥さんのところに帰ってきて、「明日からもう一度新しい生活を始めたい」と言う。ここまでの小説を読んでみると、この二人がもう一度本当に夫婦としてやっていけるかどうか、うまくいくかどうかはわからないけれども、〈もう一度新しい生活を始めたい〉と思ったところで終わる。これは村上春樹の小説の典型的な終わり方だと思うんです。

『スプートニクの恋人』（一九九九）というもう一つの小説も、「これはいつか覚醒が僕をとらえる」——夢の世界で生きていきたいと思うけれども、夢の世界にいることが正しい行為のような気もするけれども、いつか目が覚めて自分はこちらの現実の世界に帰ってくるんだ——そういう終わり方になっています。

村上春樹の小説というのは、このように、結末に何らかの方向性を指し示しているということなんです。それは何かというと、私は「人とのつながりへの渇望」だと思います。自分は人とつながることで人生に意味があるとは断言できない。人を愛しているから意味があるとか、あなたがいるから生きていけるとか、そんなことはとても言えないけれども、人とつながっていきたい。そうすることでしかこの現実の世界にとどまることはできないんだ、という気持ちだと思います。ですから、人とつながった世界で生きることに対して迷いながら、〈そんなことが自分にできるだろうか、できないかもしれない〉、〈でもそういうことをして生きていくしか自分にはないのかもしれない〉という、迷いながらの決意が描かれているのではないかと思います。

5　恋愛の変化／恋愛の未来

そこで最後のまとめに入りたいと思います。村上春樹の小説を読んで私が一番考えることは、村上春樹の『ノルウェイの森』が一九八七年で『セカチュー』や「純愛ブーム」が最近だから『ノルウェイの森』が古くて純愛ブームが新しいということは、全然ないと思うんです。むしろ純愛ブームの方に、昔からずっと続いているものがある。それに対して、村上春樹の小説は現在でもずっと読者を獲得している。村上春樹の小説が日本でも海外でも多くの読者を獲得しているというのは、村上春樹の小説が持っている世界観とか人間観、人生観に共感する人が多いからではないかと思います。

その人生観とか世界観というのは何かというと、「人とつながることへの迷い」が一番大きな背景としてあると思います。私たちはいろいろな価値観を持っていますが、人と付き合うなとか、人と付き合っても意味がないとは、あまり思わない。例えば、親が子供に「友達を選びなさい」、「誰々の家の息子は不良だから、付き合っては駄目だよ」などとは言うかもしれませんが、「人と付き合うことに意味がない」とは言いませんし、教師も「いろいろな人と出会って成長するんだよ」とかと言いますよね。

しかし村上春樹の小説を読んでいると、人によって自分に意味が生まれるとか、人とつながって人と関わって自分が成長するとか、昔からの教養小説――人と関わりながら人間として成長していくというものと村上春樹の小説は、全然違っています。むしろ人とつながれないこと、自閉的に生きていくこと、人に興味を持てないことの方が、前面に出てきます。しかし、人とつながれない、自閉的に生きていかざるを得ない人間でも、人を好きになるという気持ちはどこかに残っている。その人を好きになるという気持ちで、この現実の世界、村上春樹的な言い方をすると「こちら側の世界」に何とかつながっていることができる。そういう恋愛観とか世界観が、村上春樹の小説には示されていると思うんです。

ですから、恋愛というものを画一的に捉えないでいただきたいということなんです。つまり、純愛ブームの「あなたがいるから生きていられるんだ」、「あなたを思うことで人生に意味があるんだ」というのが一方の極端な恋愛観だとすれば、村上春樹が指し示しているのは、そんな情熱とか意味、価値観とかという偉そうなものではない。人とつながることも怖い。しかし、人を好きになるという気持ちをかすかに持ち続けることを恋愛と呼ぶなら、恋愛のもう一つの反対の極として、そういうかすかな気持ちを持ち続けることによって人とつながり、「こちら側の世界」に留まって生きていこうとする。そういう迷いと決意みたいなものが出ているのではないかと思うんです。

そういう人物像に共感する人たちが、大勢いる。だからこそ、村上春樹の小説は多くの読者を捉えている。もしかすると、私たちが考えている恋愛というものが、もう大きく変わってきているのかもしれない。そして、画一的な恋愛観では捉えられないような世界が今後もますます広がっていくのかもしれない。村上春樹の小説を読んでいくとそんなことを考えさせられるということを、今日のまとめにしたいと思います。

（二〇〇五年九月二四日）

村上春樹が世界的に読まれていること

この講演をしたのは2005年9月ですが、その後、村上春樹の研究や評価がさらに進んでいます。2006年3月にはチェコのフランツ・カフカ協会から「カフカ賞」を贈られ、国際的な評価がさらに高まりました。同じ月には、「春樹をめぐる冒険」と題する国際シンポジウム（国際交流基金など主催）が東京で開催され、日本だけでなく、多くの海外の研究者や翻訳者が参加しました。今後も村上春樹の読者は世界中で増えていくでしょう。近いうちにノーベル文学賞を取るかもしれません。

講演の中でも触れましたが、日本からは過去に2人のノーベル文学賞作家が出ています。私は文学賞という制度が文学の評価になじむかどうかには疑問を感じますが、政治的な意味も含めて、文学賞のゆくえには世界的な「知」の動向が反映しています。村上春樹がノーベル文学賞を受賞してもしなくても、これだけ多くの読者を得ていることには大きな意味があると言えるでしょう。

過去の日本文学において、これほど世界的に多くの読者を獲得した作家はいませんでした。川端康成や大江健三郎の評価はあくまで一部の日本通の人々や知識人に支えられていた部分がありました。異国趣味的な関心の多かった川端康成から、世界的な課題（核の脅威やマイノリティの問題）に取り組んだ大江健三郎を経て、村上春樹の世界的受容によって、「日本的」という文学の枠組はあまり意味を持たなくなりつつあります。この傾向は今後もますます強くなっていくことでしょう。

今回の講演は、統一テーマとの関係で「恋愛」（それも特に『ノルウェイの森』を通して）に話を絞りましたが、村上春樹は奥の深い作家です。村上春樹の作品を手がかりにしてさまざまな考察をすることができますし、世界中の読者と意見を交換し、議論しあうことのできる日がやって来ているように思います。

愛——12世紀の発明、21世紀の宿題

杉崎泰一郎　西洋史学専攻 教授

S U G I Z A K I　T a i i c h i r o

今から二〇年ぐらい前、一九八〇年代ぐらいでしょうか、フランスでは男女の関係、家族の関係が大きく揺らぎました。例えば結婚しないカップルが増えてくる。一緒に住んで、子供もいて、でも籍は入れない。コアビタシオン、「同居」ですね。子供をどうするかなどの問題も起きたり、離婚率も非常に上がっていました。要するに、学校が終わって家に帰ってくればお母さんがご飯を作っていて、温かい家庭の匂いがする。やがてお父さんが仕事から帰ってきて、一家三人ないし四人で食卓を囲む――そういう幸せな家庭がだんだん遠のいていって、家族が新しい形になるということで、非常に論議をかもしたのが一九八〇年代です。

現在では、そういうラディカルな動きは止まって、元に戻りつつあるといいます。ただ、若いカップルはだんだん教会で結婚式をしなくなる。よしんば籍を入れるとしても、市役所で市長さん、もしくは村役場なら村長さんの前でサインをして、結婚披露宴はレストランで行う。教会では結婚しない。フランス人は子供に教会で洗礼を授けることが減っているので、そういう形で結婚なり家族なりの絆が変わりつつあるという時代に、愛や結婚の歴史が研究されました。つまり、現代の家庭の形がものすごく揺らぎつつある。これからどうなってしまうのだろうかという時に、では今の形はいったいいつ頃から生まれてきたのか、あるいは人類が歴史、記録を残すようになってから、どのように家の形、家族の形が変遷してきたのか、それをあえて問うという研究が増えてきました。例えば結婚の歴史、家の歴史、子供の歴史です。子供というのは、何歳ぐらいをいうのだろうか。かつては確かに、小学校にも行かずに働いていた人もいる。成長に専念できる子供が、家や社会でいつから認められてきたか。これは歴史の中でかなり動きがあることがわかる。ちょうど過渡期に差し掛かると、人間は、自分が今生活している家族、家庭が絶対のものではないということがわかるわけです。

歴史研究者は、現代の問題を過去にさかのぼって調べます。ヨーロッパといえば、自分の意見を強く言う、あるいは男も女もそれぞれに自立して自由に意見を言う文化と思われています。先生が相手だろうが、論理でもって正しくなければ、どんどん論破してしまう。そういうことが、いつ頃ヨーロッパで始まったのだろうか。その時に起源として論じられたのは、一二世紀です。つまり男性、女性ともに自由に意見を言い、自由に相手を選び、自由意思で生涯添い遂げる。それが一つは一二世紀にルーツがあると、かつてから言われていたものをあえて調べ出した。これは日本語の翻訳の本もたくさんあります。その頃、歴史の中でも王様とか大臣とかの偉い人ばかりではなくて、一般の人々がどのように愛を語らって家族をつくっていったのか。そういう家族史、あるいは愛という心の問題が歴史の研究の対象になってきた。それが二〇年ぐらい前でしょうか。

今日のキーワードはヨーロッパの一二世紀、ヨーロッパの個人、女性です。ヨーロッパでは一二世紀に女性が社会的な自立を始めたという古い学説があります。一九世紀フランスの歴史研究者ミシュレは、「一二世紀にたくさんの女性が活躍した」としています。アベラールの恋人であったエロイーズも大変なインテリで、女子修道院長として一つの修道院を経営する経営者でもありました。女性の商人や政治をとる王妃など、女性の社会的な活動が非常に進んだ時代でもありました。

一二世紀のパリでも二一世紀の今日でも、男女関係が大きく揺れ動き、それが時代を映す鏡であるというのが、今日のテーマです。

男女が自分の意見で添い遂げようとして様々な束縛を受け、悲劇を生む。こういったことは、日本の近松の心中物でもそうですが、ヨーロッパにおいても、何も一二世紀のアベラールとエロイーズだけではありません。例えば中世の悲恋物語としては、ロミオとジュリエットの悲劇がまず思い浮かびます。これは一六世紀から一七世紀、シェイクスピアの原作ですが、実際のヴェローナの中世の物語が種本ではないかという説もあります。「ロミオとジュリエット」は非常にわかりやすく、愛する二人がいて、それを引き裂こうとするのは家同士の確執です。これは日本でも十分あり得たことです。最後に二人は悲劇的な最期を遂げてしまうわけですが、この物語は非常によく知られていますし、あえてここで紹介しなくてもいいかもしれません。

しかし、「アベラールとエロイーズ」の場合には少々話が込み入っていて、むしろ現実的です。二人とも愛し合いながら、生涯夫婦として一緒に生活することは最終的にはできなかった。この二人を紹介しながら、男女が束縛と戦いながら自由に愛を語ったルーツと、どう引き裂かれなければならなかったのか——一二世紀のフランスで天才論理学者を愛し抜いたキャリアウーマンということで、エロイーズに重点をおきながら、考えてみようと思います。

1　一二世紀のパリ

舞台は一二世紀のパリということになります。現在パリという町を訪れても、一二世紀当時の跡はあまり残っていないので、往時のよすがを偲ぶしかありません。一二世紀のパリには、近代の様々のルーツがあると言われています。少々歴史のおさらいをしてみようと思います《プリント＋スライド上映》。

今日お話しする物語の舞台の一つは、大学です。パリの大学は、ヨーロッパではオックスフォードと並んで最も古い大学の一つです。この大学ができたのも一二世紀です。創立者はいません。様々な優れた先生がいて、その先生の下に学生が自由に集まり始めた。それがパリ大学のルーツです。アベラールもその一人で、アベラールの下にたくさんの弟子が集まって、論理学の勉強を始めた。そこでエロイーズと出会うわけです。

恋人になったエロイーズもラテン語、ギリシャ語、ヘブライ語と、あらゆる語学に堪能であったというのですから、教養を持った女性が出てきたという時代でもありました。

王様の町、商人たちの活動と、豊かになったパリでは、大学が建てられ、論理的な自由な討論が行われた。アベラールは非常に人気がありましたから、家の中に入れなくなって、外で議論をしたらしいです。

そして先述の通り、女性の社会進出が強く始まった時代でもあります。政治的な影響力を持つ王妃もいました。例えば一二世紀半ばのルイ七世という王の王妃、アリエノール・ダキテーヌは、自分で学問をするし、詩も書いた。やがてはルイ七世と別れ、アンリという若い貴族と結婚しました。それが後にイギリスの王様になっていますから、一代にしてイギリスとフランス両方の王妃になった。やがてはイングランドの王様まで追い出してしまった。そんなすごい女性がいたわけです。学問を行う女性の数は少なかったようですし、女性の商人も名前が知られています。

この時代に、ヨーロッパの一つの代名詞である「自由意思や論理性」が始まりました。同時に男女の間もそうだったのかもしれません。それを促進した一つは、教会です。

教会では一二世紀頃から、結婚の儀式を執り行うようになっています（それより以前は教会は結婚式に関与していません）。秘蹟と呼ばれる儀式です。教会は、結婚について様々なルールを定めました。例えば一夫一婦制です。奥さんを「男の子が生まれないから」と追い出して次の奥さんをもらうのは駄目で、重婚罪で捕まってしまうことになった。もう一つは、離婚の禁止です。これはある程度理由があると認められることもありましたが、教会が認めない離婚で新たに奥さんをもらうと重婚ですし、側室を持つのはいけないわけです。そういう理由で何人もの王様、特にフランスの王様は破門されています。一一世紀、一二世紀、一三世紀、この時代に王様が側室を持てない。もっとも陰ではどうかわかりませんが。あと一つは、近親婚の禁止です。これは貴族の中で同族婚をしますから、貴族にとっては困ります。そこで、貴族社会と教会とで、時々喧嘩になっています。

教会は「男女がもし自由意思で相手をめとりたければ、これは夫婦と認める」ということを言っています。

「ロミオとジュリエット」の物語では、この二人が結婚しているのをご存じでしょうか。親には内緒ですが、ロレンツォというフランシスコ派の修道士の前で、結婚式をします。しかしながら家の論理がこの二人を引き裂いてしまうわけです。「教会で儀式を挙げた」とシェイクスピアは書いています。教会の論理が「自由意思による結婚」というふうに入り込んでくるものの、いろいろとあつれきが生じていたのがこの時代です。

2　アベラールとエロイーズ、恋のてんまつ

「アベラールとエロイーズ」に入っていきたいと思います。男女間の赤裸々な苦悩は記録に残りにくい中、「アベラールとエロイーズ」には多くの記録が残っています。二人のなれそめから破局、やがては遠距離恋愛という方へ持って行く話を、まず紹介しましょう。両者のプロフィールは極めて様々な資料から論証されていますので、なれそめと経緯については疑いようもないようです。

アベラールは一〇七九年、フランス北西部ブルターニュで生まれました。若くしてパリに出て勉強し、ほどなく先生を論破するぐらい、非常に論理学、つまり議論に長けた、まさに天才でした。聖書なり書物を読んで、矛盾点があるとそれについて討論し、最後に結論を出していく。本あるいは先生が言ったことを鵜呑みにせず、疑問に思う。時々先生を論破してしまうものですから、さすがに自由なパリ大学とはいえ、褒められつつにらまれていたことも事実です。

やがてアベラールは独立して、さっそく教え始めます。その時の身分は一応教会の一員ということになっていますが、神父としての正式な資格はなかったのではないかといわれています。半聖半俗といいましょうか。つまり、この時代は学問の多くは神学、神様の勉強であり、昔ふうにいえば「学僧」たちが多かったのです。

エロイーズはずいぶん年下で、一一〇一年頃パリで生まれました。若い頃の経歴はよくわかりませんが、おじさんがパリの偉い聖職者で、この人を通して二人は知り合い、やがて引き裂かれるわけです。若い頃から学問を修めて、ラテン語やギリシャ語、ヘブライ語などの語学に堪能だったということは、アベラールが証言しています。

繰り返しますが、ラテン語というのは、元は古いローマ帝国でしゃべっていた言葉です。しかしローマ帝国が滅びた後も、西ローマ帝国が滅びた後も、ヨーロッパの中世の時代には学問用語として生きていました。ですから、ラテン語を修めるということは、「学問するぞ」ということになります。ギリシャ語もそうですね。新約聖書はギリシャ語で書いてあります。もちろん論理学のテキストになったアリストテレスの古代のギリシャの本は、ギリシャ語で書かれていました。旧約聖書はヘブライ語でした。こういった学問をするための七つ道具を修めていた。後に彼らが書くラブレターは、フランス人同士ですが、ラテン語で書かれています。ラテン語というとあまり耳慣れないかもしれませんが、例えば多摩動物園や上野動物園に行くと、動物の名前が書いてあるプラカードがありますね。「クマ」「bear」と日本語と英語で書いてあって、次に「ウルスス」と、わけのわからない言葉がありますが、これがラテン語で、学名というものです。学名はラテン語であるケースが多いです。だから、動物園に行くとラテン語の勉強ができます。そういうラテン語を修めた。しかし、これをすらすら読めるというのは、大変な才女です。この人は別に王族でも何でもありません。こういう女性はおそらく彼女だけではなかったのでしょうね。女性の社会的な大きな成長期と、家族のあり方の大きな変わり目というのは、一致するのでしょう。

さて、アベラールとエロイーズの出会いの話になります。一一一六年頃、エロイーズはおそらく一五歳ぐらいだったかと言われますが、アベラールはエロイーズの家庭教師になります。先述したエロイーズのおじさんの仲介です。ところが、ほどなく二人は恋仲になり、エロイーズが妊娠して大スキャンダルになります。アベラールの故郷で男子を出産し、アストロラーベと名付けます。「天体を観測する機械」という意味らしいのですが、さすが学者同士、難しい名前を付けますね。詳しいことはわかりませんが、後にアベラールが「教会の職が得られるように」と、人事的な運動をしていますので、この子は成人したと思われます。

二人は実は秘密に結婚しますが、公に知られます。最終的にエロイーズは女子修道院に入り、やがてはそこの修道院長になります。アベラールはエロイーズのおじさんに襲撃され、局所を切り取られてしまいます。彼自身、「ひどい目に遭った」と述懐していますが、「私の罪の根源である」という言い方をしています。アベラールもやがてサン・ドニ修道院に入ります。これはパリの近くにあり、現在はむしろサッカースタジアムで有名です。

その後アベラールは各地を転々とします。一一三二～三五年頃に最初の手紙を書いたと言われます。この後、一一通の往復書簡（実際手紙の形になっているのは八通で、あとは歌とか）が残ってはいます。これについては、直筆は残っていませんので、本当にこの人たちの書いたものを写したかどうかという議論はありますが、それは取りあえず置いておきましょう。

アベラールは一一四二年に六三歳で亡くなります。その最期は寂しいものでした。彼はたくさん本を書いたのですが、革新的、刷新的な思想家ですので、教会の保守的な人々から怒られてしまいます。例えば「聖書のこの個所とこの個所は矛盾している」、「この偉い人の言ったことは怪しいから、議論してみよう」、そのことを「論理でもって相手を説得しよう」、「論としては神の存在を疑ってもいいわけなので、そこから始めていこう」などと神の存在を議論する。最終的に存在を証明することもあるかもしれません。現在では決して珍しいことではないんですが、そういうことは「不遜《ふそん》だ」、「けしからん」という人も、まだいたでしょう。最後は異端者として、アベラールは教会から正式に断罪され、「この人の書いた本は、もう読んではいけない」というふうに裁判を受けます。最終的にはクリュニーという大きな修道院にかくまわれ、何とか最期は火あぶりとかにならずに済みました。ガリレオもそういう目に遭いましたし、中には火あぶりになった人もいます。

エロイーズはその後、自分の職務を全うし、やはり六三歳ぐらいで亡くなったのではないかと言われています。これは本物かどうかはわかりませんが、二人の遺体はパリのペール・ラ・シェーズという墓地にあります。

3 アベラールの回想

さて、なぜこの二人がスキャンダルになったのでしょう。教え子と先生だからでしょうか。なぜ別れなければならなかったか。なぜ別れた後も文通したのか、むしろ現代人にはわかりません。その辺を、皆さんと一緒に後半考えてみたいと思います。私たちは歴史を勉強していて、当時の人が書いた史料を読んで〈意外だな〉と思うことがあります。〈この人たちはなぜ、こんなことで別れなければいけないのか〉。その点が、この時代を解く鍵です。歴史というのは年代や人名を覚えることではなく、言ってみれば、我々が理解できない他人との出会いなのです。日本語訳（岩波文庫→参考文献を参照）を参考に、彼らの雰囲気をまず探ってみようと思います。気になるところを読んでみます。

まず第一書簡です。人生の半ばを過ぎたアベラールが、誰かはよくわからないのですが、友人に宛てて書いたもので、「不幸の物語」と自分で銘打っています。「私は不幸だった。エロイーズと出会い、別れ、ひどい目に遭った」と書いています。アベラールの独り言です。ポイントだけ拾って読んでいきます。

①「パリの町にエロイーズと呼ぶ乙女が居た。フュルベールと称する聖堂参事会員の姪である」――聖堂参事会員というのは、偉い神父のことです。参事というのですから、管理職です。つまり、パリの大聖堂に勤めていた偉いおじさんがいました。「フュルベールはこの姪を愛するにつけても、できるだけ多くの学問を彼女に仕込むことに力を入れていた」――つまり、このおじさんは自分の姪に学問をさせたいと思っています。これは一二世紀の初め、日本でいえば平安時代の終わりです。日本でも平安貴族の女性たちには大変な文筆家がいましたが、ヨーロッパでも、学問をする女性が少なくはなかったのでしょう。

次はアベラールです。「彼女は容貌も悪くはなく」――しっかり容貌の話なんかをしています。アベラールはこの手紙を書いている時、すでに修道院長です。聖職者が過去の過ちということで話しているのでしょう、割と赤裸々に語っています。「学問の豊富にかけては最も優れていた。学問上の才能は女性にあっては稀であるだけに彼女は一層光って見え、全王国中にその名を喧伝されていた。人をそそるあらゆる魅力をそなえているのを見て、私は、彼女を愛によって自分に結びつけようと思った」――最初から下心があったのでしょうか。これはなかなか問題で、今でいうとセクハラ問題です（笑）。余罪があるかもしれません。「そしてそれがわけもなくできると信じた」――これはちょっと傲慢な（笑）。「当時私の名声は甚大であり、また私は若さと風姿において優れていたから、仮にどんな女性を愛そうともその拒絶に会う心配はなかったのである」（笑）――これはまたすごいです。でもこれはあくまでも彼が、「過去、私はこういう罪人だった」ということを手紙を通して懺悔《ざんげ》しているわけで、かなり正直です。ちなみに、当時の手紙は今でいう手紙とはまったく違い、他人が読んでもいいんです。郵便屋さんはもちろんありません。手紙といっても口述筆記する場合が多く、例えば聖書にしても、新約聖書のこの時代の手紙は、一種の論文だと思えばいいと思います。ですから、必ずしも内緒の手紙ではないわけです。「我々はたとえ離れていても手紙の交換を通して相互に交際できるのである。手紙なら口では言えぬ大胆なことも書ける。こうして我々は絶えず楽しい会話の中に居れるというものだ」。

②「この乙女に対する愛にすっかり燃え立った私は、日常の家庭的交際によって彼女と一層親しくなれるような、そして彼女を一層容易に私に同意させることのできるような、そういう機会を求めた。この目的のために私は、前に言った乙女の叔父との間に、その若干の友人を仲に立てて、こういう取り決めをした。それは、彼が何がしかの下宿料を取って私を彼の家（私の学校のすぐ近くにあった）に入れるというのであった。この際私は、自分で家事を見ることは研究の妨げになるし、それに費用がかさんで煩わしいという口実を用いた。これ以上何を言う必要があろう。我々はまず家を一にし、次いで心を一にしたのである」──これはますます、アベラールが設定したような形になる。でも、どうでしょうか。この後、だんだん近寄っていく様子が書かれています。読むのがはばかられるようなこともありますね（笑）。「教育という口実のもとに我々はまったく愛に没頭した。学問研究という名目が愛に必要な離れた室を与えてくれた。本は開かれてありながら学問に関するよりは愛に関する言葉が多く交わされ、説明よりは接吻が多くあった」──ただ、これは彼の自虐的な面もあるということは、割り引かなければなりません。私はこんな悪いやつだった。しかし今改心しているという意図があるわけです。しかし、一二世紀に現職の聖職者がここまではっきり書くのは珍しいんです。そういう意味では、非常に自由に言説の集まりが展開されたのかもしれません。

③次のパラグラフの段落の最後の方には、アベラールが一生懸命彼女を好きになってしまったために、自分自身、勉強がおろそかになってくるということが書いてあります。例えば、「同時にまた夜を愛に使い、昼を研究に使うのは、過労であった」（笑）「当時私の講義は投げやりで生彩を欠き、私の言説の一切は叡智からではなく惰性から出るのであった」（笑）──まあ、むしろまじめな人なんでしょうね。「私はもはや昔の講義を繰り返すに過ぎなかった」（笑）──これはありそうですね。「そしてたとえ何らかの詩を作り得たとしても、

それは哲学の神秘についてではなく愛の秘密についてであった」――アベラールとしては愛の詩をいくつか書いていているらしいですけれども、本当かどうかはわからない。一応、哲学や神の学問を教える者としてはふさわしくないという書き方でしょうか。「これらの詩の大部分は、君も知る通り、今日なお諸地方で親しまれており、主として同様の感情を経験した人々に愛誦されている」――彼の書いた詩がうたい継がれた可能性はありますね。これは、彼が非常に赤裸々な告白をしているような感じです。

さて、この後エロイーズに子供が生まれるということで、エロイーズを故郷にやってしまいます。これが大スキャンダルになる。なぜスキャンダルか。やはりアベラールの立場、つまり神父でないにせよ、教会の一員であることも理由の一つです。実はカトリックでは聖職者は独身で、現在でも例外はありません。シスターはもちろん、神父も独身です。ローマ教皇も当然独身です。ヨハネ・パウロ二世が亡くなられて現在の教皇に代わりましたが、これは選挙なので、直系の世襲になりようがありません。聖職者独身制度、つまり「聖職者は独身で、男性ならば女性とは基本的にはあまり親しくならない。女性なら、男性とは親しくならない。それが聖職者のステータスである」という制度が確立するのも、一一世紀半ばです。したがって、そういう意味で、これはスキャンダルだったんですね。神の学問に携わる者が、何と女性をはらませている。愛し合っているわけです。「責任を取って結婚しよう」というのですから問題はないと思うのですが、正式ではないにせよ、当時の教会側の聖職者としてのおきてが引っかかる。それゆえ学問も捨て、すべて捨てて、エロイーズと結婚しようと。ここから後は、エロイーズの立場に注目したいと思います。

結論として、エロイーズはアベラールとの結婚に対して、最初は拒絶します。最後にやむなく結婚しますが、引き裂かれます。彼女は実は「お互いに、結婚して子供を育てるようにはならないんだ」という意見を、はっきりと言うわけです。エロイーズという人はこの手紙から見ますと、非常にはっきりと自分の意見を持ったような印象を受けます。アベラールの方が、情に流されるんです。女性にムラムラして事を行い、子供が生まれたから、全部捨てて結婚しよう。しまいにひどい目に遭ったから、修道院に入っちゃう──言い過ぎですけれども。エロイーズの方は節目、節目で軸足がはっきりとした女性という印象があります。

④「私はすぐ故郷へ帰り、エロイーズを連れ戻して妻にしようとした。ところが彼女はどうしても承知しなかった、それどころか全然反対した。それはこの結婚が危険であるというのと私の不名誉になるというのと二つの理由に基づくのであった。彼女は叔父が、今度のことに関しては、いかなる贖いによっても満足しまいと断言した。そしてそれは後になって正しいことがわかった」──おじさんが後に報復してくるんです。この報復は複雑ですので、ちょっと置いておきましょう。「その上彼女は、私と結婚することが私を不名誉にしかつ私と彼女自身との体面を等しく堕すとするならどうしてこの結婚を喜び得ようかと言った。またこの世から私のような光明を奪い去った場合、世界は彼女にどんなに大きな罰を要求することだろうと言った。この結婚はいかに人々に誹謗され、いかに教会に打撃を与え、いかに哲学者たちを涙させることだろうとも言った。自然が万人のためにと創った私が一女性に身を捧げ、恥ずべき桎梏《しっこく》のもとに屈するのは何と不似合いな、何と歎かわしいことだろうとも言った。この結婚があらゆる点において私に恥であり重荷であると言って強く拒絶した」──身を引くというような印象も受けますが、要するに、アベラールに「学問へ戻れ」ということを強く言うわけです。この後理由がずらずらと並びます。結婚が哲学研究にいかに妨げを及ぼすか。今は違いますが、これは一二世紀です。

⑤「ところで、結婚が哲学の研究に及ぼす妨げについてはこれ以上言わないとしても、あなた（アベラール）が、正式な結婚をした時の有様を考えてほしい、と彼女は言うのである」──ここから後、私も面白いと思います。「学生が居ると思えば侍女が居り、机があると思えば揺籃があり、本や黒板があると思えば紡ぎ竿があ

り、筆やペンがあると思えば紡錘があるという状態になるが、いったいこれらの間に何の関わりがあるだろうか。また神学や哲学上の黙想に耽りながら、誰が子供の泣き声、これをなだめる乳母の歌声、僕婢たちのやかましい騒ぎなどに耐えられるだろうか。また誰が子供たちの絶えまなしの汚物に我慢できるだろうか。なるほど富裕者は我慢ができるかもしれぬ。彼らの堂々たる邸宅にはたくさんの広い室があり、彼らの富は出費を問題とせず、彼らは日常生活の心配を知らないのだから。しかし哲学者の地位は富裕者のようなわけにはゆかない。だからといって富のために努力し、世俗的配慮に巻き込まれなければならない。またもし神への畏敬をないがしろにするにしても、少なくとも廉恥愛によって無恥を制することだけはしなければならない。結婚したソクラテスはどうだったろう。彼は哲学に対するこの裏切りによってさんざんな目に遭い」――ソクラテスは奥さんが怖かったという有名な話がありましたが、本当でしょうか。「悪妻」という言い方は、正しくないかもしれません。しかしエロイーズは、哲学者というか、研究者の生活をわかっていますね。彼女は彼女なりに、アベラールの学者のあり方を理解したのかもしれません。〈この世の中では、ちょっと無理だろう。哲学者あるいは神学者は、ほとんどが学僧である。赤ちゃんを連れた神学者はないだろう。職業上無理だ〉と。むしろ現実的な結婚生活を、彼女は見ているわけです。この辺は男性の方が夢物語を語り、女性の方がちゃんと計画をしようと、むしろしっかりしているような気がします。

結局アベラールが非常に強く結婚を望み、秘密裏に結婚をします。

⑥「生まれた子供を私の妹に託し、我々は秘密裏にパリへ戻った。そして数日経ってから、前夜をある教会の中で静かに祝った後、朝早く同所で結婚式を挙げた」――先に述べたように、結婚式を教会で挙げる風習は、一二世紀頃から一般化します。結婚が正式なキリスト教の儀式になったのも、この時期です。密かに結婚して、できるだけ世に隠そうとしたけれど、どうもおじさんは癪《しゃく》に障るのでしょうか、世の中に公表してしまった上

に、文句を言ったエロイーズと喧嘩《けんか》になった。結局エロイーズは修道院に入り、アベラールもやがてはひどい目に遭って修道院に入り、子供は引き取られます。そしてしばらくの間、音信が不通になります。

4 エロイーズの書簡

おそらくどこかで偶然、エロイーズがさきほどのアベラールが友人に宛てた書簡を読んでしまいます。それでエロイーズからアベラールに書簡（第二書簡）が来ました。二人の往復書簡としては、これが一枚目です。「何で連絡を寄こさないの」という恨み言です。彼女の気持ちを切々と綴ってあり、涙を誘う言葉もたくさんあります。

「お友達を慰めるために書かれたあなたのお手紙が、いとしい方よ、最近或る偶然の機会から私の手に入りました。上書を拝見しただけでもうすぐあなたのものであることがわかり、私は貪るように読み出しました。そのお手紙の書き主は、私にとってこよなく懐かしい人ですもの。私はその人自身を永久に失ってしまったとしても、せめてそのお言葉から面影を偲んで元気づけられようとしたのです」――第二書簡の冒頭です。切々と語っていますね。エロイーズはすでに一つの女子修道院を任されて修道院長になり、知識人として、キャリアウーマンとして、前線に立っていました。「あなたご自身もまた、お友達を慰める前記のお手紙の中で、こうした私の気持ちを全然お忘れになっていたのではありませんでした。あの中であなたは、私があなたに不幸な結婚を思いとどまらせようとして挙げたいくつかの理由を記すことを怠ってはおられません」「しかし、私が結婚よりも愛を、桎梏《しっこく》よりも自由を選んだ理由の大部分についてはあなたは黙しておいでです。神に誓って申しますが、たとえ全世界に君臨するアウグストゥス皇帝が私を結婚の相手に足るとされ、私に対して全宇宙を永久に支配させると確約されましても、彼の皇后と呼ばれるよりはあなたの娼婦と呼ばれる方が私にはいとしく、また価値あるように思われます」――これはすごい叫びですね。「金も名誉も要らない、あなただけだ」と。アウグストゥス皇帝は、アベラールの時代から一〇〇〇年以上前のローマ時代の人物ですが、実質的にローマ帝国をつくった人です。そういう地位のある人から聞かれても、皇后になるよりは、はしためというのは少し言い過ぎかもしれませんが「あなたといたい」というわけです。要するに、「アベラールの妻」、「ヨーロッパ中に知られた天才論理学者の妻」という地位とか名誉より、純粋な気持ちのままで、愛によって結び付けられていたい。別れていてもその方がいいだろう。その方を彼女は選んだということが言いたいのでしょうか。つまりお互いにその方が、愛し合ったまま離れていてもいいんだと。そう読み方をすると、この人は非常に強い女性です。

「しかし一般の女性が誤謬《ごびゅう》によって得ていることを」――この場合は、名誉や富、地位、あるいは安定も入るのかもしれません。安定は誤謬ではないかもしれませんけれども、玉の輿のようなことでしょうか。「私はまちがいのない真理によって得ています。彼女たちがその夫について単に思い込んでいるところのことを、私はあなたについて単に思い込んでいるだけでなく、明白に認識しているのです。こうして見れば、あなたにたいする私の愛は、誤謬をまったく含まないという点で、一層真実なものと申されましょう」――つまり、ひたすら愛している、それを訴えているわけです。

アベラールとエロイーズでは、相手に対する思いの温度差があります。しかしエロイーズは軸足をずらさない。その点、非常に強い女性なのかもしれません。思うことは一つなんです。「どうぞお願いです、私の希望することを聴き入れてください。それはあなたにとって些少なこと、いとも易いことなのです。あなたが親しく訪ねておいでになれない限り、せめてあなたのたくさんお持合わせになっている愛の言葉で懐かしいお姿を私の前にお示しください。私はあなたが仕えておられる神の御名においてあなたにお願いします。どうぞ可能な方法によってあなたを私の前にお示しください。そうです、何か慰めのお手紙を私に書いてください。少なくもそうしていただければ、私は元気づけられて一層熱心に神へ御奉仕申すことができましょう」——要するに、せめて手紙をほしい、できれば姿を現してほしい、それだけを願う、あとは要らない、というわけです。これはエロイーズに一貫している姿勢です。これが第二書簡で、かつて愛し合った時のことを時折思い出すとか、かなりテンションの上がった記述もあって語られていきます。これに対してアベラールの出している返答は、淡々としたものです。お互いもう終わったんだとまでは言いませんが、立場をわきまえよう、と。〈男というのは、こういう時、ずるいな〉と思ったりします。

5　書簡の往復

第三書簡「アベラールよりエロイーズへの返事」、これは返答です。「我々がこの世を捨てて神に帰依して以来」——この時はすでに、アベラールもエロイーズも修道院長であり、互いに修道院の弟子たちに教えているわけです。アベラールに至っては、この後も時々パリに行って、講義をしたりしています。「我々がこの世を捨てて神に帰依して以来、私があなたに何の慰めの手紙も、励ましの手紙もあげなかったのは、あなたをなおざりにしたのではなく、かえってあなたの賢明に常に深く信頼しているためである」——エロイーズを捨てたんじゃない。エロイーズは賢い。エロイーズを信じているからこそ、大丈夫だろうと思って書きませんでした。褒めているのか、言い訳をしているのか。「私はあなたがそうしたものを要するとは考えなかった」——「そうしたもの」というのは、返答とか、返書です。「神の恩寵によってすべての必要なものを豊かに与えられたあなたは、自らの言葉と例とで、迷える者を教え、小心な者を慰め、臆病な者を励ますことができる身なのである」――私の助けなどなくても、あなたは独りでやっていけるんだ、別にいいじゃないか。そういうことを、非常に冷静に回答していく。

この後に第四書簡、第五書簡とくるわけですが、基本的にエロイーズの方がテンションが高いです。ただ、気になるのは第六書簡です。これはエロイーズから三度《みたび》アベラールに宛てたものです。何回か手紙が行き来したおかげでテンションが下がったのでしょうか、今度は恨み言というよりは非常に現実的な要求を、アベラールにしてきます。この二人は同業者です。互いが愛で結ばれているとかは別にして、同じ修道院長で、しかも学問ができるということで、だんだんと職業上の付き合いになってきます。今でもよくありますね。

例えば第五書簡、「キリストにおけるあなたの娘である私ども一同は、ここに、私どもに大変必要であると思われる二つの事柄を、父としてのあなたに謹しんでお願い申し上げます。その一つは、修道女の教団の起源について、また私どもの職業の典拠について教えていただくことです。もう一つは、女性にのみ適用され、女性の教団の制度と服装とを新しく取り決める規則を私どものために立て……」エロイーズは二つのお願いをします。一つは修道女の教団の起源を教えてほしいということで、「せっかくあなたは学者なのだから、それをちょっと書いてくれ」と。修道女（女性宗教家）は一端《いっぱし》の立派な職業であり、当時のエリートです。中には学問をしたり社会奉仕をしたりする修道女もいました。女性の社会進出が始まってもなかなか自立が難しかった時代に、女性にとっては修道女は職業的、社会的に進出できる一つの方法でした。そこで、「我々修道女の教団が、いつ頃から生まれているのか、そのルーツを教えてほしい」と。もう一つは、我々女性たちの職務規定がなくて、困っているので、これを作ってほしいという頼みですね。実はこの要求どおり、アベラールは修道女たちの規則を作っています。これは、職業上の見事な連携プレーですね。

なぜそんなに規則が要るかをエロイーズは説明します。「今日ラテン系諸民族の間におきましては」、すなわちフランス、スペイン、イタリアで、「男も女も聖ベネディクトの定めた規則に服しています」。ベネディクトは六世紀頃の偉い修道院長です。この人が男性修道院用に作った規則を、女性も使っていました。ベネディクトの規則では、農業をしながら自給自足で修行する。しかし、男性と同じでは無理だから、女性特有の職場条件がほしい。これなどは、すごく現代的です。「しかしこれは男に対してだけ定められた規則であり、したがって男（高位聖職者であると一般修道士であるとを問わず）によってだけ果たされ得る規則であることが明らかです。この規則の他の書章条については今は申さないとしても、あの式服（ククラ）やズボンや肩衣（スカプラリオ）に関する規定は女にどう適用されるのでございましょう。また下着（トニカ）や毛の股引に関する規定はどうでしょう、女は毎月の浄化作用のためにこのようなものを用いることはまったく困難ですのに」というわけです。つまり、「女性と男性で違う決定的なことがあるのに、今の規定は男ばかりが定められているから、女性用にも定めるべきだ」と。例えば現在、職場に女子トイレが少ないということが結構問題になったりすることと同じです。男性ばかりの職場だった時代から、変わりつつある。女子に対しても規定が必要だということを切々と語って、職業上の連携を要求してきたのです。

アベラールはこれに答えて、女性用の規則を書きました。もっとも、この後の四行は、現在では職業上セクハラに近いです。「いったい男の客を接待するということは私どもの階級にとって至当でしょうか」──妥当でしょうか。「またはその接待する男客と一緒に女院長が食事をするというのはどんなものでしょう」、「同じ屋根の下にいる男や女たちの魂はどんなに容易に破滅に導かれますことか！」──彼女が言うと説得力があります。「殊に貪食と酩酊が一座を支配し、放逸の源である甘い酒が飲まれます食卓においては」。

ヨーロッパでは、「ロミオとジュリエット」と「アベラールとエロイーズ」は、悲恋物語の双璧です。中世の間、一三世紀頃には、彼ら二人の悲恋物語はヨーロッパ中に広がっています。学問的な研究でも非常に議論があり、現在でもこれから何を読み取るかが議論されています。単なるスキャンダル、あるいは教会の一員だったから添い遂げられなかったのか。私にはむしろ、エロイーズの女性としての自立した顔が見えてきます。この手紙を見るにつけ、非常に軸足がしっかりしている。相手に対する思いも語る。そして一方でキャリアウーマンとして、管理職としての職務を全うするために、離れてはいますが、夫に対して様々な職務上のアドバイスを要求する。そういう女性が現れてきた。残念ながら今生ではこの二人は添い遂げられませんが、それぞれに職務を全うしたわけです。ロミオとジュリエットは死んで天国に行ってしまうわけですが、アベラールとエロイーズはあくまでもこの世にとどまって、自分たちを実現していったという気もするわけです。そういうふうに読んでみる見方もあるかもしれませんし、別の見方もある。ここで答えを教えるのが大学の授業ではありません。「こういう実験があるぞ」という実験をしたわけです。現在に至るまで、様々な学説があります。

6　書簡をめぐる議論

アベラールとエロイーズの間の物語は、だいたい事実なのですが、書簡が本物かどうかについて議論がありました。書簡の直筆のものは残っていません。中世の不思議な習慣で、写しを取ると、原本は捨ててしまいます。あるいは羊皮紙というのは削って使いますから、削ってしまいます。偶然残っている場合、例えば別の本の表紙の裏か何かにしていて、ひっぺがしたら出てきたということは、本当にあります。原本は残っていない方が普通で、残っている方がむしろ奇妙なんです。つまり、忠実に写したものかどうかという議論は果てしなくて、紹介するだけで何時間も過ぎてしまいます。写した中で今も残っている一番古い資料は、一三世紀、つまりアベラール、エロイーズが亡くなって一〇〇年ぐらい後に書かれたものです。それを基に、こういう書簡が現在編集されているわけです。いろいろな学説があって、「絶対本物だ」と言い張る人もいます。なぜかというと、言葉遣い、単語あるいは背後関係などが一二世紀そのものだから、「言葉の研究をすると、これは本当だ」と。あるいは、「この手紙は全部、アベラールが妄想の中で書いた」という説もあります。また、「後から第三者が書いた」という説もあります。

結論から申し上げますと、この書簡が本当か嘘かという議論は、もうほとんど終わっています。これ以上やっても百パーセント確かな結論は出ないからと。しかし、私にとってはむしろ、これは第三者が書いたとしても価値は下がらないのです。なぜなら、この時代は、この二人をこんなに理想化する社会状況にあり、こういう女性が素晴らしいんだ、こういう男性がいて、こういう関係があった。ですから、一二～一三世紀当時の社会が著者ということができ、そういう物語が書かれ、ベストセラーになって受け継がれた。「誰が書いたか」はどうでもよくて、当時の社会がこういうことを絶賛していた。つまり、ここで最後に申し上げたいのは、社会が著者とも言えるということなのです。

一方で言えることは、これが膨大な写本によって、ヨーロッパ中に広まっていきました。大変な反響があった書簡である。例えば近松門左衛門の心中物語が流行すると、これをまねて心中する人が増えて困ったということがあります。あるいはゲーテの『若きヴェルテルの悩み』が流行すると、まねして自殺する人が出て非常に困ったということもあります。一種の社会現象だったのではないかということで、歴史の方としては、著者の真贋《しんがん》より社会的な背景、社会的な影響が強かった。つまり、まさに一二世紀に愛が発明され、二人は典型的なフィギュアというか、それを代言する人物だったのではないか。愛の誕生を象徴する物語が、この書簡なのではないか。そういう印象で、私はとらえています。

（二〇〇五年六月一八日）

〔参考文献〕

アベラール＝エロイーズ『アベラールとエロイーズ――愛と修道の手紙――』畠中尚志訳、岩波文庫、初版一九三九年。

レジーヌ・ペルヌー『中世を生きぬく女たち』福本秀子訳、白水社、初版一九八八年。

ジョルジュ・デュビー『中世の結婚』篠田勝英訳、新評論、一九八四年。

II

世界は広い

様々な地域の恋愛・家族事情

「恋愛 家族 そして未来」

1970年代アメリカン・ポップスの場合

中尾秀博 英語文学文化専攻 教授

NAKAO Hidehiro

1　一九七〇年代のアメリカは「何もなかった」のか

本日の資料の左側、講座タイトルの下に、「何事もなかったみたいな七〇年代」（it seemed like nothing happened）と書いてあります。その右側には、七〇年代の主な出来事を年表風にピックアップして載せています。アメリカ合衆国の歴史を振り返った場合、六〇年代はいわゆるカウンターカルチャーの時代で、若い人たちがそれまでの体制に対してすべて「ノー」と言った、非常に派手で、かつ荒れた時代として有名です。また、レーガンが大統領に就任して「強いアメリカ」が復活した八〇年代も、非常に有名な一〇年間です。そして七〇年代は、六〇年代・八〇年代という非常に派手で議論されることの多い二つの時代の間に挟まれて極めて印象が薄いために、アメリカの文化を研究する人たちの間では「何もなかったみたいだ」という言い方をされ、"it seemed like nothing happened" が研究書のタイトルにもなっているような時代です。今日はしかし、「果たして実際に何もなかったのだろうか」ということをきっかけに、話を始めてみたいと思います。

まず最初に、『明日に向って撃て！』というタイトルで公開された映画のシーンを、二つほどご覧いただきたいと思います《ビデオ》。

公開は一九六九年、つまり七〇年代の直前の年ということになりますが、この映画の主題歌（資料の「映像・音源メニュー」0番）であるB・J・トーマスが歌った「雨にぬれても」は、『ビルボード』（毎週ヒット曲のチャートを出している雑誌）の七〇年の一番最初（一月三日付）のヒットチャートでトップに輝いています。六九年公開の映画の主題歌が、七〇年の年頭のヒットチャートの一番になっているのです。

今ご覧いただいた映像はオープニングのシーンですが、画像はセピア調で場面は列車強盗という、アメリカ人の大半にとってはノスタルジーをかき立てられるような、一〇〇年ぐらい前の典型的な西部、ワイルド・ウェストのシーンです。先に述べたように、六〇年代はカウンターカルチャーでアメリカが荒れた時代なのですが、人々がやや疲れて後ろ向きになった時に思い出されるのが西部劇の時代だったという、そういう雰囲気を冒頭で示して映画が始まる。これが『明日に向って撃て！』という映画のオープニング・シーンなのです。

ところが、実際に始まってみると物語自体は西部劇らしくなく、非常に異色な出来になっています。それを典型的に示す場面が、主題歌「雨にぬれても」を背景に主役のポール・ニューマンとキャサリン・ロスが絡む場面です。そのあたりを見ていただきたいと思います《ビデオ》。

これが六〇年代最後に公開された映画であり、その主題歌が『ビルボード』誌で七〇年代の一番最初にポップスチャートの一位に輝いた曲です。六〇年代、七〇年代、八〇年代と、その一二月三一日と一月一日で何が変わるかというと、大して変わっていないとは思うのですが、あとで振り返ってみると、なんとなく六〇年代は六〇年代なりの、七〇年代は七〇年代ふうの特徴があるようです。その過渡期を、この映画と主題歌は非常によく表していると言えるかもしれません。

『明日に向って撃て！』

『明日に向って撃て！』というのは日本で公開された際のタイトルですが、オリジナルタイトルは *BUTCH CASSIDY AND THE SUNDANCE KID* です。今、自転車の曲乗りをやっていたブッチ・キャシディを、ポール・ニューマンが演じています。サンダンス・キッド役はロバート・レッドフォードという俳優が演じています。この二人がコンビで銀行強盗・列車強盗を働き、逃げ回って行くという映画です。その途中で、ロバート・レッドフォードの恋人であるキャサリン・ロスを誘った、という場面です。ですから、今自転車に乗っていたキャサリン・ロスはロバート・レッドフォードの恋人なのですが、ポール・ニューマンにも何となく好意を寄せているという微妙な関係が、今の場面に表れていたと思います。

これは青春映画というジャンルに分けられると思いますが、とにかく逃げ回るというブッチとキッドの青春というのは、六〇年代的な発想なのかもしれません。逃げ回ってどこに行くかというと、特にあてもないわけで、最後は銃弾の嵐の中に飛び出していくという終わり方をしています。「青春」とか「逃亡」というのが一つのテーマになっている映画ということができるでしょう。ともあれ、この六〇年代の最後の映画の主題歌が、七〇年代最初のヒットチャートを飾るというかたちで、六〇年代から七〇年代に移行していったわけです。

実は、主演を務めていたポール・ニューマンは一九二五年生まれですから、この映画の当時は四四歳、一九三七年生まれのロバート・レッドフォードは当時三二歳で、青春スターという年齢ではありません。ですから、ブッチとキッドは大人になるのを拒否して、青年のままでいたいと言い続けた、それが映画のストーリーと絡んでいるという形で、六〇年代と七〇年代の過渡期にふさわしい配役・年齢設定だったと言えるかもしれません。参考までに、キャサリン・ロスは当時二七歳でした。彼女はこの『明日に向って撃て！』の二年前、一九六七年に『卒業』という映画でダスティン・ホフマンと共演し、最後の場面で略奪された花嫁を演じていた名女優です。

資料の年表の一番最初の数字の二億五〇〇〇万は、一九七〇年時点でのアメリカ合衆国の人口です。一九七〇年になって、アメリカ合衆国の人口は初めて二億人を超えました。ちなみに日本のそれは、一九七〇年の時点で一億人を超えています。二〇〇五年現在、アメリカ合衆国の人口は二億九、五〇〇万、日本は一億二、七〇〇万ということになっています。

一九七〇年代の二項目目"cigarette advertising banning"は、アメリカ合衆国においてタバコの広告が禁止されたということです。三項目目の"the Organized Crime Control Act"は、組織犯罪防止法が施行されたということです。六〇年代の荒れた世相を回顧し、タガのゆるんだ世の中で勢力拡張を狙う者たちを取り締まろうという政府の考え方が反映されています。これには、日本でオウム真理教の事件の後に破壊活動防止法という法案が通りそうになったことが連想されます。一九七〇年の四項目目、今はもうなくなってしまいましたが、World Trade Center、世界貿易センタービルのノース・タワーが完成しました。一、三五〇フィート（メートルに直すと四一〇メートルぐらい）という高さは、当時世界一だったエンパイアステートビルを抜くものでしたが、七〇年代の途中には、シカゴにあるシアーズのビルに抜かれることになります。この北棟は、九・一一の時に最後に崩れた方の建物です。

七一年には、アメリカの首都ワシントンＤＣにある国会議事堂が爆破されました。米軍がベトナムの空爆を再開した年でもあります。ベトナム戦争は六〇年代後半から始まったのですが、七〇年代になってもまだ続いていたということがこの年表でもわかるでしょう。

七二年になると、生物化学兵器の禁止条約がアメリカ合衆国ほか一〇〇カ国の間で調印されました。冷戦の六〇年代が過ぎてやや雪解けを始めたことが、こういうことからもわかってくるかもしれません。七二年で非常に有名なのはウォーターゲート事件が明らかになったことで、二年後にはニクソン大統領が辞めていくことになります。

七〇年代はニクソン大統領で始まって再選を果たしますが、ウォーターゲート事件で失脚します。フォードが間をつないだわけですが、このスキャンダルのせいで、次の選挙では共和党政権から民主党政権のカーターに代わります。そして、カーターが最終的に七〇年代をまとめられなくて、八〇年からはまた共和党のレーガンに戻り、強いアメリカの復活を国民が願うという流れになっているわけです。

2　ポップチャートが映し出すもの

七〇年代前半のアメリカの出来事をざっと浚うとこのようになるわけですが、そのアメリカの出来事とポップチャートにどういう関係があるかというのが、今日のテーマの一つでもあります。七〇年代のポップチャートのうち、特に『ビルボード』誌で一位になった曲だけをピックアップしてみると、六〇年代や八〇年代ばかりでなく、どの時期に比べても特筆すべき、非常に特異な傾向があることに気がつきました。七〇年代には、兄弟・家族でグループを形成して歌っている人たちが非常に多いのです。つまり、七〇年代のポップチャートを特徴づけるのは、家族で音楽を商売にする傾向が顕著であるということです。"Music as family business"と名づけることができるかもしれません。

(1) ジャクソン・ファイブ―「強いアメリカ」復活の先駆け

代表例として、その第一号であるジャクソン・ファイブの七〇年一月三一日付ビルボード第一位に輝いた曲の映像を見ていただきたいと思います《ビデオ》。

"I Want You Back" という曲の資料を用意したのですが、左側の「映像・音源メニュー」という部分の読み方を説明した方がいいかもしれません。「Jackson Five×12週」と書いてあるのは、七〇年代の『ビルボード』

誌で合計一二週間トップになったという意味です。「帰ってほしいの」(I Want You Back)という曲は一月三一日付の一週だけだったのですが、ほかの曲を合わせると、デビューから三曲続けて一位に輝くという、奇跡的な快挙を果たしています。トップに上り詰める段階とトップから下がる段階とがありますので、七〇年代にジャクソン・ファイブの曲が一二週間トップだったということは、本当に大変長い間ヒットチャートの上位を賑わしていたということです。その一二週間の中には、ジャクソン・ファイブの中で最年少であり、メインボーカルを務めていたマイケル・ジャクソンのソロの曲も一、二曲入っています。マイケル・ジャクソンは今裁判ざたになっていて、本当に変わり果ててしまったなという感じがすると思います(笑)。彼のピークは、このジャクソン・ファイブの時期だったのかもしれません。

ジャクソン・ファイブ
©Victor Entertaiment, Inc.

日本のチャートを振り返ってみると、七三年に沖縄からフィンガー5というグループがジャクソン・ファイブの沖縄版ということでデビューし、「恋のダイヤル６７００」という曲がヒットチャートのトップを飾りました。七三年というのはオイルショックがあった年で、「花の中三トリオ」が騒がれた年でもあります。前後しますが、日本の一九七〇年というと、よど号のハイジャックがあったり三島由紀夫が自殺したりという年でした。七一年は江夏がオールスター戦で九者連続で三振を奪った年であり、七二年は札幌オリンピックや沖縄の本土復帰があり、日本のポップスでは山本リンダの「どうにもとまらない」がヒットした年でした。日米でどこか共通する部分があるかもしれません。

ここで、今日の結論めいたことを先走り的にお話しします。六〇年代でカウンターカルチャーの嵐が吹き荒れ、家を飛び出した若者たちが大学反対・政府反対・戦争反対・親反対・権威反対と言ったために、家族はバラバラになりました。そして八〇年代、レーガン大統領が「家族の団結を取り戻すことがアメリカ合衆国の再生になる」という意味で"Family Values"の復活を訴えると、それがサポートされ、「強いアメリカ」が八〇年代から世界にアピールされるようになりました。その先駆け的なことが、すでに七〇年代の『ビルボード』誌のヒットチャートに表れ始めていたのではないか。そしてその代表として、父親がマネジメントを務めるジャクソン・ファイブという兄弟グループが、チャートの上位を独占するという状況になったというわけです。

(2) カーペンターズ

カーペンターズ
©A & M Records, Inc.

続いてご覧いただくのは、カーペンターズという兄妹デュオです。ビルボード七〇年七月二五日付でトップになり、四週間連続でチャートのトップにいた「遥かなる影」(Close to You)という曲の映像を見ていただきたいと思います《ビデオ》。

今、曲が終わったあとで「ワンダフル、ワンダフル、ワンダフル」と、何かあまり気持のこもっていない歓迎の仕方をしていたのが、「エド・サリヴァン・ショー」をずっと司会していた、エド・サリヴァンという非常に有名な司会者です。今の日本で言うとタモリやみのもんたのような感じの人で、彼の番組に出れば一人前の歌手と認められるというような、大変な存在でした。ですから、この「エド・サリヴァン・ショー」に出てプレスリーが全国区になったり、ビートルズのアメリカでの人気に火が付いたのと同様に、カーペンターズも全米に受け入れられたわけです。

日本では、カーペンターズは九〇年代に（二〇〇〇年代になってからもでしょうか）民放のドラマの主題歌に使われたりしているので、聞いたことがある若い人も多いかもしれません。「お兄さんのリチャードが結婚したショックで」と伝えられていますが、ボーカルとドラムを担当していたカレン・カーペンターは拒食症を患い、やがてそれが原因で亡くなってしまったそうです。ラブソングを歌っていながら、そのデュオが兄の幸せな結婚をきっかけにバラバラになってしまう。自分たちが提供している歌の世界に自分たちの人生が背反するような道をたどってしまうという、皮肉な結末を迎えているわけです。

ジャクソン・ファイブにしても、ラブソングを歌っていた彼らは非常に強い家族のつながりを見せていましたが、特にマイケル・ジャクソンに象徴されるように、七〇年代以後の個人的な生活は必ずしも幸せとは言えないかもしれません。今日のテーマの二つ「恋愛」と「家族」を、これで分割払いしたことになると思いますが（笑）、そのようなことが言えるのではないでしょうか。

(3) パートリッジ・ファミリー

三番目にご覧いただくのは、パートリッジ・ファミリーです。グループ名をそのまま番組タイトルにした連続テレビ・ドラマ『パートリッジ・ファミリー』のオープニング・シーンをご覧いただきたいと思います。『パートリッジ・ファミリー』といっても本当の家族ではなく、実はテレビ番組用に作られた架空の家族です。『パートリッジ・ファミリー』という番組を作り、ドラマ仕立ての中で家族がグループとしてデビューしていくという筋書きになっているのです。つまり、ジャクソン・ファイブ的な"Music as family business"をドラマに仕

パートリッジ・ファミリー
©Arista Records, Inc.

立て、実際に番組で歌った曲がヒットしてしまうという、嘘から出たまことみたいな形でヒットチャートのトップに輝いたわけです。では、その映像を見ていただきたいと思います《ビデオ》。

出演者の名前が出たのでおわかりだと思いますが、皆、他人なのです。それがパートリッジ・ファミリーという架空の家族として番組になっていたということです。例えば日本の橋田ファミリーのように、皆他人なんだけれども、画面上あるいは番組の中では家族を演じている。それが当時、アメリカの大衆から求められていたという証拠が、パートリッジ・ファミリーがチャートのトップに輝いたということだと思います。ショーン・キャシディーという人が途中で紹介されましたが、ジャクソン・ファイブの中からマイケル・ジャクソンがソロデビューしたのと同じように、彼もソロデビューし、そのデビュー曲がビルボードのトップに輝いていています。

(4) オズモンズ

次に、本当の家族をもう一つ紹介したいと思います。オズモンズです。日本では「オズモンド・ブラザーズ」と紹介されていたかもしれません。日本では一番下の男の子がカルピスの宣伝に出て本当に大変な人気でしたが、オズモンズ自体、アメリカに止まらずヨーロッパでも非常に人気がありました。

オズモンズに関して説明しておかなければならないのは、彼らがユタ州のソルトレークに総本山のあるモルモン教（正式名称は末日聖徒イエス・キリスト教会）の信者であり、典型的なアメリカの白人という姿形をしているということです。これは、黒人グループのジャクソン・ファイブとまさに好対照をなしています。チャート上で白黒どちらも存在するようにという政治的？人種的？配慮というか、バランス感覚がどこかで働いて、オズモンズをチャートのトップに押し上げて行ったのかもしれません。つまり、"Family Values"を欲しているのは黒人の家族だけではなく、白人の家族も同様だということです。そのことが『パートリッジ・ファミリー』というテレビドラマで架空のものとして提出され、それを追いかけるように、実在のオズモンズがヒットチャートでトップに輝くという現象があったわけです。そんなオズモンズの映像を見ていただきたいと思います。

七二年にドイツで行われたライブ映像が、奇跡的に残っていたというレアものです《ビデオ》。

五人の中で一番若い、紫色のマフラーをしているのがダニー・オズモンド。彼もやはりソロデビューして、大人気になります。途中で映っていた新聞記事にジミーという名前が見えた方もいらっしゃるかもしれません。それは、このグループには入っていないものの、カルピスの宣伝によって日本では特別な人気を得たジミー・オズモンドのことです。新聞記事では、このオズモンズがジャクソン・ファイブと並べて書いてありました。当時は新聞でも外国でも、並べて両雄として紹介されたグループでした。

オズモンズ
©Curb Records

資料右側の年表にもう一度目を移して、七五年をご覧ください。一項目に"the family viewing time principle"と書いてあります。アメリカでは当時、テレビを家族で見る時間帯（いわゆるゴールデンアワー）の放送にふさわしい番組とふさわしくない番組があるので、ふさわしくない番組は極力放送しないようにという通達が出されました。家族の団らんを大事に考えた政府が、テレビ番組の編成に関しても何とか後押ししていこうと思ったことの表れと考えることができるかもしれません。七五年の二項目目は、アメリカ航空宇宙局のアポロ計画とソビエト連邦のソユーズとのジョンイント・スペースミッションが始まったということです。第二次世界大戦終結後はアメリカ合衆国とソビエト連邦の二大国が睨み合い、いわゆる冷戦構造が続いていましたが、その雪解けが感じられたのがこの七〇年代であり、それを象徴するような出来事でした。

七六年のところには"the first national health report"と記されています。これは不思議な報告書で、"second"（第二回）があったかどうかはよくわからないのですが、アメリカで初めてアメリカ国民の健康についての調査がなされ、その結果"Americans were generally healthy"（アメリカ人は概して健康である）という報告が出されたわけです。今の日本で言うところの文科省・厚労省が一つになったような官庁があるのですが、そこが出したレポートです。"generally"（概して）などと言われても何の説得力もないかもしれませんが、アメリカ人には「概して健康だ」と言ってほしいという雰囲気があったわけです。それは、六〇年代の後遺症に苦しむアメリカ人が「やはり自分たちは精神的にもどこかおかしいんじゃないか」と考えていたことを察知した国側が、「大丈夫ですよ」と言ってやったのかもしれません。こういう言葉にどれだけの力があるかと疑う方も多いかもしれませんが、こういうことを言ってほしい人がいるのでこういうことが言われたと考えた方が、自然かもしれません。非常に不思議なレポートですが、それが出されて、安心した人も非常に多かったということだと理解してください。

冷戦の雪解けを象徴するようなもう一つの出来事として、七六年の二つ目に、合衆国とソビエト連邦が核実験禁止条約にサインをしたということが記されています。この間にニクソンがスキャンダルで辞め、カーターが大統領になりました。

(5)『サタデー・ナイト・フィーバー』

今日の最後、「映像・音源メニュー」五番目の『サタデー・ナイト・フィーバー』に移りたいと思います。『サタデー・ナイト・フィーバー』は、ジョン・トラボルタが一躍スターになった映画です。途中のダンスシーンでジョン・トラボルタが白のタキシードと黒のシャツ姿で、右手の人差し指を高く挙げて左手を腰に当てて、ポーズを決めるシーンがあります。同じポーズを浦安のディズニーランドでミッキー・マウスが取ったりしているので、若い人の中にはミッキー・マウスのポーズだと思っている人が多いかもしれませんが、実は七七年の『サタデー・ナイト・フィーバー』でジョン・トラボルタが決めたポーズです。若い人はジョン・トラボルタを「何か異様なおじさん」というふうに思っているかもしれませんが、デビュー当時はカッコいいお兄ちゃんだったわけです。そのカッコよさをご覧いただきながら、この映画が今日のテーマの締めくくりのようなものをメッセージとして提出しているということが、説明できればいいと思います。

『サタデー・ナイト・フィーバー』
©パラマウントホームエンタテインメント

挿入歌としてビージーズの歌った曲が三曲ありますが、三曲すべてが、長い間チャートのトップに輝きました。「愛はきらめきの中に」が三週間、「ステイン・アライブ」が四週間、「恋のナイト・フィーバー」が八週間。それらにビージーズが出したほかの曲も合わせると、七〇年代後半だけで三七週間もチャートのトップを占めたのです。先に述べたように、上り詰めるまでと下っていく時とを除いたトップが三七週ですから、七〇年代後半はほとんどビージーズの曲が流れていました。ビージーズの曲を、皆が『サタデー・ナイト・フィーバー』のBGMとして受け取っていたということになるかと思います。当時の日本のヒットチャートの状況はというと、たとえば七五年は「北の宿から」、七六年はピンクレディーがデビューしました。ヒット曲としては七七年、石川さゆりの「津軽海峡冬景色」、沢田研二「勝手にしやがれ」、日本ではそんな状況でした。そういう状況を背景にしながら『サタデー・ナイト・フィーバー』が日米ではやったということです。

この映画でジョン・トラボルタが演じている主役のトニーは本当にどうしようもない若者で、興味があるのはファッションとダンスと女性。それがあれば、あとはどうでもいい。バイトをしているペンキ屋で前借りをして服を買ったりするという、本当にだらしない生活です。六〇年代に崩壊した価値観をそのまま引きずっているような、どうしようもない男なのですが、彼が映画の中でどんどん成長していくというのが、一つのテーマかもしれません。成長して安定を求め、ひょっとしたら家族になるようなパートナーを見つけるという予感を持たせて、この映画は終わります。それが、八〇年代にレーガンがアメリカを引っ張っていく"Family Values"を見事に先取りしている形になるのではないかというのが、私の今日の解釈です。それでは、『サタデー・ナイト・フィーバー』のシーンを三つほどつまみながら見ていただきたいと思います《ビデオ》。

今、冒頭のシーンをご覧いただきましたが、「テキトー」を絵に描いたようなチャランポランな青年として登場するわけです。自分の店にないペンキを他所で調達し、真っすぐ帰らずに途中でピザを食べたりおネエちゃんに声を掛けたり、三〇分待たせた客でも最終的にはいい気分にさせるという、有能なのかいい加減なのかわからない、そういう店員ぶりが紹介されています。そして、前借りをしたいということで、店の主人と交渉に入ります《ビデオ》。

こういう大学の公の場で解説するにはふさわしくないセリフなのですが、ここでトラボルタが「未来なんかくそ食らえ」ということを言います。fで始まる言葉を動詞に使って"Fxxx the future"と言ったのですが、それに対して店主がそうじゃない、"You can't fxxx the future. Future fxxxs you."「未来にお前はくそ食らわされるんだ」と言っています。このように、将来をなめた男として、ジョン・トラボルタは『サタデー・ナイト・フィーバー』に登場する。そのあたりを見ていただきました。

次のシーンでは、どういう感じの家庭環境かというところを見ていただきたいと思います《ビデオ》。あまり喜んで帰りたくなるような家ではないという雰囲気がよく出ていると思います。彼はこれから自分の世界に浸るために自分の部屋で着替えをするわけですが、その部屋の中にポスターが三枚張ってあります。ブルース・リーと『ロッキー』という映画のポスターと、それからファラフォーセット・メジャーズという、当時大人気の金髪の女性のものです。それらが(トラボルタ自身も含めてですが)、それぞれ肉体をアピールするポスターになっていて、「今こそすべて」という彼の、映画冒頭の人生観が象徴されているポスターだということに注目してご覧いただきたいと思います《ビデオ》。

次は、この『サタデー・ナイト・フィーバー』のハイライトのシーンです。ジョン・トラボルタはダンスコンテストに向けて最高のパートナーを見つけます。その相手はジョン・トラボルタを人間として最低だとわかっているものの、ダンスの才能だけを評価して、そのダンスコンテストのパートナーになることを約束、いよいよ大会本番という映像です《ビデオ》。

ダンスがうまくいったという達成感だけの笑顔ではないということは、何となくわかります。練習のときにはなかったような気持の入ったキスまでしてしまっている。その延長線で、最後の結末の部分では、成長したトラボルタの姿と、八〇年代の価値観を先取りすることになるかもしれない"Family Values"の先取りのようなセリフが交わされることになるわけです《ビデオ》。

「女たらしはもう止める」、「友達として真面目にやっていこう、無理かもしれないけど（笑）」みたいなことを、ジョン・トラボルタが言い出します。映画はこのシーンからそのままエンディングに入り、チャートのトップに輝いた曲の一つ、"How Deep Is Your Love"（愛はきらめきの中に）が次第に大きな音量で流れる中で感動的に終わって行きます。そのあたりまでをご覧いただきたいと思います《ビデオ》。

3　結びとして――ポップミュージックの功績

一応、結論のおさらいのようなことも言った方がいいと思いますし、資料の年表の残りの数年間の説明がまだされていなかったかもしれません。あと五分ぐらいで大急ぎで片付けたいと思いますが、七六年までお話ししたでしょうか。

七七年は、大統領になった民主党のカーターが、「エネルギーを大切にしましょう」というキャンペーンを展開した年です。そういうキャンペーンと呼応するのかどうか、二五時間停電という事件がニューヨーク市を襲いました。

七八年には、カーター大統領の仲介によって中東の和平会議が行われました。中東に和平というか平和は未だ訪れていませんが、当時そういう努力がなされたというのは、歴史的なことです。七二年のニクソン大統領の時に始まった中国との関係が結実し、中国とアメリカ合衆国が友好条約を結ぶことになったのも七八年です。当時、日本の総理大臣は田中角栄でしたが、同じ七八年に日中平和友好条約を締結しています。

七九年の最初の項目には、「喫煙は早死にする」という報告がアメリカの軍医総監からなされたことが記されています。アメリカでは、喫煙に関する厳しい話は七〇年代には常識になりつつありました。日本ではそれに遅れること二〇年でしょうか、最近やっとタバコの広告が規制されたり、分煙や嫌煙が言われるようになりました。七〇年代にアメリカで起こった数々の出来事のうち、日本で九〇年代から最近にかけて起こっている出来事と対応するものは、実は非常に多いかもしれません。七九年の二つめの項目は、ペンシルバニア州のスリーマイル島の原子力発電所で起きた、大惨事の一歩手前という大事故です。これは一九九九年に日本で起きた東海村の事故を思い出させます。ほかにもいくつか書いてありますが、イランのテヘラン、パキスタンのイスラマバード、リビアのトリポリ各所にあるアメリカ大使館が次々に襲われて人質を取られるという事件が、七〇年代の締めくくりでもあります。

六〇年代、カウンターカルチャーの嵐が吹き荒れたアメリカ合衆国は、七〇年代、その様々な後遺症に苦しめられていたと言えます。それは肉体の疲労となって表れたり、あるいは精神の疲弊となって表れたりしました。それを受けるかのように、政府側からはいろいろな警告や報告が出されたりしたわけです。原子力発電所が危なくなったり、ニューヨークで停電が起きたりということも、そういう疲労の一種と考えることができるかもしれません。そして、身も心も地球環境も、アメリカのリーダーシップもくたびれ果てていた七〇年代を、例えばその心の部分を癒すかのようにカーペンターズの歌がヒットしたり、あるいは肉体を元気づけるかのようにジャクソン・ファイブやビージーズの音楽が大流行したりしています。

ポップミュージックというのは、そういう働きを持っていたのかもしれません。ほとんどラブソングなのですが、そのラブソングを家族というグループ形態で歌うことによって、六〇年代に崩壊してしまった家族の価値観がポップスのチャート上で確認され（「恋愛」と「家族」）、それが最初に申し上げたように八〇年からレーガンのもとで「Family Values の再構築」をテーマにまとまっていくアメリカ合衆国を先取りしていた（「そして未来」）と言えるのではないでしょうか――これが、今日の私の話の結論になるかと思います。

（二〇〇五年四月二三日）

お勧めDVDガイド

『エド・サリヴァン・ショー・ミュージック・アンソロジー（5）』▶ 1948年から23年間、CBSテレビで放送されたヴァラエティ番組の音楽篇。この巻には69年と70年の出演者が収録されていて、ジャクソン・ファイブやカーペンターズも登場する。（アミューズ・ソフト・エンタテインメント）

『ディレクターズ・カット・ウッドストック 愛と平和と音楽の3日間』▶ カウンターカルチャーの60年代を象徴するような伝説のフォーク&ロック・フェスティバルのドキュメンタリー。69年8月15日からの3日間のステージに登場したアーティストたちの伝説の名演とウッドストックに集結した若者たちの熱気が記録されている。（ワーナー・ホーム・ビデオ）

『クレイマー、クレイマー』▶ 70年代後半は、構造主義などの影響を受けてフェミニズムが大きな成果をあげた時期でもある。そのような世相を反映させたこの映画は79年のアカデミー賞では、作品賞をはじめ5部門で受賞した。

80年代の「強いアメリカ」の復活を、レーガン大統領を父親とするアメリカ一家の物語と読み替えれば、レーガンが象徴する強い父親像はフェミニズム的には反動的な家父長制の復活でしかなかっただろう。

70年代のアカデミー賞作品賞を受賞した『ゴッドファーザー』（72年）・『ゴッドファーザー・パートII』（74年）・『ロッキー』（76年）・『ディア・ハンター』（78年）が「家族」や「故郷」を共通のキーワードにしていたことは、どこかでポップスの傾向とシンクロするところがあったのかもしれない。（ソニー・ピクチャーズ・エンタテインメント）

『ウィ・アー・ザ・ワールド』▶ 1985年1月28日に、当時、ソロとしての絶頂期にいたマイケル・ジャクソンを中心とした45人のトップ・アーティストたちがスタジオに集結して、アフリカの飢饉救済を呼びかけるための歌「ウィ・アー・ザ・ワールド」を、USA・フォー・アフリカとして録音した。音楽と時代との共鳴が確認できる一曲だ。（ハピネット・ピクチャーズ）

***America: A Tribute to Heroes*（アメリカ：ヒーロー達に捧げる）▶** 2001年9月11日の惨劇の傷を癒すために映画界と音楽界のトップ・スターたちが勢ぞろいした特別追悼テレビ番組のDVD。俳優はスピーチで、歌手は歌で、追悼の意を表した。名演ぞろいのなかでも、セリーヌ・ディオンの「ゴッド・ブレス・アメリカ」とクリント・イーストウッドのスピーチはひときわ胸を打つ。エンタテインメント・ビジネスの世界から、これほどひたむきなメッセージが発信されたことは、かつてなかった。（ワーナー／ユニバーサル／ソニー／BMG/EMI）

ちなみに『ウッドストック』（69年）、『ウィ・アー・ザ・ワールド』（85年）、『アメリカ』（01年）と、画期的なイベントがきれいに16年間隔で並んでいる。

演　者　の　独　白

わたしの場合、幸せなことに、自分の好きなことを材料に授業を組み立てることが許されています。今回の連続講座のテーマ「恋愛　家族　そして未来」に関しては、以前から関心を抱いていたマイケル・ジャクソンを絡めることができないだろうか、というあたりから組み立てて行きました。

母体となっているのは「アメリカの文化」という授業です。わたしの所属する英文専攻には、伝統的に英語学、イギリス文学、アメリカ文学の三本柱があるのですが、本来「アメリカの文化」は三本目の柱の入門的な概論を講ずるための授業でした。

わたし自身も大学教員・研究者としてのスタートは伝統的なアメリカ文学から始まったのですが、『偉大なるギャッツビー』（一九二五年）という小説のなかに登場する当時の流行歌について調べたのが分岐点だったと思います。それが一五年ほど前のことでした。それから一〇年ほど前には、アメリカ建国神話に関連してポカホンタスというネイティヴ・アメリカン（インディアン）の女性について、ディズニー・アニメ『ポカホンタス』と絡めながら研究を発表しました。

その前後に着任した中央大学で、「アメリカの文化」を担当することになり、「文化」を拡大解釈して、流行歌やディズニーなどを対象にする授業を構成するようになっていたわけです。

今回の講座でも触れましたが、アメリカの大衆文化に向けた視線は、私たち自身の文化を省みるきっかけと手がかりを示唆してくれます。普段は二〇歳前後の学生さんに語りかけているのですが、今講座では高校生から八〇歳代のご夫婦まで、本当に多様な方々に聞いていただいて、その後にお寄せいただいたコメントに励まされ、更に充実した授業を展開して行こうと決意をあらたにしました。

家族の将来像を尋ねて

ドイツの場合

野口　薫　ドイツ語文学文化専攻　教授

NOGUCHI　Kaoru

私はドイツ語とドイツ文学を教えておりまして、学生たちとはメルヘンや児童文学を読む機会が多いので、その観点から、現代のドイツの児童文学に見られる家族ということでお話しします。

1　ドイツの古典的な児童文学における「家族」

ドイツの児童文学というと、グリム童話、エーリッヒ・ケストナー、ミヒャエル・エンデなどの名前を思い出されることと思います。あるいは『もじゃもじゃペーター』とか『マックスとモーリッツ』のような絵本をご存じの方もいらっしゃるでしょう。これら古典的な、日本でもよく知られているドイツの児童文学における子供だとか家族の様子を、少し思い起こしてみてください。すると、日本のテレビが好んで放映するアメリカのホームドラマの「大草原の小さな家」のような、「頼もしい父親と優しい母親がいて、欠点はあってもけなげな子供たちがいて、いろいろ問題は起こるけれども最終的には両親の情愛に包まれてハッピーエンドに終わる」といったものとは様子が違うことに気付かれると思います。

例えば『もじゃもじゃペーター』は、爪や髪を伸ばし放題にして親の言うことを聞かない悪い子ですし、『マックスとモーリッツ』は、奇想天外な悪さばかりする、とびっきりの悪がきどもなのです。例えば、近所に少し意地の悪いおばさんがいて、二人はしょっちゅう叱られているので少し仕返しをしてやりたいと思い、このおばさんの庭にちょっとした仕掛けをします。十字に結んだひもの端にそれぞれえさを結び付けて仕掛けるのです。ニワトリがやって来て夢中になってえさを食べるうち、気が付いたら四羽、ひもでつながってしまうというものです。羽でバタバタやっているうちに浮力で飛び上がり、上の木の枝に引っかかって、干し柿ならぬ干し鳥みたいな格好になっちゃったという、乱暴な話です。こういうとびっきりの悪さをする子供たちなので、もしもこのような子供がいたら、お母さんたちはあっちに謝りこっちに平身低頭しなくてはならなくて、大変だと思います。そのせいか、絵本には両親は登場しません。

それから、グリム童話はご存じのように、古くから民衆の間に伝わる話を集め、それをグリム兄弟が文学的な彫琢《ちょうたく》を加えてできた物語集です。メルヘン集には魔女もたくさん出てきますし、それと並んで意地悪な継母がたくさん登場します。『ヘンゼルとグレーテル』のお母さん（版によっては継母とされていますが）は、飢饉で食べ物がなくなると、子供たちを深い森の中に連れて行って置き去りにしてしまう。口減らしをするわけです。お父さんは最初反対するのですが、気が弱くて、結局おかみさんの言いなりになってしまいます。そんな両親です。『七羽のからす』という童話には、昔は男の子は望まれなかったのでしょうか、「男の子ばかり生まれてしょうがないや」と言って呪いの言葉を吐いた結果、七人の息子たちを皆、烏《からす》にしてしまう父親がいます。あるいは少し深刻なのですが『おじいさんと孫』という童話は、すごく年を取って手が震えて食べ物もろくに口に運べないおじいちゃんを部屋の片隅に追いやり、粗末な食器で粗末な食事を与えている、そういう両親をじっと見ている小さな子供がいる物語です。『星の金貨』の主人公は、お父さんもお母さんもいない孤児《みなしご》です。

また、エーリッヒ・ケストナーの『エミールと探偵たち』のエミールや『点子ちゃんとアントン』のアントン君は片親（お母さんだけ）です。点子ちゃんの方は裕福な両親がいるのですが、お父さんは忙しいし、お母さんは他のことで気がいっぱいで、子供に目がいかない。そういう両親です。それから、『ふたりのロッテ』は双子の姉妹が何とか知恵を合わせて、離婚してしまっている両親の仲を取り戻す話です。ミヒャエル・エンデの『モモ』も、天涯孤独の孤児です。『はてしない物語』の中に出てくるバスチャンという男の子は、お母さんを亡くしたばかりで寂しい子です。お父さんは非常にきちんとした人ですが、気が弱くて繊細な息子の心がわかってやれません。

このように見てきますと、どの子も幸せというわけではない。どの子もいい子というわけではない。どのお母さん・お父さんも、いいお母さん・お父さんばかりではない。ハッピーエンドの話ばかりではなく、幸福な家族ばかりではない。

2　家族像の変遷

以上、古典的なよく知られたドイツの児童文学の話を、意識的に少しマイナス・イメージでご紹介してみました。というのは、これからお話しするドイツの現代の児童文学の中の子供や家族は、かなりシビアな様相を呈しているからなのです。日本と同様、出産率低下、少子化、老人社会、晩婚化などの状況が、ドイツにも現にあります。昨年（二〇〇五年）の一一月に発足したメルケル内閣は問題解決のためのいろいろな対策を打ち出しています。その実現をもちろん望みますが、政治でどこまで解決できるのかという気もします。このように深刻な現実が子供たちの周りにあるということが理由の一つ。

それだけではなくて、児童文学が児童文学自身をどう考えるか、どういう人を対象に、どういうことを伝えていきたいと思っているのかということとも関わる問題ではないかと思います。日本では「児童文学」というように一くくりにしますが、ドイツ語では **Kinder- und Jugendliteratur**（子供と青少年のための文学）となっています。日本よりもう少し対象範囲が広く、幼児から一六、一七歳ぐらいまでの子供が対象です。それも時代によって様相が少しずつ変わっており、戦後すぐから一九六〇年代ぐらいまでは社会全体の保守化の中で、女性は家庭の中に帰ることを求められ、子供たちは健全に育つことを求められて、子供のためのユートピアみたいなものが提供されました。この時代の児童文学はそれに応えるものでした。

一九七〇年代には、学生運動やフェミニズムの台頭、社会主義政権の誕生などでドイツの社会ががらりと変わります。この時代には人間の自律、子供の自律、社会批判的に見る目の育成が目指され、社会批判の姿勢が児童文学の中にも登場します。貧困とか外国人差別、ナチスの過去、離婚の問題など、これまでは取り上げられなかったテーマも取り上げられるようになるのです。その反動で、一九八〇年代にはファンタジーがはやります。七九年ですか、ミヒャエル・エンデの『はてしない物語』もその走りと言えます。ハリー・ポッターブームはドイツをも席巻し、ファンタジーものが多く出ました。一九九〇年代からはファンタジーの流行が続く一方で、また子供の周りにある現実をきちんと見ていこうという文学が登場しているように思います。

ただ七〇年代と違うのは、七〇年代には視線が外（社会批判）の方に向いたのですが、今の児童文学は子供の心の中に目を向けている気がします。その場合に、子供の周りにある最も身近な現実は家族・家庭でしょう。家族の形態が今いくつぐらいあるのか。ある人の研究によると、だいたい一六～一七ぐらいのパターンがあります（Rosemarie Nave-Herz, Familie heute. Wandel der Familienstrukturen und Folgen fur die Erziehung. Primus Verlag, 1994-2002.）。大変多様化しています。まず、何らかの形で両親がいる家族と片親の家族に分けています。両親が法的に結婚していて普通に子供がいる場合が①、養子がいる場合が②です。再婚してどちらかの子供、あるいは両方の子供がいるのが③、実子でも養子でもなくて里子のような形で子供を育てている、預かっているのが④です。お試し結婚といいますか、いわゆる同棲で子供がいる場合は⑤です。ただし、ドイツでは子供ができると法的結婚の手続きを取って①の形に移る人が多く、内縁関係で子供がいる家族というのは、むしろ相手と離婚あるいは離別・死別して、子供を連れて新しいパートナーと一緒に生活している場合、この表だと⑥や⑦が多いです。以前の相手から例えば子供の養育費をもらっている場合、正式に結婚してしまうと、それを

家族の形態

家族形態のタイプ					
家族形成の契機	両親のいる家族			片親家族	
	法的手続きを経た結婚	同棲・内縁関係	同性の相手との結婚	母親のみ	父親のみ
子供の誕生	①	⑤		⑩	
養子縁組	②		⑰	⑪	⑭
離婚・別居		⑥	⑧	⑫	⑮
配偶者と死別		⑦	⑨	⑬	⑯
再婚	③				
里子	④				

もらう権利がなくなるからだといいます。ずいぶん現実的な発想です。それから、今は同性の相手との結婚も社会的認知を得、法的にも結婚が可能になっています。ただし、二人で養子を取るということはできないらしく、二人のどちらかが以前の相手との間にもうけた子供、あるいはどちらかがどちらかの名前で引き受けた養子を一緒に育てている場合は、家族とみなされます。それが⑰です。片親家族の方は、未婚の母が⑩になります。これは旧東ドイツでは多かったのですが、旧西ドイツはそれほど多くはありません。配偶者との死別はいつの時代でもあるわけですが、その結果片親家族になったのが⑬とか⑯。しかし、今多いのは離婚や相手との別居の結果の片親家族で、これが⑭、⑮です。裁判で養育権を得た母親と一緒にいるという形が多いわけですが、父親が育てている場合もあります。子供には両方の親に会う権利があるので、地理的なことなどいろいろな事情が許す限り、両方の家を子供が行ったり来たりすることは比較的普通に行われているようです。

いずれにしろ、子供を直撃するのはまず離婚です。お試し結婚で相手を見極めて結婚したはずなのに、統計によると三組に一組は離婚してしまうそうです。むろん、軽々しく離婚がなされるわけではないでしょう。特に子供がある場合、夫婦はぎりぎりまで苦悶します。しかし最終的に、子供のために離婚を思いとどまることは必ずしもしないというのが、日本人とは少し異なる欧米人の特徴であるように、私は思います。彼らは〈夫婦というのは子供の有無とは別に、あくまでパートナーとしてどこまで一緒にやっていけるかという問題であって、どうにも立ち行かなくなった婚姻関係は、むしろ解消した方がよい〉と考えるようです。日本では今でこそ離婚率が高くなり、聞くところでは一分五八秒に一組が離婚するといいます。日本の場合、従来は、長く一緒にいるうちに夫婦のどちらも別々の活動範囲や交友関係を持ち、お互いの間にあまり共通の言葉がなくなったとしてもそこはかとなくつながって、何となく日々の生活をともにしている夫婦が少なくないと思います。しかしドイツ人は、一時は愛し合って結ばれたとしても、二人の間にコミュニケーションが成立しなくなったら、その関係はもう終わりだと考えるのです。そして関係がうまくいかないことについて、相手を責めたり自分を責めたり正当化しようとしたりして泥仕合を長く続けるよりは、むしろ別れる方がよいのではないかと考えるようです。しかし、離婚を最終の形と考えるのではなくて、救いようのなくなった婚姻関係は解消するけれども、よりふさわしいと思われる相手があれば、新たに結婚したり、内縁とか同棲関係に入ったりするわけです。身勝手と見るか、パワーがあると感心するか、見方は様々だと思います。その結果の事実に目を向けると、先ほど見たように、少なくとも一六とか一七ものタイプの家族があり、しかもそれは固定したものではなく、一つのタイプから別のタイプに移り得る、非常に流動的なものだということです。

昨年（二〇〇五年）一〇月までドイツの首相であったシュレーダー氏は三度離婚して、今は四人目の奥さんと連れ子とロシア人の養女と一緒に暮らしているのだそうです。典型的なパッチワーク・ファミリーです。むろん、父親と母親がいて子供がいて、という従来どおりの近代的家族が統計的には多数を占めているとしても、それは一七通りある家族類型の一つの形に過ぎず、それがノーマルで他はアブノーマルであるというような価値判断を含む考え方はもうしないというのが、現代家族事情の非常に特徴的なものであろうかと思います。家族の形は多様で流動的なものであって、個人の生き方や考え方によって、そのときどきの必然に従って選び取られ、必然に応じてその形を変えていく、個人的で流動的なものであるという見方の方が、むしろ現実に即しているのかもしれません。そして、ドイツの今の児童文学も、この考え方を取っているように私には思われます。

3　片親家族の物語

(1) シャルロッテ・ケルナー『ブループリント』

さて、これでようやく、現代のドイツ児童文学の作品をいくつか具体的に見ていく準備ができました。最初に、高校生ぐらいまでの青少年を読者の対象に考えているのだと思いますが、少しショッキングな本を取り上げたいと思います。一九九九年に出たシャルロッテ・ケルナーの『ブループリント』という小説です。映画化され、日本語訳も出ているので、ご存じの方もいらっしゃるかもしれません。これは、男女が背中を向け合っている状態が高じ、もう異性と愛し合って子供を産んで育てていく関係を持てなくなるが、それでも子供が欲しいと切実に思った時にどうしたらいいのか。そんな話とお考えください。非常に才能のあるピアニストで作曲家でもある女性が、ある不治の難病に侵されていることがわかります。いずれ死を覚悟しなければならないということになった時、自分の才能を受け継いでくれる子供がどうしても欲しいと考え、カナダ在住の世界的に著名な専門医に依頼して、クローン技術を使って娘をつくってもらうのです。一種のサイエンス・フィクションです。そして、考えられる限りの最善の環境で娘に音楽教育を授け、できれば自分を超えるようなピアニストを自分の手で育てようとします。

この小説は、母親の最期を見届けたばかりの娘の視点による一人称の形で、母親 Iris と自分 Siri の関係を描いていています。Iris の文字をさかさまから読むと Siri となる。つまり、このお母さんは自分の鏡像のような娘をつくりたかったのです。クローンでできたとすれば、Iris と Siri は遺伝子をまったく等しくする一卵性の双生児で、ただし同時にではなく Iris が三三歳の時に生まれた Siri は、三三年の時差を経て人生をスタートした Iris の妹であるわけです。Iris のエゴイスティックな愛情と野心的な期待を一身に受けて育つ Siri は、外から見れば幸福な子供時代を過ごすのですが、内心は大変不幸です。自分のアイデンティティーをうまく形成できないのです。母親でもあり姉妹でもあり、遺伝子をまったく共有するのですから自分の連続体でもある Iris との境界線が、うまくつくれないわけです。その結果、愛情も強いけれども憎悪も強い。依存心も強いけれども反発も強い。その胸に抱かれると子供のように満たされた思いになる半面、時には相手を抹消してしまわないと自分が生きられないというような脅迫観念に囚われ、殺意を覚えることさえある。非常に大きな感情の揺れに悩みます。

Siri が Iris を許せないと思うのは、Iris が愛情で結ばれた婚姻関係の中で自分を産んだのではなく、自分の命と音楽家としての才能を継いでくれる存在を求めて、娘である自分をこの世に誕生させたということなのです。彼女は「計算づくでつくられた人間なのよ、私は。初めから見通しの立っている、予測可能な人間なんだわ。あなたは自分の人生計画に私を服従させる。あなたのプログラムが私のすべてを決定するのよ」と、怒り狂っていいます。Siri は Iris が自分に向けるのは、「予測不可能な面も含めて子供をあるがままに受け入れて育てる、人間的な親の愛情」ではないと感じています。„Du bist mein leben."（あなたは私の命なのよ）という言葉を母親のIrisが口にする時、Siriはこれを、親が子供に向けるごく普通で自然な愛情表現とは受け取れなくて、Irisの自己愛、エゴイズムの極致であると感じてしまうのです。「どうすれば、母親でもあり姉妹でもあり自分でもあるIrisの魔圏から抜け出して、自分の人生を生きられるようになるのか」というのが、この小説のテーマです。

この『ブループリント』は、クローン云々という点を除いて考えると、母親や父親の身勝手な愛情と期待が大き過ぎて、確執と愛憎で押しつぶされそうになる若者が主人公の小説というようにも読めると思います。読んであまり楽しい本ではないのですが、人を育てるという難しさを改めて感じさせられる本です。子供の誕生の経緯は特殊ですが、先ほど挙げた家族の状況の類型に従えば、未婚の母と娘という片親家族を描いたものです。

(2) ペーター・ヘルトリング『青いドアのうしろのヤコブ』

ここでもう一つ、片親家族の物語として大変印象的な、ペーター・ヘルトリングという作家の『青いドアのうしろのヤコブ』という作品を取り上げてみたいと思います。

物語の主人公は、父親を事故で突然失って、母親と二人アパートで暮らす九歳の男の子ヤコブです。ヤコブはこれから自我を形成しようとする時期に、がっしりと自分を受け止めて支えてくれる存在が欠如しているために、気持ちが不安定なまま、誰とも正常な人間関係が築けず、様々な問題行動に出ます。母親は息子の気持ちを理解できずに泣いて叱ったり、児童相談所から人に来てもらったり、おろおろするばかりです。ヤコブ少年はポケットの中に小さな紙人形を持っていて、不安な時、悲しい時に、その人形をぎゅっと握り締め、その人形と小さな対話を交わします。そのことによって、何とか状況を克服しようと頑張るのです。でも、それにしょっちゅう失敗し、そのたびに彼はどんどん自分の殻の中に逃げ込んで夢想癖に陥り、次第に白昼夢の世界に入ってしまいます。ある時、彼は街角でさっそうとした青年の姿を見かけ、彼の後をつけ回します。ヤング・ストーカーです。ついに、この青年があるバンドでギターを弾く音楽家であることを突き止めると、この青年に憧れ、〈自分もギターを弾けるようになりたい〉ということ以外は考えられなくなります。母親と児童相談所の依頼を受けて、ブルーノという名前のこの青年がヤコブのギターの指導を引き受けることになり、家にやってきます。しかし、ヤコブは自分の白昼夢の中に留まったまま、この青年がマイケル・ジャクソンだと思っているので「ミッキー」と呼び、自分がいっぱしの、それどころか、ミックであるこの青年と同格の音楽家であるかのように振る舞います。するとブルーノは椅子を蹴って立ち上がり、少年の前に仁王立ちになって、強い口調で次のように叱りつけます。「お前が頭の中で何を考えていようと勝手だが、いったいお前は、ギターを習いたいのか、そうではないのか。そうでないのならレッスンは止めだ。そんなお前は、でも、ばかだぞ。誰ももうお前のことなんか助けてやれない。それでいいのか」――このように叱られたことで、少年はようやく夢想から目が覚め、ミックならぬブルーノ青年から本気でギターを習い始めるのです。ここで小説は終わりです。

これは、自我の形成期にある少年には何が必要なのかを教えてくれる本であるように思います。両親でもそうではなくてもいいのですが、本気で自分を相手にしてくれる人間、自分が本気でぶつかれる人間、年上の人間が必要なのです。ヤコブ少年がブルーノ青年のような人に会えたこと、そして音楽と出会えたことを、私は〈よかったな〉と思いながら読み終えました。

4　両親の離婚と子供

さて次に、両親の離婚と子供の状況を描いたものを二つ取り上げたいと思います。一つは、両親の不仲が高じてついに離婚という破局を迎えるまでの子供たちの苦しみを描いた、ペーター・ヘルトリングの『屋根の上のレナ』。もう一つは、両親が離婚した後に一方に引き取られ、親が新しいパートナーを見つけて再婚に踏み切っていく状況の中で、戸惑ったり悩んだりしながらも、何とか新しい生活に適応していこうとする子供たちを描く、オーストリアの女流作家クリスティーネ・ネストリンガーの『瓜二つ』という小説です。話の都合上、二つ目の『瓜二つ』からご紹介します。

(1) クリスティーネ・ネストリンガー『瓜二つ』

舞台はウィーン、主人公はマリオン・ルボルフスキーという名前の一一歳の女の子です。母親と彼女の再婚相手である男性、そして彼の連れ子である小さな男の子二人と一緒に暮らしています。その男性は母親と正式には結婚していないらしく、マリオンとは姓が違うのですが、マリオンは彼を新しい父親として受け入れ、「パパ」と呼びます。そして、パパともいたずら盛りで手を焼く義理の弟たちとも、結構仲良くやっています。

なかなかの美人で活発なマリオンには、崇拝者がクラスにたくさんいるのですが、彼女は彼らを相手にしません。彼女が好きなのは、幼なじみで同じアパートに住むユリアンという男の子です。ユリアンはなかなかハンサムな少年なのですが、バーを営んでいる両親がまったく構ってやらないためか、困ったことに盗癖があります。マリオンは彼の盗んだ品物を自分の部屋に隠してやったり、いろいろとかばってやっています。

ある時、マリオンの身に思いがけないことが起こります。彼女に瓜二つの少女を見かけたという噂が、クラスメートの間に広まるのです。崇拝者の男の子の一人が苦心してその子を見つけ出し、ある日彼女の部屋に連れて来ました。おばあさんと一緒に暮らすサンドラという名前のこの女の子は、実はマリオンの腹違いの妹であることが判明します。マリオンの父のルボルフスキーは、マリオンがまだ赤ん坊の頃に浮気をします。相手の女性に子供が生まれたのが原因で、マリオンのお母さんはルボルフスキー氏と離婚してしまったのです。しかし、ルボルフスキーは結局その女性とも結婚しなかったらしく、サンドラの母親は今、おばあさんにサンドラを預けて、スイスのホテルに働きに行っている様子です。

マリオンは、自分と違っておとなしくてとても賢いサンドラとすぐに仲良くなります。誰にも相談できないでいたユリアンの盗癖と彼の盗品の処理に困っていることなども、彼女には打ち明けることができました。サンドラは「じゃあね、盗んだ品を一つひとつお店に返せばいいじゃない」とアドバイスして、二人はある日それを実行に移します。三軒目まではうまくいったのですが、四軒目の店で見つかってしまいます。そっと品を返すわけで、取るのではないのですが、返している途中に見つかって万引の疑いをかけられ、二人とも事務所に連れて行かれます。

「ご両親は」と聞かれたサンドラは、まだ会ったこともない父親ルボルフスキーの名前を挙げ、最近わかったルボルフスキーの会社の電話番号を教えます。こうして、ルボルフスキーのところに電話が入ります。長く放置していた別々の女性の娘たちが、なぜか今一緒にいて、しかも万引の疑いをかけられているというので、ルボルフスキーは言葉も出ないほど驚き、とりあえず車で飛んで来ます。しかし彼はほとんど初めて会うわけですから、どちらがサンドラでどちらがマリオンなのかわかりません。「重要な会議中だから、悪いけどこれで帰る。後で連絡をするから」と言って、感激のご対面もないまま、この小説は終わるのです。

「後で連絡をする」と言うのですが、皆さんは〈してくる〉とお考えでしょうか。サンドラは「きっと、連絡をしてくるわ」と信じるのですが、マリオンの方は「まあ、ちょっと疑わしいわね。でも、ともかく飛んで来てくれたんだから、いいか」と考えます。さばさばしたものです。

今お話しした『瓜二つ』には、三つの異なる形の家族が描かれています。マリオンの家族はパッチワーク・ファミリーですが、マリオンは結構満足して暮らしています。母親の再婚ないし同棲相手の男性を「パパ」と呼んで彼女なりに愛している。けれども、そのパパが弟たちには容赦なく叱りつけるのに、母親の連れ子である自分には何となく紳士的で寛容で、決して怒鳴ったりしないことに気が付いた時、言いようのない寂しさを覚えます。ユリアンという男の子は、両親がそろっているとはいえ、職業柄彼とはまったく違う時間帯を生きていて、息子はほとんど放任状態です。おばあさんと暮らすサンドラは、自分と母親を置き去りにした父親の顔さえ写真でしか知らなかったのですが、特に悪く思ったり恨んだりはしていないらしい、けなげな優しい子です。

ネストリンガーという作家は、このような離婚した夫婦の子供たち、パッチワーク・ファミリーの子供たちの物語を、他にもいくつか書いています。複雑な事情を抱える子供たちを、深刻ぶらずに、ウィーンふうの軽妙なジョークや子供たちのジャルゴン、言葉づかいをふんだんに取り入れて、テンポのよい、からっとした非常に明るい語り口で描いているのが特徴です。このように扱って、「いろいろな家族があるのよ」、「あなたはあなた。明るく生きていこうよ」と子供たちに語りかけるしかない時代になっているのかな、とさえ思われます。最初の方でお話ししたケストナーの『ふたりのロッテ』のように、双子の姉妹が活躍して離婚した父親と母親の仲を回復させるというようなハッピーエンドは、今ではもう現実離れしたものになっているのかもしれません。しかし、「大人の都合で結婚したり離婚したり、その時に一度だって子供には相談してくれないのよね」という『ふたりのロッテ』の中の姉妹の言葉は、大人の勝手を告発する強い力を持ち、今もそのリアリティを失ってはいないと思います。

(2) ペーター・ヘルトリング『屋根の上のレナ』

このような子供の気持ちに寄り添って、両親の離婚に伴う子供の苦しみを丁寧に描いているのは、先ほど挙げたもう一つの小説で、ペーター・ヘルトリングの『屋根の上のレナ』です。

こちらの舞台はドイツのフランクフルトで、主人公のレナは一三歳。二歳年下のラルスという弟がいます。親たちは家具商を営んでいますが、パパにはよそにもう一人女性がいるらしいのです。ママはそれを知っているのですが、気を紛らわすために、もともと自分の父親から譲られたものである店の経営に熱中し、それがまた夫の気に障ります。二人の仲は悪くなる一方で、家の中には絶えず二人の言い争う声が飛び交うので、子供たちはいたたまれない思いです。それを聞いているとラルスの方は震えが止まらなくなって、自分の部屋や地下室にこもってしまったり、姿をくらませてしまったりします。彼は体が弱く小児糖尿病でインスリンの注射を欠かせない、頭はよいけれど神経質な男の子です。姉のレナはその弟をかばいながら、自分自身も怒りと悲しみと寂しさで毎日大きく揺れる気持ちを扱いかね、学校の勉強もだんだん手に付かなくなってきます。耐え切れなくなったレナは、屋根に上ってしまいます。屋根といっても野菜農園の小屋の屋根で、家の屋根ほど高くありませんが、落ちたら骨くらいは折るでしょう。パパとママ、ラルスが下から見上げて「ばかなことしないで」と、はらはら気をもんでいます。高いところに上った彼女は、屋根ごと空を飛ぶ自分を空想して、少しすっきりした気がします。

日本では「離婚届」なる紙切れ一枚に夫婦がはんこを押して役所に持って行けば、離婚が成立してしまいます。しかしドイツでは、結婚はそもそも法的な契約関係と考えられているので、離婚の時は双方弁護士を立て、裁判所に申し立てて法廷に出廷し、財産の分割や離婚後の生活保障などの条件をきちんと定めた上で、離婚を認めてもらわなければなりません。子供がいる場合には、子供の幸福（Kinderwohl）を十分に配慮し、相談員がやって来て家庭の事情を調べたり、子供がある年齢に達していればその子供とも面談した上で、両親のどちらに子供を引き取る権利、養育権（Sorgerecht）を認めるのか、最終的には裁判所で判決が下されるのです。レナたちの家族も、ついにそのような事態になります。ラルスは「どうしても行きたくない」と言うので、レナはある日、仕事から直接そこに来ることになっているママと、弁護士の事務所で落ち合うことにします。レナだってそんなところには行きたくない。どうやって自分の気持ちを表現するか考えたあげく、彼女は古くて洗いざらしで、縮んでおへそが出てしまう無地のTシャツを取り出して、その胸にできるだけ目立つ色のサインペンで先ほどの法律用語を引用して、**Sorgerecht und Kinderwohl, alles Kohl!**（養育権、子供の幸福なんて、みんなクソクラエ！）と書きます。下には、これもとびっきり短くてとびっきり派手な色のショーツをはき、頭にはママの帽子に付いていた古いブーケをほぐした色とりどりの花を付け、それをゆらゆらさせて事務所に現れます。一三歳の少女の精いっぱいの抗議行動なのです。ママは絶句するのですが、思ったより若くてハンサムな弁護士さんは笑って、「ブラボー、ほんとにそうだよね。君の言う通りだよね」と、レナの気持ちを受け止めてくれます。そして「でもね、愛し合っていたはずの両親や子供でも、仲良く一緒に暮らせなくなることがあるんだよ。そういう時に法律とか取り決めが必要になるんだよね。子供の幸福とか養育権とかね」と説明をして、彼女の気持ちをなだめようとします。

裁判の日には、さすがにラルスも出ないわけにはいきません。レナの隣で拳を握り締め、緊張して青ざめた顔で座っていた彼は、突然手を上げて発言の許可を求めます。びっくりしながらも裁判長が「どうぞ」と言うと、ラルスは立ち上がり、「裁判所ではパパとママのことが問題で、僕たち子供には発言権がないけど、でも僕にも言いたいことがあるんです」と言ってスピーチを始めます。「僕たちは、パパとママが愛し合って、二人が望んでできた子供 Wunschkind のはずです。だとしたらパパとママは、ずっとパパとママでい続けてもらわないと困ります。それができないというなら、パパとママは子供を望んではいけなかったのです。それが僕の意見です」――一一歳の子供とは思えません。すごい迫力です。彼はさらに、両親がずっと喧嘩をしていたこと、パパには新しい女性がいて、自分たちとは別のところに新しい住まいと仕事を見つけて行ってしまったことを述べた後、はっきりと自分の結論を述べます。「パパは僕に、パパのところに来ないかと聞くけど、そして彼の新しい恋人ドーリスもいい人だけど、彼女は僕のママにはなれない。僕は遠い離島にある寄宿学校に行きます。そして、休暇にはママのところに帰ります。どうしてかというと、たぶんママの方がパパより僕を必要としているからです」。自分がママを、ではなく、ママが自分を必要としているんだというような、大人ぶった言葉が、泣かせる台詞になっています。ラルスは両親の離婚問題が浮上して以来「パパかママのどちらかを選ばなければならないなんて、いやだ。それぐらいなら、僕は遠くの寄宿学校に行く」と口癖にしていたのですが、それをとうとう裁判所で皆の前で、大人顔負けの説得力で述べたものですから、もう誰も反対できませんでした。

小説は、ラルスを寄宿学校まで送り届けるママをレナが見送るところで終わります。レナはレナで、近々ハンブルグにいるコーラおばさんを訪ねることになっているので、寂しくありません。

この小説が読みでのあるものになっているのは、主要人物が丁寧に描かれているのはもちろん、子供たちを取り囲む周囲の人間が、大変味のある、愛情あふれる人物として描かれているところにあります。

例えば、レナたちの住まいの下は両親の経営している家具店で、そこにヘルビッヒさんという支配人がいます。この人は、ママとかコーラおばさんが小さい頃から知っている、年配の、とても信頼のおけるおじさんで、子供たちの気持ちを受け止めてくれる強い味方なのです。そしてレナにはもう一カ所、心を開放できる場所がありました。休暇に一人で訪ねたコーラおばさんのところです。コーラおばさんは結婚していませんが、一緒に住んでいるカールさんというコックとともにレストランを開いていて、そこで働いている年齢も国籍も様々な人たちと、その家族と、一種の大家族のように朗らかに暮らしています。カールはおおらかにレナを受け止めてくれますし、コーラおばさんはさりげなく、こんなことが言える女性です。「私たちオトナというのは、ときどき言いようもなく愚かなもので、子供に対して残酷なことをしてしまうことがあるのよね。自分で自分をどうしようもなくなることがあるの、ときどきね」、「ときどき、愛も理性も消えてしまうの。どうしてだかわからないけど、それはまるで、河が突然干上がってしまうみたいなのよ。すると残るのは砂漠だけなんだわ」――レナには全部わかるわけではないのですが、おばさんが自分と本気で、本音で対していてくれることがわかる。わかることが大事なのです。また、もとコックだった夫を亡くし、カールの店で修行して今は女性コックになっているアントニエに、ギノという息子がいます。レナは一つだけ年が上の彼に淡い恋心を抱くようになり、おばさんやカールに会うのも楽しみなのですが、内心では密かにギノとの再開を楽しみにしています。

(3) 幼児向け絵本

さて、『屋根の上のレナ』のレナは一三歳、弟ラルスは一一歳。『瓜二つ』の兄弟、マリオンとサンドラは一一歳と一〇歳でした。何歳であろうと、両親の離婚というのは子供には辛いはずですが、子供がもっと幼い場合、離婚する両親は自分たちが守ってやるべき子供たちにいったいどう対すべきなのでしょうか。このことを調べていって本当にびっくりしたのですが、実はそんな時のガイドブックまであるのです。『離婚夫婦の子供の幸せのために』とか『メルヘンが離婚夫婦を助ける』といった本があり（読んでみると面白くないのですが）、また、幼児を対象にした、幼児のための絵本なるもの（こんなものがあることもびっくりですが）を見つけましたので、二冊だけご紹介させていただきます。

一冊目は『パパとママが離婚する時』です。「君たちの一番好きな人間。パパとママがもう互いに愛し合っていない。そういうことになってしまった。別れることになってしまった。そういうことを聞いたら、世界の終わりのような気がするだろうけれども、僕たちは、私たちはどうなるのと聞きたいだろうけれども、でもね」という調子で始まります。子供というのは例えば〈自分がガラスを割ったから、お父さんとお母さんは喧嘩をしているのかな〉と、自分のせいとして考える癖があるのだそうです。「そうじゃないんだ。両親が喧嘩をしても、それは決して君たちのせいではないんだよ。パパとママも辛い気持ちでいるんだ。でも、君たちには残念ながら二人の気持ちをもう変えることはできないんだ。パパとママ自身にも、もうできないんだからね」と言い聞かせるのです。「君の心は、今悲しみや怒りや混乱やいろいろな感情があふれかえっているだろうけれども、そうした感情を誰かと話せるといいね」と。例えば、ここではおばあちゃんのところにぶつけています。「誰かにしっかりと抱きしめてもらうと、少し気持ちが楽になるよ」、あるいは「神様にお祈りしてもいい。神様がこの状況を変えてくれるとは思えないけれど、君の気持ちが楽になるように助けてくださると思うよ」というようなメッセージを伝えています。〈これを大人の身勝手と言わずして何と言おうか〉と、腹立ちさえ覚えます。

もう一冊はたぶん英語から翻訳されたもので、少しほのぼのとする絵本『パパもママも大好きよ』です。四歳くらいでしょうか、アンナという名前の女の子が、離婚したパパとママの家を行ったり来たりして暮らしています。こっちがパパの家、こっちがママの家というように、見開きで両方を見せる形になっていて、「わたしの部屋も二つあるし、ベッドも二つあるし、台所も二つあるのよ」とそんな紹介の仕方です。「パパの台所では一緒にお料理をするのよ。ママの台所ではクッキーを焼くの。パパのところにいると、ママから電話がかかってくるし、ママのところにいるとパパから電話がかかってくるのよ」と、どっちにいても自分が大切にされているということを実感できるような、こういう環境が幸いにアンナの周りにはあるようです。この結果、「わたし、パパとママが大好きよ。どっちにいても二人とも大好きよ」とアンナは言って、両親の方も「パパもママも君が大好きなんだよ、アンナ」、「パパとママもどこにいたってあなたが大好きなのよ」、「パパとママは君が大好きなんだ。君がどこにいたってね」という両親のメッセージを何回か繰り返して、絵本は終わります。

5　ケストナーの言葉

児童文学と「両親の離婚」というテーマに関しては、最初にご紹介したエーリッヒ・ケストナーという人が『ふたりのロッテ』の中で次のようなことを言っています。この本は、一九五〇年に発表されたのですが（ほんとはもっと前に構想はあったのですが、彼はナチスの時代、自分の名前を発表できない状況にありました）、それまでの児童文学のタブーを破って「両親の離婚」というテーマを扱ったため、ごうごうたる非難をあびました。「子供の本で離婚なんか扱うのはふさわしくない」というのです。彼は「アメリカ映画の子役として大変有名なシャーリー・テンプルという女優が、映画にはたくさん出ているのに自分の映画を見ることはできない。なぜなら、子供は映画館に入ることが禁じられているから」というエピソードを語って、世の中のダブル・スタンダートというか、論理矛盾、偽善を鋭くついた後で、次のように言います。「もしも大人が、シャーリー・テンプルの話と、ルイーゼとロッテの両親の離婚の話の関連がわからなくて、肩をすくめるようだったら、僕から『よろしく』って伝えてよ。そして、僕がこう言っていたこともね。世の中には離婚する両親がたくさんいて、そのおかげで苦しんでいる子もたくさんいる。でもまた逆に、両親が離婚しないために苦しんでいる子もたくさんいるんだ。子供にそんな苦しみを与えるなんて、あまりにも心優しい（これはもちろん皮肉です）ことだし、しかもそのことについて子供たちと理性的な言葉でわかりやすく話をしようとしないなら、それは間違っている」と。この「苦しみを与えるなんて」はドイツ語では „zumuten" という言葉を使っているのですが、無理難題を要求するという意味です。

現代ドイツの子供の本も、子供や家族をめぐる今の状況を是認しているわけではありません。しかし、現実が厳しく辛いものであるのに、それを見て見ないふりをするというか、無視することはできない、よくないと考えているようです。子供それぞれの年齢に応じて、できることならわかりやすい言葉で話をして現実を受け止めてもらい、困難を乗り越えてもらうしかないと考えているように思います。ただし、その際に大人は決して責任逃れをしてはいけない。子供をしっかり抱きしめ、しっかり目を見て、「パパとママはこんなことになったけど、君のことは世界一愛しているんだよ。別々の場所にいても、しっかり君のことを見ているからね」ということを、心を尽くして子供に伝えていくことが必要であろうと思います。そして、周囲の大人も単に同情したり腫れ物に触るようにするのではなく、適度の距離からしっかり子供たちを見守り、必要な時にはいつでも手を差し伸べてやれるようにする。血のつながりがあろうとなかろうと、子供がそこではくつろげる場所、その胸に飛び込める人間がいる場所、それをわが家と呼ぶならば、わが家を誰かがどこかで提供する。それが最低限、大人がすべきことなのです。これが、今までご紹介した子供の本に共通する姿勢であろうかと思います。

6　その他のテーマ

最後に、離婚以外のテーマを扱った本を少しご紹介しますと、これは同じくペーター・ヘルトリングの本で、『おばあちゃん』と『イオンじいさん』。子供と老人世代のコミュニケーションの問題です。ここに持ってきました、M・プレスラーの『十一月の猫』、M・チルドウの『レディー・パンク』のように、いじめや、思春期の少年少女の社会への不適応、両親との軋轢《あつれき》、麻薬、セックスなど、かなり深刻な問題を扱ったものも多くあります。一五、六歳の子供が対象です。

そんなに深刻ではなく少し楽しいものを読みたいという方にお勧めしたいのは、キルステン・ボイエという人の『パパは専業主夫』（一九八六）という本です。もともとは「ヤコブが来て事情はすっかり変わった」という題です。これは、ネルという子供の視点から書かれています。小さい弟がいて、四歳になります。少し育児の手が離れたので、ママが〈そろそろ仕事に戻りたい〉と思っていた時に子供ができてしまった。どうしようかと家族中が大騒ぎになりますが、お父さんが「僕だって料理ぐらいできるさ。家事だってうまいもんだよ」と、専業主夫の役割を引き受けるのです。けれども、家事をやるといっても実際にはすべてがうまくいくわけではなく、あっちが放りっぱなし、こっちがいい加減というような失敗をいろいろと繰り返し、結局はお母さんが後始末をしながら何とか丸く収める。それでも新しい子供ができることで、ようやくその家族の中の、また、パパとママの間の役割意識、今の言葉で言うと「ジェンダー意識」が少しずつ変わっていく。そういう物語です。

ペーター・ヘルトリングの『クララを入れてみんなで六人』も、心がほっとする本です。これは作者自身の家族の歴史に材料を取っているということです。設定はボイニの小説に少し似ていますが、フィリップが一二歳、テレーゼが一一歳、パウルが七歳。三人の子供がいるショイラーという家族ですが、パパは新聞記者で、仕事に夢中になると家族を忘れてしまいます。ママはもともと図書館員でした。一番下の子も七歳になったので〈そろそろ仕事に復帰したい〉と考えていた矢先に、彼女は妊娠に気付きます。皆で協力を約束して、赤ちゃんの誕生を待つ毎日が続きますが、その毎日がフィリップやテレーゼの視点から描かれます。子供の視点からというのが面白く、新しいところだと思います。パパが取材でポーランドへ出掛けているある日、ママが恐ろしい感染病にかかっていて、生まれる赤ちゃんに障害があるかもしれないことがわかります。結局、未熟児ながら体に特に障害のない女の子クララが生まれて、家族はほっとします。しかし、それからしばらくして、クララは一生右目が見えないままかもしれないということが、お医者さんから告げられますが、この宣告がパパとママだけではなく子供たち皆の前でなされたことで、家族の間に強い絆が生まれます。ママとクララがようやく退院して家に帰ってくると、不器用なパパなのですが、その長い腕に小さな赤ちゃんを抱いて「おてんばクララがやってきた。僕たち五人だったけど、クララを入れたら皆で六人」と、自分で作った詩だか何だかわからないものを、最後には節を付けて歌い出します。それを見て子供たちは〈これでようやく本当の家族になれたかな〉と思う。そういうところで終わっています。

最後の二つは、少しほっとする話であったかと思います。ということで、たくさんの本をご紹介いたしました。ドイツの子供の絵本あるいは本は、このようにして、現実を何とか受け止めて子供たちと一緒に生きていこうとしている、そのように思われます。

（二〇〇六年二月二五日）

〔取り上げた本（日本語で読めるもの）〕

ハインリッヒ・ホフマン『もじゃもじゃペーター』矢川澄子訳、暁教育図書、一九七九年。

グリム兄弟『完訳　グリム童話集（1）―（5）』金田鬼一訳、岩波文庫、一九七九―二〇〇五年。

エーリッヒ・ケストナー『エーミールと探偵たち』高橋健二訳、ケストナー少年文学全集1、岩波書店、一九八一年。

エーリッヒ・ケストナー『点子ちゃんとアントン』高橋健二訳、ケストナー少年文学全集3、岩波書店、一九八二年。

エーリッヒ・ケストナー『ふたりのロッテ』高橋健二訳、ケストナー少年文学全集6、岩波書店、一九八二年。

ミヒャエル・エンデ『はてしない物語』上田真而子訳・佐藤真理子訳、岩波書店、一九八二年。

ヴィルヘルム・ブッシュ　佐々木田鶴子訳、『マックスとモーリッツ』ほるぷ出版、一九八六年。

ペーター・ヘルトリング　佐々木田鶴子訳、『クララをいれてみんなで6人』偕成社、一九九五年。

ミヒャエル・エンデ　大島かおり訳『モモ――時間どろぼうとぬすまれた時間を人間にとりかえしてくれた女の子のふしぎな物語』岩波書店、一九九六年。

ペーター・ヘルトリング『屋根にのぼるレナ』上田真而子訳、偕成社、一九九七年。

シャルロッテ・ケルナー『ブループリント』鈴木仁子訳、講談社、二〇〇〇年。

キルステン・ボイエ『パパは専業主夫』遠山明子訳、童話館出版、二〇〇二年。

フランス小説にみる恋愛のかたち

ブランド、ペット、妻の座

斉木眞一　フランス語文学文化専攻 教授

S A I K I　Shin-ichi

今日はフランスの、しかも小説ということで、とても遠い世界の話のようですが、ある意味では今の日本の現実を映す鏡としていろいろなヒントがある世界なので、あえて小説を題材にしてお話しすることにしました。まず、サブタイトルの「ブランド」「ペット」「妻の座」、この三つの説明から入ろうと思います。この三つは、僕が今の日本を見ていていろいろ感じることに関係しています。つまり〈これはフランスと全然違うな〉と思ったり、あるいは〈これは最近日本では新しい傾向だけれども、フランスではもう何百年も前からあったことだ〉と気が付くことがあるので、その中から三つ挙げてみました。

1　ブランド

最近は新聞などを開いても、フランスの高価なブランド品の一面広告などが結構目に付くようになっています。日本ではよく売れるらしく、特にクリスマスの時期は大変な賑わいのようです。女性が自分で自分のために買うということも多いとは思うのですが、もともと男性が女性にプレゼントするものです。使用価値よりもかなり高い値段が付いている。だから、そもそも贈り物として考えられたわけです。ただのぜいたく品というだけでなく、恋愛の匂いがする品物です。特に今の日本で好まれているのは、フランスのメーカーがつくっているものです。男物ではなくて、女物。いくらでも名前が挙がります。例えばエルメスだとか、カルティエ、シャネル、ディオールなど。世界で生産されているそういうブランド物の半分以上、統計によっては七〇％ぐらいのものを、日本人が買っているそうです。

フランスの恋愛小説には昔からこのパターンの話、男性が女性に高い贈り物をするという話がたくさんあります。男にけた違いのお金を使わせる、ある意味では女が悪女なのですが、その話のもとをたどっていくと結局、女が悪いというよりもむしろ男の方の問題で、〈自分はこれだけ高い贈り物ができるから〉という男同士の競争の要素が非常に強い。特に一九世紀のフランスではそういう話が多いです。一八世紀の終わりに革命があり、それから産業革命があってブルジョア社会になっていく。これが非常に急速に進んだため、いろいろなかたちでお金を儲ける人が出てきます。そのお金を何に使うか。フランス人がまず考えるのは、女性に使うということなのです。女性に使っても何の足しにもならない。それこそ浪費です。その一番底の部分にあるのは、ただの金持ちだと何となく片身が狭いという感覚です。

このような状況を、もうちょっとブランド品に即して説明すると、革命後、ブルジョアは、自分たち独自の文化をつくるというより、文化的には貴族のまねをする傾向が強かった。貴族は、何の見返りもないお金の使い方をします。投資をするのではなく、浪費をするわけです。中でも女に使うのは一番素晴らしい。それでいくつかのぜいたく品を規格化、つまりある程度同じ値段でたくさんつくってお店で売るというふうにしたのです。

ブランド品をたどっていくと、一九世紀の半ばぐらいにルイ・ヴィトンとかエルメス、カルティエなど、フランスの一番古いブランドがいくつか誕生しています。例えば、宝石屋はもともと、貴族のごく限られた家に出入りし、店など持たずに商売をしていた。ところがブルジョア社会になってくると、広告をします。カルティエが創業した時の広告を見ると、一八世紀の貴族の女性の肖像画をポスターに使った。貴族文化がブルジョア化したという感じを、それが象徴的に表しています。

ついでにもう一つ、フランス料理もまったく同じ頃に普及したものです。フランス料理というと、今やフランスのブランド品と同様に「高価なもの」というイメージがありますが、まさにその通りで、高価であることに価値があるものです。フランスの料理は、もともとは宮廷や貴族のお抱え料理人が自分の主人のためだけにつくっていた料理でした。ところが、その料理人たちは革命で主人をなくし、何か仕事をしなければいけなくなった。そこでパリにレストランが登場します。その結果、金を払いさえすれば誰でも、昔貴族が食べていたような高価なものが食べられるというかたちで、フランス料理がパリで発達してきた。その辺が「ブランド」と非常に似ています。

フランス人はいつもブランド物を持っているわけではないし、われわれがフランス料理としてイメージするものを食べているのでもありません。それは今言ったような歴史的な事情があるわけです。恋愛に関しても、それと同じような事情があって、貴族文化から引き継いだある一つの文化であるという位置付けです。ちょっとそこは記憶に留めておいていただきたいと思います。

2　ペット

日本は今ペットブームで、犬も猫も大変な数らしいですが、フランスではもう少し早くにペットブームがあり、旅行でパリに行くと道路に犬のふんが落ちているというのは有名な話です。フランスの名誉のために言っておくと、つい二〜三年前にパリ市長が「犬のふんを始末しないと罰金にする」という新しい条例をつくったので、パリの街は最近はだいぶきれいになりました。

それはともかくとして、ここでのペットの話は、恋愛においても、相手の男性なり女性なりをペットと区別がつかなくなるようにしてしまいがちな傾向がある、ということです。

最近ちょっと驚いたのは、卒業を前にした女子学生に、僕が「将来の目標は」などと陳腐な質問をしたら、

「先生、それは買うことと、飼うことです。何だと思いますか?」と言うのです。これから就職して自分でお金を稼ぐわけですから〈何かブランド品でも買うのかな〉と思い、「買うって何だろうな。何かブランドの高いもの? よくわからない」と言うと、意外な答えが返ってきました。「マンションを買う」。結婚することとは別に、自分の家を買うということをもう考えている。〈そうすると、「飼う」って何だろう。一人暮らしでマンションを買って、そこで猫でも飼うのかな〉と思ったら、実はそれも外れていて、「若い男性を飼う」と言うのです。つい最近もテレビドラマで、若い女性が若い男性を……という話がありました。もちろんそんなことを多くの人がやっているわけではありませんが、話題になるということは、非常にリアルになってきている。女性が仕事をするようになって経済力が出てきたということの表れだと思います。これは冗談みたいな話ですが、人間の愛情表現というのはどこかペットを飼うのとひと続きのことなのかもしれないという感じがします。

そう思ってフランスの小説のことを考えてみると、経済力だとか年齢において非常に格差のあるカップルが昔からたくさんありました。例えば一番よくあるパターンは、男性がかなり年上で、女性は若い。しかも男性がすごくお金を持っているという組み合わせです。また、女性が年上だとか、経済力のない男性を養っているというカップルも結構あった。例えばフランス語で「ジゴロ」という言葉があります。つまり、年上の女性に経済的な面倒をみてもらう男性です。対等な男女関係、年齢的にも経済的にも境遇も釣り合っているような男女というのは、むしろまれであるくらいです。最近は何か平等でなければいけないような感じですが、本当にそれが理想で、人間にとってそればかりが自然かというと、必ずしもそうではないのではないか。人間は昔からずっとそういう不平等な関係を、時によっては自分から選んで結んできたということがあるのではないかという気もしなくはない、そんな感じがします。

3　妻の座

三番目は打って変わって古い言葉です。しかしこれが未だに生きのびていて、例えば二〇〇四年ベストセラーになった『負け犬の遠吠え』という本にも大事な概念として出てきます。僕は逆説に満ちた非常に面白い本だと思ったのですが、三〇歳を過ぎて独身で子供がいない女性は、どんなに仕事ができて、どんなに美人でも、それだけで負け犬だという内容です。著者自身が「自分は負け犬だ」と開き直って書いていて、最近の世相をよく表している一冊だと思うのですが、結婚して主婦になってこそ女の幸せという社会通念がその根底にある。

なぜそんな願望があるのかというと、主婦の「主」というのは主《あるじ》、つまり家庭の主です。主婦が家事と育児と家計を取り仕切り、夫は外に出て働く――今でも当たり前に、ごく一般的に受け入れられているスタイルですが、これは日本独特のものです。先日、もう日本に来て一〇年くらいのフランス人の同僚といろいろ話していたら、今独り暮らしをしていて、「僕は主婦がほしい」と言う。「主婦」という言葉は日本語で言いました。それほど、フランス人の女性は主婦になってくれない。確かに、フランス語に翻訳しづらい言葉です。

「妻の座」という言葉も『負け犬の遠吠え』の中によく出てきます。ではそこにおいて「恋愛」をどういうふうに捉えるかというと、あまりいい言葉ではありませんが、結局家の支配者としての妻の座を獲得するために行う一種の就職活動という側面がないわけではない。『負け犬の遠吠え』ではこういう結婚をする女性に対し、遠吠えとして「あれは就職活動だ」、「男性の前で面接を受けているのと同じだ」と言っているところがあります。確かに、そういう面もなきにしもあらずです。

それに対して、フランスでは「結婚と恋愛は別」という考え方が強い。これはヨーロッパのほかの国と比べても、ちょっと特殊事情です。最初にお話しした貴族文化、あるいは宮廷文化のことと関係してくるのですが、恋愛小説にも既婚者が恋愛する話がたくさん出てきます。フランスの小説というのは一七世紀辺りから始まるのですが、『クレーヴの奥方』という小説が、まさにそうです。結婚した女性がほかの男性に恋をする。その後一八～一九世紀を通して『赤と黒』とか『谷間の百合』あるいは『ボヴァリー夫人』など、フランスの小説の傑作といわれるものは皆このパターンと言ってもいいほど、不思議な現象があります。妻の座に安住できない、またしたくないからでしょう。

4　悲恋物語『椿姫』

フランスの恋愛小説のいろいろなパターンを見ていくと、考えられるあらゆるものがそこにあります。最近は日本でも、女性に高価な贈り物をしたり、ペットのような恋人を持つとか、主婦が恋愛をする話など、別に珍しくはないですし、もう何でもありの時代になってきましたが、フランスでは昔から、いろいろなかたちが全部試みられてきたということは言えると思います。

ところが、これだけたくさんあるのに、ただ一つだけないものがあります。恋愛小説として、われわれがまず真先に思い描くものです。つまり適齢期の独身男女が出会って恋をし、いろいろな問題がありながらも結局それを克服し、最後はめでたく結ばれました――という話です。普通に思い描くものが、見事に欠落している。全然ないわけではありませんが、非常に珍しいです。フランス人の現実はそんなことはなく、恋をして結婚している人はもちろんいっぱいいるのですが、こと小説の世界では、なぜかそういうパターンが避けられています。恋愛が結局いかに難しいものかということを、あらゆる手段を尽くしてこと細かに描いている作品が実に多い。これはいったい何なのかというのが、今日の一番大きなテーマです。

そのテーマを考えるに当たって僕が選んだ作品が、アレクサンドル・デュマ・フィスの書いた『椿姫』です。『三銃士』だとか『鉄仮面』、『モンテ・クリスト伯』などで知られる大ベストセラー作家アレクサンドル・デュマの息子です。「フィス」は息子という意味で、父親と同じ仕事をした人です。彼が一八四八年、まだ二四歳の時に書いた処女作にして代表作が、この『椿姫』という作品です。日本でも新潮文庫をはじめいくつか翻訳が出ています。

この作品を取り上げた理由は二つあります。

一つは、先ほど「適齢期の未婚の男女が恋をする話というのはフランスでは非常に珍しい」と言いましたが、その珍しい例で、二〇代半ばのまだ結婚していない男女の恋愛を描いた話です。その意味では例外に属するのですが、結局はいかに恋愛が難しいかという話になっています。

二番目の理由は小説というジャンルに関わってくるのですが、この『椿姫』は出版された時に結構売れたので、作者がすぐ自分でシナリオを書いて芝居にしました。これが一八五二年にパリで初演されると、小説以上に成功した。なおかつ、この初演を、たまたまパリに来ていたイタリアのオペラ作曲家ヴェルディが観て非常に感激し、翌年オペラにしました。このオペラは芝居よりさらに有名で、今でもおそらく上演回数の最も多い作品の一つだと思います。ヴェルディが感激したのには、理由があったようです。この時、人目をしのぶ恋愛をしていた彼は、イタリアから逃げるようにしてパリに来ていた。相手の女性と一緒にこの『椿姫』という作品を観て、他人事とは思えず、非常に心を動かされたということのようです。

映画化も何回かされています。グレタ・ガルボという名優が出た戦前のモノクロ映画が有名ですが、二〇年ぐらい前の日本映画で、松坂慶子が北海道の芸者を演じているものまであります。それほどいろいろな創作意欲を起こさせる作品のようです。

様々なかたちで広く一般に知られているだけに、舞台やオペラのイメージが先行してしまって、原作を読む人がもうほとんどいないんじゃないかと思います。けれども、小説を読んでみると、かなり違っている。先ほど来僕が言っているように、恋愛というものがいかに難しいかを、こと細かに書いているのです。

5 小説の登場人物

まずマルグリット・ゴーティエというのが椿姫、高級娼婦です。一九世紀のフランスによくいた一種の娼婦ではあるのですが、「高級」と付いているので娼婦と妾の中間ぐらい。ごく少人数の金持ちだけを相手にする娼婦です。劇場に行ったり、ピアノを弾いたり、使用人を置いて非常にぜいたくな暮らしをしています。高級娼婦というのは、ブランド品や高級レストランなどと同様一九世紀のフランス独特の、一種の文化遺産というような感じです。この女性は娼婦ではあるものの非常に上品で、パリでは大変有名でした。有名になったきっかけは、椿の花をよく持っていたということです。椿は東洋から来た高価な花で、流行の最先端を行っていたということだと思います。彼女が持っている椿の花は、いつもは白い花です。しかし「この椿の花は、月の二十五日のあいだは白で、あとの五日は紅だった」（『椿姫』からの引用は、新庄嘉章訳、新潮文庫版）と、ちょっと意味深長なことが書いてあります。また、彼女は結核にかかっていて、ときどき血を吐きます。白血病もそうですが、純愛ものの悲恋物語に好まれる病気です。

彼女が付き合っている男性にはまず年を取った公爵がいます。彼女に貢いでいる文字通りパトロン（これもフランス語）です。ほかにはG伯爵やN伯爵など、皆貴族です。貴族が何の投資にもならないお金を女性につぎ込むという一種の浪費合戦が、ここで繰り広げられるわけです。そんな女性にアルマン・デュヴァルという、二〇代半ばの若い男性が恋心を寄せます。彼は貴族ではなく弁護士見習いなのですが、仕事に今一つ気が乗らなくてパリで遊び暮らしている。そんなに金持ちではないので高嶺の花なんだけれども、彼女に恋をしてしまいます。それで、地方の税務署長だというアルマンの父が出てきて、最後は二人の間に割って入って息子を家に取り戻すという話です。

余談になりますが、フランスの話には母親があまり出てきません。家で実権を持っているのはお母さんではなく、むしろお父さん。こういう時はだいたい父親が出てきます。この話もそうで、父が息子の不祥事の後始末をする。それからあと、婚約中の妹がいるという家族です。

小説には「私」という語り手がいます。この人は恋愛とはまったく関係ないのですが、ある時パリで散歩をしていて、マルグリット・ゴーティエという高級娼婦が死んだので、その持ち物を競売にするという張り紙を見ます。興味をそそられて中を覗くと、いろいろなぜいたく品が次々に競売になっていました。その中で『マノン・レスコー』という一八世紀の小説が売りに出されます。ただの本ですから二束三文で売れるはずですが、これに彼が興味を示す。競売なので、どういう本かをちょっと紹介するのですが、この語り手は「扉に何か書き入れがあります」というのを聞いて、その『マノン・レスコー』を結局かなりの高額で落札しました。すると、ある日若い男性が訪ねてきます。それが主人公のアルマンで、『マノン・レスコー』をぜひ譲ってほしい、マルグリットは私の昔の恋人で、形見にほしいのだ、と事情を説明します。

そんなわけで二人が仲良くなると、ある日アルマンは語り手をお墓に連れて行きました。そこで非常に凄惨な場面なのですが、死んだ椿姫、マルグリットのお墓を掘り返して、遺体を移すのです。彼女には身寄りがなく、共同墓地のようなところに仮に埋葬されていたので、彼がお金を出して、ちゃんとしたところに改葬する。ところが改葬に当たっては身元を確認しなければいけないという決まりがあり、とても残酷なのですがお墓を掘り返して「この人に間違いありませんね」と、もう何カ月か経って半ば腐っている死体を見せるわけです。この後、アルマンは非常にショックを受けて寝込んでしまうのですが、見舞いに来た語り手に長い話をする。それが二人の恋の一部始終で、芝居にしてもオペラにしても、実はここから始まっています。

この話は確かに悲恋物語なのですが、小説を丁寧に読むと必ずしもそうとは言えないことが、最初からわかります。

例えばアルマンの方は、彼女を最初に見た時に、何と言っても高価な女で、自分みたいな若者にはとても手が出ないような女だから、憧れを抱いてしまいます。そう思っているとチャンスが訪れ、彼女が芝居に来ている時に友達に紹介してもらうのですが、そういう女性にあまり慣れていないこともあってどぎまぎし、いろいろなへまをしてちょっと笑われてしまう。ところが彼女のような女性は、人に会うたびにこういう態度を取るのが一種のマナーらしいのです。いつも男性にお金で買われているので、初めて会った男性にはかなり高飛車な態度を取る傾向があるということが後でわかるのですが、この時には非常に屈辱感を覚え、ますます闘争心をかき立てられます。しかし〈何とかしてやろう〉と思っても、自分にはそんなお金はない。ではどうするか。気が付いたのは病気です。彼女が結核を病んでいることがわかったので、病気に同情するわけです。見舞いに訪れるということをしょっちゅう繰り返す。すると、金持ちの愛人は彼女が咳をすると逃げてしまうので、彼女は〈おやっ〉と思います。彼の方は「金次第の女だよ」と言う友達に「必ずしもそうじゃないんだ」というようなことを繰り返し言っているので、そういう純情なところもあるにしても、病気を一つのきっかけにして彼女に近づいていくわけです。

彼女の方にしてみると、男性が自分に同情してくれたのは初めてなので、ちょっと心を動かされます。言ってみれば、お金が絡まない愛情に期待を抱いてしまう。これは普通の人以上です。こういう仕事をしている女性だからこそ、まったく利害関係のない恋愛関係を望む気持ちを、心に秘めている。あるいは、アルマンがほかの男性と違ってお金のない男性だからよかったということも言えるかもしれません。

そんなことで、彼女は最初は軽くあしらっていたのですが、彼の気持ちにだんだん心を動かされていく中でいろいろな会話をしています。面白いと思ったのは、死んだ犬の話です。彼女が「その犬はあたしが咳をすると、とても悲しそうな顔をして、あたしをじっと見ていたわ。あたしがこれまで本当にかわいがる気持ちになったのは、その犬だけだったわ」と言ってから、「あたしはその犬と同じように、すぐにあなたが好きになったの」と告白する。これをきっかけに、二人が特別な関係になっていくわけです。今日は最初にペットの話をしましたが、この犬のくだりは意外に大事なところで、心の転換点を形成しています。オペラでは犬の話は出てきません。今までとちょっと違うタイプの男性が近寄ってきて、彼女は戸惑いながらも心が惹かれていくという状況で第一幕が終わります。そこでたぶんあのオペラの中で一番有名な歌だと思いますが、《ああ、そはかの人か》というアリアが歌われます。オペラではここが心理描写の大事なところになっているのですが、小説の方はもうちょっと複雑で、オペラみたいにきれいな歌詞ではなく、犬が登場するという特徴があります。いわば金持ちの男のペットにされていたマルグリットにとって、アルマンは新たなペットなのです。

6　お金の話

そんなかたちで恋愛が始まっていくのですが、続いて、これもオペラにはないお金の話が小説にはたくさん出てきます。もともと一九世紀の小説はお金の話が大変好きで、この小説も例外ではありません。換算が難しいですが、一九世紀フランスの通貨一フランの価値は、今の日本でだいたい一、〇〇〇円前後と計算すると、そんなに見当違いではない額になると言われています。経済的には割合安定していた時代で、例えば銀行に預けていると利子が数パーセント付いたようです。所得税も、もちろん年金も社会保険もないない時代です。一応そんなことを頭に置いて、お金の話を簡単に整理してみます。

マルグリットから見ていくと、彼女の収入は一定していないのでよくわかりませんが、一年にいくらお金を使うかは、彼女自身がだいたい一〇万フランと言っています。一〇万フランというと、先ほどの計算をすると今の一億円です。一年に一億円などというお金は尋常ではなく、コンスタントにこれだけのお金を一人の女性に与えることのできる男性は、とてもいそうにありません。例えば「年収五〇万フランじゃ一人の女にやれるのは、せいぜい一年に四万フランか五万フラン」というくだりがあります。したがって、パリでいくらお金持ちでも、マルグリットという女性を一人では抱え切れないということです。それなら彼女が生活レベルを四～五万フランに落とせばいいのにと思いがちですが、彼女はわざと一〇万フラン使っているのです。なぜなら、そうすることによって男性が競争するからです。一人だけのものになると男はけちになるので、そんなにお金を払ってくれない。要するに、必要以上のお金を巻き上げるには競争させるのが一番というわけです。だから皮肉なことに、彼女には借金があります。一億円使っている人に借金があるというのも変ですが、今言ったような理由で四万フランの借金がある。しかし、アルマンと暮らし始めてからは、こんなぜいたく品はいらない、というので自分の持ち物を少しずつ売り、借金は途中で三万フランに減っています。

アルマンの方はどうかというと、けたが全然違います。収入は八、〇〇〇フラン（八〇〇万円）。一人で暮らすには十分なはずのお金ですが、その収入は自分で弁護士として稼いだのではなく親からもらっているお金です。父からの毎年五、〇〇〇フランに加え、亡くなった母の遺産から利子が三、〇〇〇フラン入る。その合計八、〇〇〇フランをパリで八カ月で使い、あとの四カ月は、夏休みに田舎に帰り、父の家で暮らすという生活です。

その彼が、この高い女性と付き合うことによって一カ月で二、五〇〇〜三、〇〇〇フランを使ってしまう。彼にすれば大変な額で、早晩お金がなくなるのは目に見えています。パリで年収二〜三万フランという、アルマンよりもお金がある若い人たちでも、社交界ではやっとどうにかやっていけるといった程度です。つまり社交界に出入りするには、このくらいはなければいけない。アルマンは親からもらえるとはいっても、全然足りません。つまり、こんな女性に近づいてはいけない若者なのです。ちなみに、父親の収入は年四万フランです。この家の息子がそういう女性と関係を持ってしまったのですが、女性の方が賢くて「小ぢんまりとした家を借りて、そこで二人っきりで暮らしましょうよ」と提案します。男からもらったたくさんのぜいたく品を全部売っただけで、借金を返してなおかつ年に二、〇〇〇フラン入ってくる。アルマンの八、〇〇〇フランを足すと、ちょうど一万フランになります。今でいう一、〇〇〇万円ですから、とんでもないぜいたくをしなければパリでそこそこに暮らせる。そういう提案を彼女がします。ところが身の程知らずのアルマンは、その提案を拒否するんです。

どうしてアルマンは拒否するのか。最初、彼女がこう言います。「あたしたちのような関係では、女の方に少しでも自尊心があれば、好きな男にお金をねだったりして、せっかくの恋をお金で汚すようなことをするよりも、自分でいろいろ苦労してできるだけのことをするのが当たり前よ。そのうちにいつか金につまったり、飽きがくるかすれば、あなただって、あたしたちの関係を、やっぱり勘定づくだったのかとお思いにならないとも限らなくってよ」。自分が今まで娼婦をやってきただけに、お金に対してはこのように非常に潔癖な考え方をします。この「自尊心」という言葉は、この作品で一番大事な言葉です。

それに対してアルマンは「どんなに君が僕を愛してくれたところで、そのために君がたとえ宝石の一つにしろなくすというのは、僕には我慢できないからね。僕だってやはり、君が金につまったり、飽きがきたりした場合、ほかの男と一緒に暮らしていたら、こんなことにはならなかったろうといったように、君に思われたくないんだよ。それに僕は君が地味にしているよりも、うんと派手にしている方がずっと好きなんだよ」と言っています。男の見栄ですね。初めにお話ししたように、一九世紀のパリでブランド品やぜいたくなフランス料理が発達したり、あるいはこういう高級娼婦がいたりしたことの背景には、男の見栄があったのです。僕は「見栄」という言葉を使いましたが、ちょっときれいな言葉で言うと「自尊心」です。二人が互いに自分の自尊心をぶつけ合っているような関係です。このずれは結局、二人が抱えていた最初のずれと同じもので、その平行線が埋まっていないということがよくわかります。その結果、二人は賢い選択をすれば別れずに済んだかもしれないのに決裂し、互いに相手にお金をプレゼントします。マルグリットはぜいたく品を売り、そのお金をアルマンにあげます。一方アルマンは母の遺産（手を付けてはいけない、今までその利子をもらっていたもの。全部で六万フランあったそうです）をそっくりマルグリットにあげてしまいます。すると、それが父にわかってしまい、怒りを買います。彼が怒ったのは、もちろんアルマンが母の遺産をマルグリットという娼婦ごときにやってしまったのも一つですが、もう一つ、アルマンが娼婦にお金をもらったことです。つまり、男の片隅にも置けないという男のプライド、自尊心です。

7　父の説得

最初は息子にいろいろと言い聞かせるのですが、全然効果がないので、父は最後にマルグリットのもとへ説得に行きます。アルマンがいない留守にやって来て、彼女をあらゆる手を使って説得します。六つのことを言っているのですが、それはいずれも、いかに恋愛が難しいかということを表現しているともいえる理由です。

順番に見ていきます。

①は「世間ではただ、アルマン・デュヴァルという男は、自分のために一人の情婦に、持ち物全部を売り払わせて済ましているとしか考えない」――これは父がさっき怒ったことの一つです。娼婦にお金をもらうなんて情けない。プライドが傷ついたということです。

②は、もっと一般的に二人の将来のことを諭しています。「そのうちには、あなた方にも、世間によくあるように、互いに非難しあったり、後悔したりする日が必ずやってくる。そして二人とも、切るに切れない鎖にしばりつけられてしまうようになる。そうなった時、あなた方はいったい、どうするつもりかね？」――つまり恋愛感情というのはそんなに長続きするものではないんだ、気が付いてみたら互いに相手が重荷になっていたなんてこともあるというのです。これも年長者の言葉として非常に説得力があります。

もっと具体的にいうと、③「あなたの若さはすでに消えうせ」――これもちょっと痛い話です。それから④「倅の将来はめちゃめちゃだ」――せっかく勉強して弁護士の資格を取ったのに、これでは弁護士なんかになりっこないというわけです。

⑤は父が一番心の中に思っていることかもしれません。「父親であるわたしは、二人の子供からしてもらおうと思っていた老後の世話を、そのうちの一人からしてもらえないことになってしまう」と言います。この辺のことは、今の日本の家族環境を考えてもそんなに遠くない。

彼女はこれらの話に一応ぐらっとはするのですが、まだ決心を変えません。ところが、父が最後に持ち出した⑥の理由が決定的になります。それはアルマンの妹の話です。「わたしの婿となるべき男の家では、もうアルマンがパリでどんな生活をしているかを知っていて、もしアルマンが相変わらずこんな生活を続けるようなら、婚約は取り消すと申し込んできた。あなたに対してなに一つ悪いことをしたわけでもなく、行く末に望みをかける権利のある一人の娘の将来は、いわばあなたの掌中にあるわけだ」――あなたの決心次第だというわけです。ここで彼女が決心をします。それは彼女にも自尊心、プライドがあるということです。同じ若い女性として比べられ、要するに〈あなたは汚れた女で、うちの娘はこれから結婚するきれいな身だ。その娘は何も悪いことをしていないのに、あなたみたいな女のせいで将来が駄目になる〉ということを言われた。そこで〈私にも意地がある〉と決心し、娼婦に戻るわけです。ここは芝居やオペラでは彼女の自己犠牲、つまり自分の恋をあきらめて家庭を救ったと描かれているのですが、その辺の事情を小説に即してもうちょっと詳しく見てみようと思います。

8 犠牲か復讐か

最後に彼女が残した手紙に、その時のことを振り返った一節があります。「お父さまは最後にもう一度接吻してくださいました。そのときあたしは、二しずくの感謝の涙を額に感じました。それはまるで、あたしの過去の過ちに対する洗礼のように思われました。そして、他の男に身を任せる気持ちになった時、その新たな罪によって償うことのできたもののことを考えて、あたしは輝くばかりの誇りを覚えました」――「新たな罪によって償うことのできた」とは、つまり娼婦としての生活、罪深い生活を始めることによって、一つの立派な家庭が救われたということです。つまり彼女は犠牲になったということです。オペラとかを見る限りではこのレベルでしか理解できないのですが、よく考えてみると〈家庭というのは罪を犯すこういう女がいるから、あるいはそういう女がいないと救われないものなのか〉という不思議な疑問がわいてきます。実際問題として、この結果家庭が完全に救われたかというと、アルマンはマルグリットの自己犠牲の後、弁護士稼業に就いたわけではなく、かえって一生彼女を忘れられなくなってしまう。結局これは、自己犠牲のかたちを借りていながら、ある意味では彼女の復讐になっているのです。そう考えて初めて、彼女が「誇り」という言葉を使っているのが納得できます。初めに出てきたお墓の話ですが、なぜ非常に不気味なあんなシーンが入っているかというと、アルマンがそれほど彼女の亡霊に囚われているということです。お墓を暴いて、自分が捨てた女性の肉体が腐っていても見たい、そしてずっと拝み続けることのできるお墓に移すのです。つまり、彼が一生彼女を忘れないという儀式として、お墓を暴いて移すという、奇妙なシーンが入っていると考えられます。

そう思って見てみると、家庭とはいったい何なのか。この小説の最後は、語り手がアルマンと一緒に田舎の親の家に行くところで終わります。行って、妹さんに初めて会うシーンです。「ブランシュと呼ぶお嬢さんは、その澄み切ったひとみや目つき、清らかな口もとなどが、心はただもう神聖なことしか考えず、口はただもう敬虔なことしか言わないような少女であることを証明していた。彼女は帰ってきた兄を見るとほほえんだ。この清純な少女は、遠く離れたところで、一人の娼婦が、その名を神に祈ってもらいたいばかりに、わが身を犠牲にしてかえりみなかったことなど、夢にも知らないのだった。わたしはしばらくの間、この幸福な家庭に滞在していた」――ここで「幸福な家庭」という言葉が出てきます。確かにこれは理想的ともいえるような家庭の描写で、その中心にいるのは澄み切った清らかな女性です。ところが、この小説を三〇〇ページ以上ずっと読んできた読者がこの一節に行き当たった時にどういうふうに読むか。「きれいな」、「清らかな」、「清純な」という言葉が繰り返し出てきます。それを素直に読者が受け取るか、その清純さに感動するかというと、ちょっと違うような気がします。言葉が空回りしているような印象を、非常に受けるのです。言葉を尽くして「きれいだ」と言っているのですが、そんなに心に響かないきれいさ。

たぶん小説の読者は、ここで描かれている典型的な幸福な家庭と、娼婦を描いた恋物語の中間ぐらいにいるのだと思います。どりらか一方に浸り切れず、両方に気持ちを揺り動かしながら現実を生きている人が多いのではないでしょうか。二つの相容れない世界の対比は、それぞれを代表する女性の名前にも表れています。ブランシュという名前は、もともとフランス語の普通名詞で「白い女性」という意味です。それに対してマルグリットは英語のマーガレットで、花びらは白ですが、真ん中は黄色です。ヴェルディのオペラの主人公は「ヴィオレッタ」。ヴァイオレットですから、スミレです。あるいは、最初にお話しした椿の花はいつも白ではなく、赤も混じっているわけで、「真っ白」対「色の付いたもの」という対比が思い浮かびます。白いだけの女性は、この物語ではむしろ引き立て役と言っていいでしょう。

この小説には「虚栄心」とか「自尊心」とか「誇り」とか、似たような言葉が大事なところで何回も出てきます。この言葉に注意して読むと、登場人物の心の動きがよくわかるようにつくられているので、覚えておいていただいてもいいかと思います。ただ、翻訳時にいろいろ工夫してあるのだと思いますが、必ずしもフランス語のニュアンスがきっちり伝わっていないような、ずれがあるような気がするところもあります。その一つに、「虚栄心」という言葉が出てくる非常に大事な一節なのに、「虚栄心」という言葉を使わないで訳したところがあります。アルマンが言っている台詞です。「世間では女優や娼婦ゆえに財産をなくした人たちのことを笑います。しかしわたしには、そういう人たちがそうした女のためにもっと無分別なまねをしないのが不思議なくらいです。彼女らが」——つまり娼婦や女優が——「毎日男をほんの少しばかり喜ばせる」——ここで虚栄心という言葉は出てきませんが、もとのフランス語では vanités（=虚栄心）という言葉を使っている。〈ちょっとした虚栄心を与える〉がもとのフランス語の直訳です。こんな感じの言葉が、この小説にはところどころ出てくるということです——「ことが、男の心にどれほどしっかりとその女に対する愛情をはんだづけ——というよりほかに適当な言葉が見つかりませんが——にしてしまうことでしょう。この辺の消息は、わたしのように、こうした生活を実際に経験して来たものでなければ到底分かりますまい」というふうに書いてあります。つまり、女のために身を滅ぼしてしまったのですが、一種の自己正当化というか、こんなことはほかの人にはできないでしょうという感じで、むしろ誇らし気です。逆説的ながら、これは一種の恋愛賛歌です。真っ白いままではいられない人間の開き直りと言ったらいいでしょうか。

9　恋愛小説の効用

というわけで、最後にちょっと一言まとめをして終わりにしようと思います。

最初に僕が提示した問題は何だったかというと、現実のフランス人の生活、恋愛関係がどうだったかということをひとまず置いて、文学がどういうふうに恋愛を書いてきたかということです。それには一つの特徴がありました。いかにうまくいかない話が多いか、あるいはいかにうまくいかない話が小説として好まれるか、その理由は何だろうということです。それで今日の例を参考にしながら考えてみると、二つほど思い浮かぶことがあります。

一つは、作家にとって、恋愛というのは、むしろある意味では方便とか手段とかというものなのではないか。つまり恋愛は人間にとって非常に大事なことであるのは間違いないけれども、恋愛を書くことによって、恋愛だけではなく、それぞれの人物が背負っている社会を一緒に描ける。非常に都合のいいテーマだということです。その証拠に恋愛小説では、経済的に不平等な二人だったり、あるいは家庭問題を抱えていたり、そういういろいろな問題のある主人公がよく登場します。背負っているものが違えば違うほど、そこに様々なパターンの社会環境が映されている。したがって、作家に〈もっと恋愛以外のものを書こう〉という野心があって恋愛を選ぶと、お金の話もできれば、職業の話もでき、世代間の対立とかいろいろなものが出せて便利である。歴史に残っているような文学作品の名作には、そういうものが書かれている恋愛小説が少なくないのです。フランス小説の中でも最高の悲恋物語みたいな『椿姫』も、よく読んでみるとお金の話とかもろもろのものがたくさん書かれてあり、当時の社会を映しているということが言えるわけです。

もう一つ、今度は読者の方にしてみれば、こういう名作が引き継がれてくると、結構それが社会の常識を形成するといいますか、それをベースにいろいろな文化がつくられていきます。そしてそれを無意識のうちにまねするようになってくる。あるいは難しい恋愛が書いてあると、恋愛がいかに難しいものか、その本質みたいなものを学ぶことになります。この小説の中に『マノン・レスコー』の話が出てきました。語り手がつい競争心をかき立てられたあげく、高額でせりおとした本です。これは一八世紀の初め、『椿姫』からすると一〇〇年以上前に書かれています。非常に奇妙な小説で、マノン・レスコーというちょっと娼婦的なところのある女主人公が貴族の青年を手玉に取り、さんざん苦しめます。これは実はものすごく長い話のごく一部分、七分の一ほどの挿話なのです。本体は誰にも読まれなくなり、一部分である『マノン・レスコー』という話だけが、すでに一〇〇年経ったこの時代にも読まれていて、日本の文庫にも入っています。マルグリットが決心をするに当たって、六つ目の理由が一番大事だと僕は言いましたが、本当は七番目の理由がある。それがこの『マノン・レスコー』です。彼女は『マノン・レスコー』を一生懸命、丁寧に読んでいた。『マノン・レスコー』も最後は女主人公が死に、結局それによって、さんざん振り回されて不幸になった相手の青年が、一生彼女を忘れられないというところで話が終わるのです。

（二〇〇五年一二月一七日）

中国の父親像と家族愛

傅《フー》雷《レイ》一家の物語

榎本泰子 中国言語文化専攻 助教授

ENOMOTO Yasuko

私は中国で西洋音楽がどのように受け止められたのかというテーマでずっと研究しているのですが、今日はその中で出会った一つの家族の物語についてお話ししたいと思います。そして、そこから中国のどのような状況が見えてくるのか、私たちが何を感じ取るのかということを考えていきたいと思います。

1　傅雷とその家族

それでは一家の家系図をご覧になりながらお聞きになってください。

この一家ですが、まずお父さんの傅雷《フーレイ》。この人は、中国ではフランス文学の翻訳家、芸術評論家として知られています。一九〇八年に上海郊外の地主の家庭に生まれたのですが、父親が早くに亡くなったために、母一人子一人のとても寂しい幼年時代を送りました。生来とても利発で、頑固でわんぱくな子供だったといいます。正義感に大変厚く、潔癖な人柄でした。若い頃は小説を書いてみたりして、文学や芸術をとても愛する青年として育っていき、ちょうど二〇歳の頃にフランスに留学します。当時は上海周辺の豊かな家庭の息子は、しばしばヨーロッパやアメリカに留学しました。傅雷もフランスのパリ大学に留学し、そこで文学を学びます。そして有名なルーブル美術館に通い詰め、その美術館にあるルーブル美術史学校で美術史を勉強して、将来は美術評論家になりたいというくらい美術を愛する人物になったのです。

傅雷一家

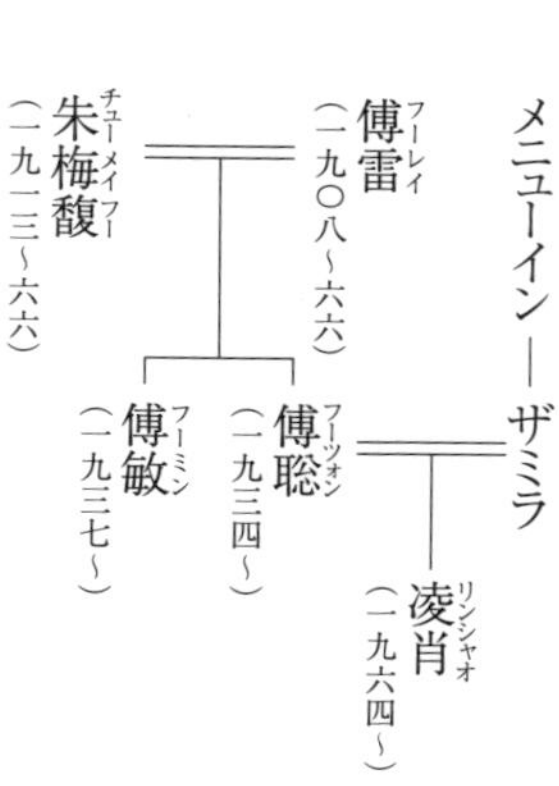

傅雷

将来有望な青年として、傅雷は祖国中国に帰りました。しかし当時（一九三〇年代）の中国は、ちょうどこれから日中戦争へと向かう、とても厳しい時代にありました。ですから、芸術評論などではなかなか生計を立てることができません。彼は結局、評論という仕事をあきらめ、文学の翻訳で生きていく決意をしたのです。

傅雷は主にロマン・ロラン、そしてバルザックの作品の翻訳で知られています。特にロマン・ロランの『ジャン・クリストフ』という作品は、傅雷が初めて全訳して中国に紹介しました。ロマン・ロランが自分の敬愛する作曲家ベートーヴェンをモデルにした、クリストフという青年を主人公にした大河小説です。そこでとても強い意志を持った芸術家のイメージを描いていて、傅雷自身もそのような芸術家の姿に大変大きな影響を受けました。また、日中戦争に向かう暗い時代の中で、当時の中国の青年たちにも大きな影響を与えたということです。

傅雷の家庭生活ですが、傅雷が結婚したのは、遠縁の幼なじみに当たる朱梅馥《チューメイフー》という女性です。言ってみれば、当時よくあった親同士が決めた結婚です。こうした封建的なやり方で結婚したのですが、幸いこの女性とは大変円満な家庭生活を過ごし、二人の息子にも恵まれました。

妻である朱梅馥は、当時の女性としてはとても進んだ教育を受け、ミッションスクール（教会学校）で学んだことから、英語の読み書きができたそうです。ですから、夫である傅雷が辞書を調べたりするのを助け、原稿の下書きを清書するなどといった仕事をよく手伝って、いわゆる「内助の功」が本当に素晴らしかった、良妻賢母型の女性だったということです。

2　ピアニストになった息子

傅聡《フーツォン》という長男は、小さい頃から大変音感が鋭かったようです。傅雷はヨーロッパからたくさんのクラシック音楽のレコードを買って帰ったのですが、それを家で聞いていると、幼い傅聡は蓄音機の前から何時間も動かない。それほど、音楽に対して鋭い耳を持っている息子でした。当時はピアノのある家庭は少なかったのですが、たまたま傅雷の友人にピアノを持っている人がいました。幼い傅聡はそのお宅のピアノで鍵盤を押すと、どれがドか、レか、ミかというのがちゃんとわかった。つまり、絶対音感を持っていたのです。そのことがわかってから傅雷は「この子にピアノを習わせてみよう」と決意し、大変なお金をはたいてグランドピアノを買ってやりました。

こうして傅聡はピアノを習い始めましたが、傅聡の幼年時代はちょうど日中戦争期に当たり、上海の街が日本軍によって統治されていた時代でした。したがって、街に出ると日本軍の兵士がうろうろしていて危ないというので、父親の傅雷は何と息子を学校に行かせなかったのです。学校に行かせずに家でピアノを練習させ、家庭教師を呼んできて英語や算数を勉強させ、自ら中国の古典文学の有名な一節や、素晴らしい文章家の文章などを抜き書きして国語のテキストを作り、それで長男に勉強させた。そういう教育をしていたのです。

その間に日中戦争があり、国民党と共産党の国共内戦があり、共産党が政権を取って、中華人民共和国が建国されました。そして中華人民共和国になった後の上海で暮らしていくわけですが、その間、傅聡はピアノの才能を誰からも認められるようになっていきます。そして、政府から派遣されてポーランドに留学することになったのです。当時は外国に留学するというのは大変なことでしたから、傅聡は政府と国民のとても大きな期待を担って旅立って行きました。

有名なショパンコンクールの第五回コンクールが、一九五五年に開かれました。そこに出場した傅聰は、第三位に入賞しただけでなく、マズルカ賞という賞も取ったのです。これは、ショパンのマズルカという作品を一番素晴らしく演奏した人に与えられる賞です。ポーランドの民族舞踊であるマズルカを、なぜ中国人がこんなに上手に弾けるのか。このことは音楽界でも世界的に大変話題になりました。中国でも国民的快挙としてマスコミに取り上げられ、傅聰の名は一躍知られることになるのです。そして、「どうしてお宅の息子さんはこんなふうに育ったのですか?」ということで、父親の傅雷の方もマスコミの取材を受けたりして注目を集めるようになりました。

語り合う親子

この時代の中国ではちょうど、共産党政権が知識人(インテリ)に対して「どんどん発言してください」と要求し、「百花斉放、百家争鳴」というスローガンを打ち出しました。そして「政治にも積極的に参加してください」と呼びかけます。傅雷は息子のコンクールの直後だったので、例えば「中国の教育にはこういう問題がある」とか、「素晴らしい芸術家を育てるためには、こういうやり方が必要だ」というような発言を、とても活発に行っています。

ところがこの時代は、正直に何でもしゃべった人が、後で批判されるという大変理不尽な目に合うわけです。それを「反右派闘争」と言うのですが、傅雷は一九五七年の反右派闘争で厳しい批判を受け、自己批判の文章を書かされて、社会的に、政治的に葬られてしまうのです。

傅聡が一時帰国した時の、一家団欒の風景を撮ったのは、弟の傅敏《フーミン》です。父と子がむつまじく芸術を語り合い、そばでお母さんが見守っている、一番よかった時代の写真だと思われます。しかし、こういう時代は長くは続きませんでした。

3　引き裂かれた親子

お父さんの苦境を知って「もう国には帰れない」と思った傅聡は、留学先のポーランドからイギリスに亡命してしまいます。傅聡がロンドンで最初のリサイタルを開く時に、自分の名前の入ったポスターを不安そうな顔で見上げている写真はとても印象的です。

当時、イギリスに亡命するということは、「西側に寝返った」ということになって、裏切り者扱いされました。ですから、昨日までの英雄が一転して裏切り者扱いされ、傅聡は結局、文化大革命が終わるまで、二〇年間も中国に帰ることはできませんでした。

もちろん息子の亡命が家族に与えたショックは大変大きなものでした。その時に両親が書いた手紙なども、そのまま残

傅聡

されています。幸いにして、当時の共産党の指導部は、この親子が文通することだけは許したので、何とか手紙だけはやりとりができました。

傅聡が亡命してから傅雷夫婦が亡くなるまでの間に、傅聡はイギリスで出会った女性と結婚し、子供も生まれます。奥さんになった人は、世界的に有名なヴァイオリニストであるメニューインの娘です。しかし結局、中国のお父さんとお母さんは、お嫁さんの顔も孫の顔も、一度も見ることはできなかったのです。

この夫婦の晩年は、息子との文通とバルザックの文学の翻訳に専念し、家に閉じこもって他人とはほとんど付き合いもなかったという寂しいものだったそうです。

一九六六年に文化大革命が始まると、このような外国語が堪能な人は、一種のスパイ扱いをされます。そしてまた、息子が西側に亡命したということも批判の的になって、この夫婦は三日三晩紅衛兵に家を荒らされ、つるし上げられます。そんな屈辱に耐え切れず、結局、夫婦で首を吊って自殺してしまいました。当時は多くの知識人が無実の罪で迫害されました。この夫婦が残した遺書がありますが、この遺書も自分の身の潔白を訴える、大変悲痛なものでした。イギリスにいた傅聡が両親の死を知ったのは、何と二か月も経ってからだったといいます。

4　父から子への手紙

さて、このような親子の間で交わされた手紙ですが、息子が留学してから両親が亡くなるまでの一二年間に、母親が書いたものも含めて二〇〇通以上の手紙が交わされています。それらがそのまま、イギリスにいる息子の手元に保管されていたのです。傅雷夫婦の名誉は、文化大革命が終わってから回復されました。二〇年ぶりに中国に帰った傅聡は弟と久しぶりに再会し、自分のところにあった両親の手紙を弟に託しました。そしてこの弟が手紙を整理して編集し、一九八一年に『傅雷家書』という書簡集が出版されました。

家書というのは「家族に宛てた手紙」という意味なのですが、この『傅雷家書』が発表されたことによって、傅雷がどういう人物であったのか、息子にどういう教育をしたのかということが、初めて明らかになったのです。

出版された『傅雷家書』ですが、白い方が最初に出た版で、大変シンプルです。この顔は傅雷の肖像画ということです。左側が最新版です。カラーになって大変立派な装丁になっています。中国ではすでに一〇〇万部を突破し、現在では百数十万部くらいになるでしょうか、それほどの大ベストセラーになりました。

『傅雷家書』

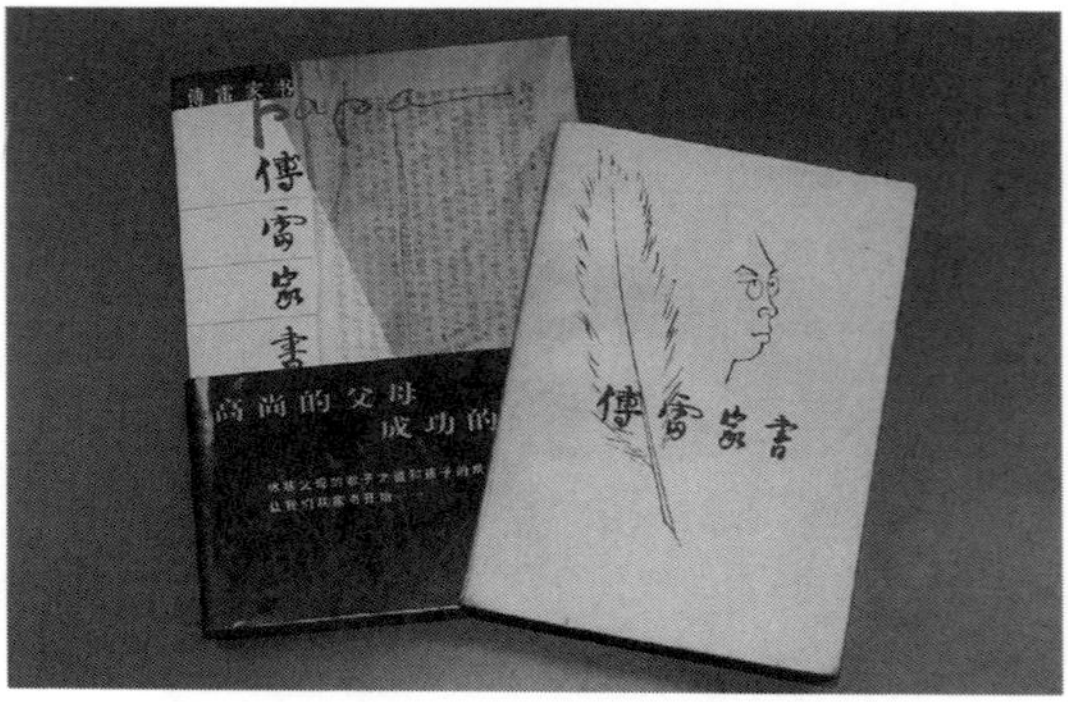

その内容は、例えば「外国ではこういうことを注意しなさい」とか、「テーブルマナーに気を付けなさい」とか、「ズボンのポケットに手を突っ込むんじゃないよ」など、ごくごく細かい生活上の注意に始まり、古今東西の文学や音楽や美術など、芸術論まで縦横に語っています。本当に幅広い内容の手紙が含まれています。その語り方の姿勢が、単なる息子に対してというのではありません。息子を芸術家として認め、尊敬し、ともに芸術を語り合う相手として、切々と手紙を書き続けたわけです。

傅雷の手紙はほとんどが毛筆で書かれており、中国語の手紙は縦書きです。また、お嫁さんが読めるように、たまには英語やフランス語

手紙の筆跡

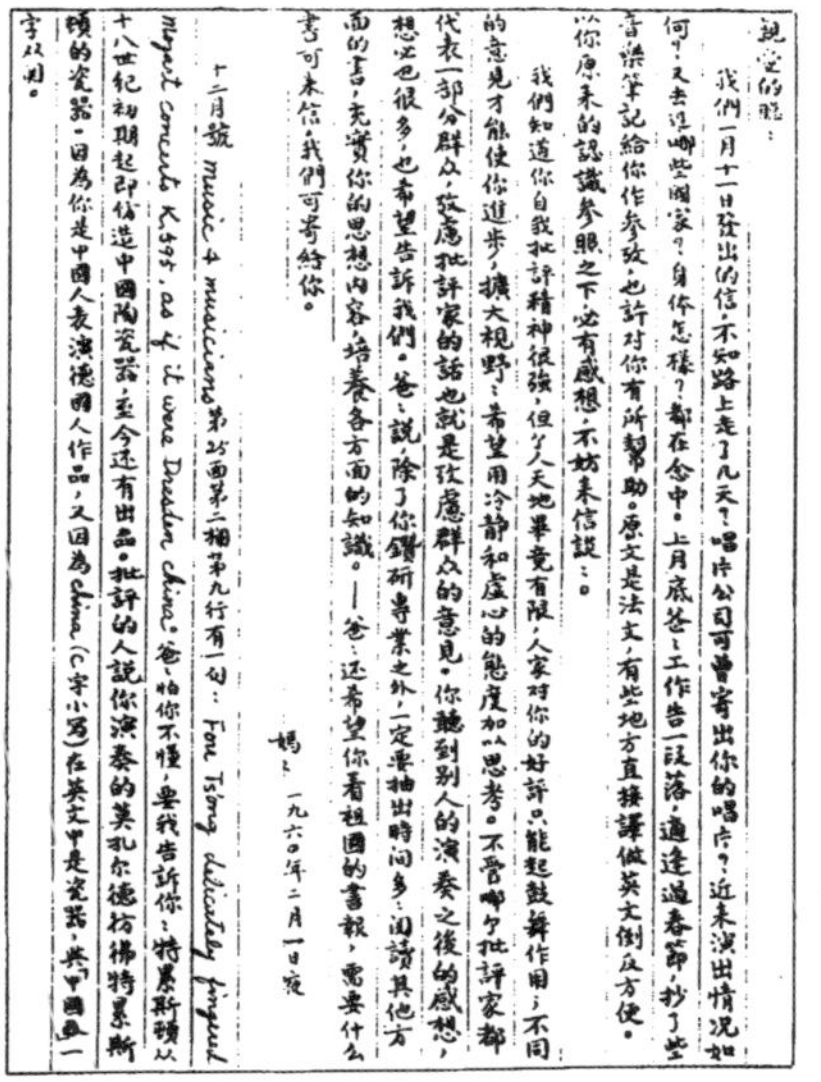

親愛的聰：

我們一月十一日發出的信，不知路上走了几天？唱片公司可曾寄出你的唱片？近來演出情況如何？又去過哪些國家？身体怎樣？都在念中。上月底爸爸工作告一段落，適逢過春節，抄了些音樂筆記給你作參考，也許对你有所幫助。原文是法文，有些地方直接譯做英文倒反方便，以你原來的認識參照之下，必有感想，不妨來信談談。

我們知道你自我批評精神很強，但个人天地畢竟有限，人家对你的好評只能起鼓舞作用；不同的意見才能使你進步，擴大視野；希望用冷靜和虛心的態度加以思考。不管哪个批評家都代表一部分群众，考慮批評家的話也就是考慮群众的意見。你聽到別人的演奏之後的感想，想必也很多，也希望告訴我們。爸爸說，除了你鑽研專業之外，一定要抽出時間多多閱讀其他方面的書，充實你的思想内容，培養各方面的知識。——爸爸還希望你看祖國的書報，需要什么書可來信，我們可寄給你。

媽媽 一九六〇年二月一日夜

十二月號 music & musicians 第25面第二欄第九行有一句：Fou Ts'ong delicately fingered Mozart concerto K.595, as if it were Dresden china。爸爸怕你不懂，要我告訴你：特累斯頓從十八世紀初期起即仿造中國陶瓷器，至今还有出品。批評的人說你演奏的莫扎尔德彷彿特累斯頓的瓷器，因為你是中國人表演德國人作品，又因為china（C字小寫）在英文中是瓷器，與「中國」一字双關。

家书墨迹

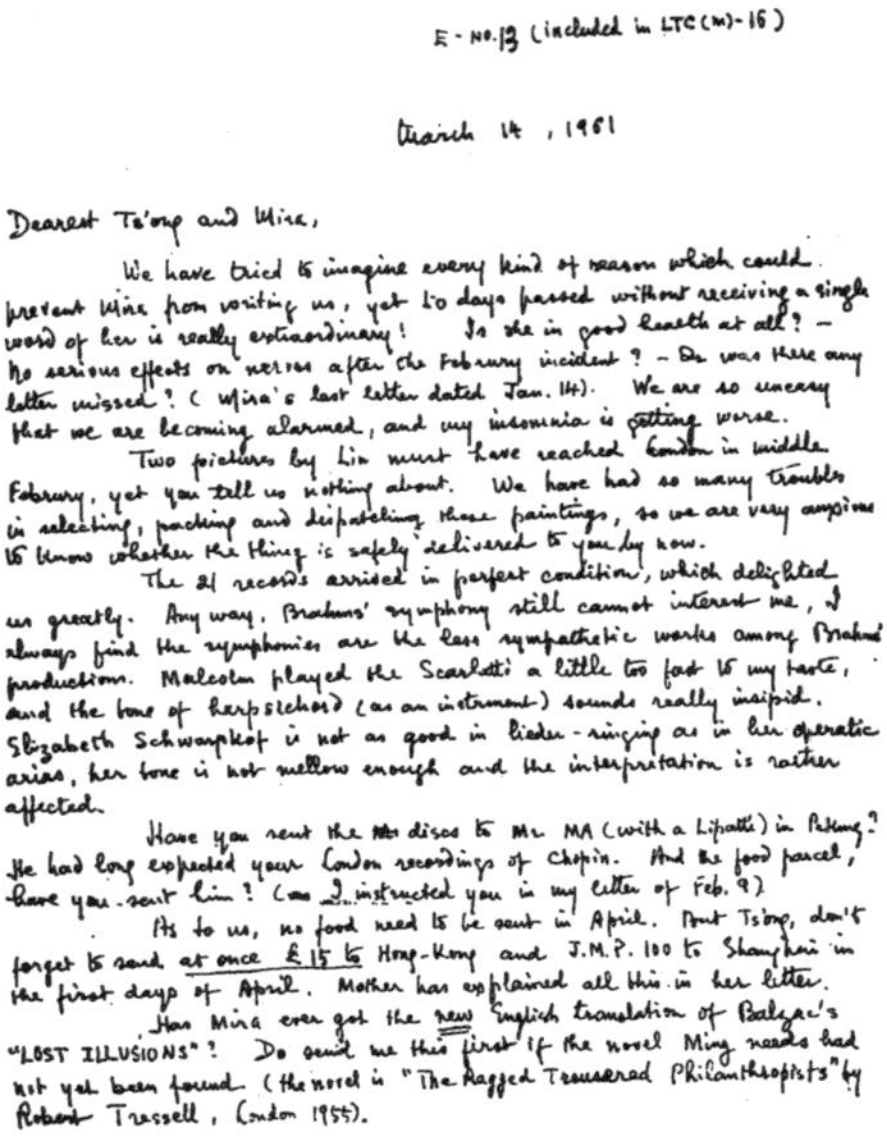

E-No.13 (included in LTC(M)-16)

March 14, 1961

Dearest Ts'ong and Mira,

We have tried to imagine every kind of reason which could prevent Mira from visiting us, yet 60 days passed without receiving a single word of her is really extraordinary! Is she in good health at all? — No serious effects on nerves after the February incident? — Or was there any letter missed? (Mira's last letter dated Jan. 14). We are so uneasy that we are becoming alarmed, and my insomnia is getting worse.

Two pictures by Lin must have reached London in middle February, yet you tell us nothing about. We have had so many troubles in selecting, packing and dispatching these paintings, so we are very anxious to know whether the thing is safely delivered to you by now.

The 21 records arrived in perfect condition, which delighted us greatly. Any way, Brahms' symphony still cannot interest me, I always find the symphonies are the less sympathetic works among Brahms' production. Malcolm played the Scarlatti a little too fast to my taste, and the tone of harpsichord (as an instrument) sounds really insipid. Elizabeth Schwarzkopf is not as good in lieder-singing as in her operatic arias, her tone is not mellow enough and the interpretation is rather affected.

Have you sent the discs to Mr MA (with a Lipatti) in Peking? He had long expected your London recordings of Chopin. And the food parcel, have you sent him? (as I instructed you in my letter of Feb. 9)

As to us, no food need to be sent in April. But Ts'ong, don't forget to send at once £15 to Hong-Kong and J.M.P. 100 to Shanghai in the first days of April. Mother has explained all this in her letter.

Has Mira ever got the new English translation of Balzac's "LOST ILLUSIONS"? Do send me this first if the novel Ming needs had not yet been found. (the novel is "The Ragged Trousered Philanthropists" by Robert Tressell, London 1955).

家书墨迹

で書いていました。右側は英語で書いた手紙ですが、これも筆で書いていたということです。細かい文字で一生懸命書き綴ったこれらの手紙が最初に中国で出版された時は、本当に大きな衝撃を与えました。

文化大革命の時期というのは、中国の教育も大変荒廃していて、大学入試もストップしてしまいました。若者は農村にやられ、そこで労働を強いられました。これを「下放」といいます。家族はばらばらになって、親と子が面と向かって話し合うような時間もなければ、精神的なゆとりも全然なかった。また、西洋の芸術は禁止されていたので、もっぱら毛沢東や共産党をたたえる歌や踊りばかりをやっていました。そういう状況に一〇年間も置かれていた中国の人々が、『傅雷家書』を初めて見た時は、その内容の豊かさ、西洋の香り、強い家族の絆に、「こんな世界があったのか」と、本当に驚いたのです。

5　日本語版の出版

私が最初にこの『傅雷家書』を手に取ったのは、まだ大学院の院生だった頃です。最初は、中国人ピアニストでショパンコンクールに入賞した人がいるのを知って、興味を抱いて読み始めたのですが、読んでみて「中国らしくないな」と、とてもびっくりしたのです。そして「いつかは自分が翻訳したい」と思い、構想一〇年以上でしたが、結局自分で翻訳しました。この『傅雷家書』は手紙の数が多いので、到底全部はやり切れませんでした。そこで、半分か六割くらいの分量だと思いますが、私が「これがいいな」と思う手紙を選んで訳し、『君よ弦外の音を聴け』というタイトルで二〇〇四年に出版しました。

傅聡は今年七一歳になりますが、現在も現役のピアニストとしてロンドンを拠点に活躍しています。中国が改革開放の時代になってからは、北京の中央音楽学院や上海音楽学院でも客員教授として教えています。

東洋人としてはショパンコンクールで初めての入賞ですが、この時（一九五五年）のコンクールは一位がポーランドのハラシェヴィッチ、二位はかの有名なアシュケナージですから、大変レベルの高い争いでした。しかも、このショパンコンクールはショパンの作品ばかりで競われるので、どちらかといえばスラブ系の民族の人が有利であると、当時は言われていたのです。それから五〇年が経ちましたが、先頃発表された第一五回ショパンコンクール（二〇〇五年）の結果を見ると、一位はやはりポーランドの人だったものの、二位は該当者なしで、三位以下の人々はすべて韓国や日本や香港出身の人ということで、最近の西洋クラシック音楽界でのアジア勢の活躍は本当に目覚しいものがあります。前回（二〇〇〇年）のショパンコンクールではユンディ・リ（李雲迪）という中国の青年が優勝しています。中国人が伝統あるコンクールで優勝したのは初めてだったので、その時は特に大きな話題になりました。

このように歴史を振り返ってみると、早くも五〇年前に傅聡が三位に堂々たる入賞をしていることは、彼がこの世界の先駆者であることを大変よく表していると思います。

傅聡は今もときどき日本にやってきますが、彼は同じショパンコンクールの優勝者であるマルタ・アルゲリッチという女性の大変素晴らしいピアニストととても仲がいいんです。このアルゲリッチは、九州で毎年「別府アルゲリッチ音楽祭」というのを開いているのですが、その時に傅聡がしばしばゲストとしてやってきて、全国から集まった若者にピアノを教えるマスタークラスとか、あるいは自分のリサイタルなどを行って、音楽祭に花を添えています。

私が『傅雷家書』の日本語版を出した直後の二〇〇四年五月にちょうど別府アルゲリッチ音楽祭があって、傅聡が来られたので、そこで一冊贈呈しました。もう十何年前にお目にかかった時に、私が「翻訳してみたい」とか口走ったのですが、その約束が果たせたということで、大変嬉しく思いました。

その時に、「特に日本の読者へ向けて、何か一言お願いします」と言ったら、素敵なメッセージをいただきました。そのメッセージは出版社のホームページ（参考文献参照）で紹介しています。

6　手紙にあふれる思い

さて、この手紙に目を通していくと、とても特徴的なことがいくつか見えてきます。

傅雷というお父さんは、自分が小さい頃に父親を亡くしているので、父親として子供にどう振る舞ったらいいのかということが、なかなかわからなかったようです。そして、自分の息子たちが小さかった時には、つい声を荒げたり、もしくは手が出たりということもあったそうで、とても怖いお父さんだったのです。そのことを、息子たちが成人してからすごく反省しています。例えば、長男の傅聡と別れて暮らさなければならないことになって、別れの日の直後に書いた最初の手紙の中にも、自分が息子につらく当たってしまったという反省や、それを自分の罪として思い悩む気持ちを、大変正直にさらけ出しています。

この人の手紙は本当に率直に書かれていて、読んでいると、言葉は悪いのですが、ちょっと女々しいというか、とても女性的と思われる部分を感じさせられるところがあります。「自分がどんなにお前を愛しているか」という息子への愛を語り、「こんなに一生懸命自分が手紙を書いているんだから、ぜひ返事がほしい」ということを、繰り返し書いています。ところが子供の方は忙しいし、ピアノの練習もしなければならないので、なかなか返事を書きません。そうすると、「どうして返事をくれないのか」、「もしかして自分は嫌われているんじゃないだろうか」ということを、また繰り返し繰り返し書くわけです。

そしてまた、傅雷の手紙は、ピアニストである息子に宛てて書かれたものですから、特に音楽について、あるいは芸術一般についての様々な話題が綴られています。その中で一つ特徴的なことは、傅雷という人自身は、小さい頃から中国の伝統的な学問も身に付けており、漢文もたくさん読んで、四書五経の学問も身に付けた人でした。その上でフランスに留学しましたから、本当に東洋と西洋の古典文化、学術思想に通じた人だったのです。そういう傅雷が芸術を語る時に、中国的なものと西洋的なものの融合を目指していることがうかがえます。例えば手紙の中に、「中国哲学の理想や仏教の理想は、感情を支配できるようにすることであって、感情に支配されることではありません」と書いています。そして、「演奏する時も、ただ自分の感情をむき出しにするのではなく、必ず感情を抑制し、理性でもってコントロールしなければならない」ということを、繰り返し説いています。傅雷のこうした芸術論の特徴として、人間の理性や道徳を大変に重視しているという点が、面白いところです。「芸術家というものは、まず人間として、人間性を極めていかなければ優れた芸術は生ま

晩年の傅雷夫婦

れない。まず人であれ、それから音楽家であれ」——そういう言い方をしているんです。

一二年間にわたる文通で『傅雷家書』に収録された手紙のうち、お父さんが書いた最後の手紙というのは、亡くなるほんの数週間前に書かれたもので、本当に悲しい手紙です。自分はきっと、もう孫の顔を見ることもできないだろう、そういうことを書いているのです。世の中の情勢がどんどん変わっていって、もうすぐ文化大革命が始まろうとしている。そういう時代の流れの中にあって、老いた自分はもう付いて行けない。そういうジレンマを感じているわけです。

おそらく晩年は、もうどことなく自分の死を予感しているような、そういう雰囲気すらあります。例えば、「私は中国人の民族性である『老荘』精神も持ち合わせています。つまり執着する時はとても執着しますが、こだわりを捨てる時は生死すら構いません」と言っています。あたかも自ら命を絶つことを予感させるような文面です。結局、自分の信念を貫いて自ら命を絶つわけですが、そういった傅雷の姿は、言ってみれば文化大革命の時代の知識人の悲劇の象徴として、むしろ文化大革命後、本人が亡くなった後に、いよいよ彼の名声を高めることになりました。傅雷とは中国においてそのような存在だと思います。

7 「教育パパ」のモデル

『傅雷家書』は現在も、中国では学生や知識人など、教養のある人々なら知らない人はいないくらいの名著として知られています。しかし、傅雷もしくは『傅雷家書』の受け止められ方というのは、初版が出た当時と現代とを比べると、やはりかなり異なる部分があると思われます。

現代の中国の人々にとって、傅雷という父親はどのように受け止められているのでしょうか。現代の状況を考えてみると、今の中国は経済も発展しましたし、一人っ子政策を取っているために教育熱が大変に高い。また、対外開放によって西洋の文学や芸術、クラシック音楽なども広まるようになり、誰にでも手が届くようになってきました。文革終了直後に『傅雷家書』を読んだ人は、教養あるお父さんが、ハイカラな西洋のことをいろいろと語っている。あこがれの世界だけれども、自分には手が届かない。ちょっと自分とは別世界の出来事のようだ、と思った人が多かったようです。しかし現在ではむしろ、もしかしたら自分もそういうふうになれるかもしれないという、教育パパの一つのモデルのような、そういう受け止められ方がされている節があります。というのは、『傅雷家書』の最新版（二〇〇三年に出た新装版）は今までの版とはちょっと違って、出版社が変わり、遼寧教育出版社というところから出版されています。しかも、本の帯には「高尚な父母にして成功した子供あり」というような文句が書かれていました。ですから、現在では豊かになって、人々がいろいろな芸術を手に入れることができるようになった結果、傅雷という存在がより身近に感じられるようになって、「自分もこんなふうに子供を教育すれば、大切な一人っ子が傅聡みたいになるかもしれない」という期待をもって親たちに読まれている、そういう面があります。

8　日本人に訴えるもの

それでは、これを私たち現代の日本人が読んだ時にどういうことを思うか。時代背景や政治的状況は、当時の中国と今の日本ではまったく違います。けれども、この傅雷の手紙を読んだ時に、家族の間に交わされる感情は本当に共感できるものがあるし、親から子への、あるいは夫から妻への、子供から両親への気持ちというのはとても普遍的で、誰にも思い当たるものがある。そういうことが一つ確認できると思うんです。

しかも、この一家の場合は、大変極限的な状況といいますか、直接会うこともできないし、今と違って電話もなければインターネットもない時代ですから、唯一手紙を介して通じ合うしかない。そこで、その感情が純化され、純粋になって文字に凝縮され、結晶としてそこに残っている。その跡を私たちが読んでいるんだな、と思わされるのです。ですから、思い付いたらすぐ携帯電話でピッピッピッという今のような時代では、これだけの感情が文字として残ることはもうないのではないかという気にもさせられます。

私がこれを日本語に翻訳しようとした際、できれば参考にしたいと思い、例えば日本の文学者が自分の息子に宛てて書いた手紙はどれくらいあるのかと、いろいろな全集などを調べてみたのですが、ほとんどありませんでした。父から成人した息子への手紙というのは、ほとんどなかったのです。そういうところから見ると、特に日本人というのは、父親が面と向かって子供への気持ち、愛情を語るのは、ちょっと恥ずかしい。思いはあってもそれを伝えることがなかなか難しい——それが日本人なのかなというふうにも思わされます。

傅雷という人は、本当に人一倍濃い愛情を持っていて、文学者としてそれを語る言葉をも持っていた人です。そうしたいろいろな条件が重なって奇跡のように残ったのがこれらの手紙なのではないかと、私は思います。

今日は「恋愛、家族、そして未来」というテーマで、何をお話ししようかと思った時に、あえて抽象的な話ではなくて、このような個別の家族の物語を取り上げてご紹介してみました。ちょっとその理由といいますか、私なりの気持ちなのですが、今、日本と中国にはいろいろな難しい問題があって、どうやって付き合っていくかということを、痛切に感じさせられます。私も授業の時についつい「中国はこうである」とか、「中国人とはこういうものだ」とか、紋切り型・ステレオタイプな言い方をしてしまう自分に気が付きます。しかし、考えてみると中国も一三億の人口があり、その一三億の中国人の一人ひとりに家族があり生活があって、私たちと同じ喜怒哀楽の感情がある。そういうことをいつも忘れないでいたいと、自分自身思っています。言ってみれば、私にとって『傅雷家書』という本は、中国人も自分と同じ人間であるということを初めて教えてくれた本です。

さて皆様は今日の話をお聞きになって、一体どのようなことを感じられたでしょうか。

（二〇〇五年一〇月二九日）

〔参考文献〕

『君よ弦外の音を聴け――ピアニストの息子に宛てた父の手紙』（傅敏編『傅雷家書』より）榎本泰子訳、樹花舎、二〇〇四年。
「傅聡氏より日本の読者へのメッセージ」（樹花舎ホームページに掲載）http：//homepage 3.nifty.com/kinohana/fucogn.html

翻訳作品に込めた人生

傅雷が翻訳したフランス文学の数々は、美しく品格のある文体で知られています。近現代の中国では、翻訳家の業績は作家に比べて注目されにくかったのですが、傅雷の場合は1980年代に『傅雷訳文集』(作家の「全集」に当たる)が刊行されるなど、高く評価されていることがわかります。フランス語や中国語のネイティヴでない私たち日本人には、傅雷の文体の魅力を理解するのは難しいことですが、「傅雷が翻訳した文学作品がいかに愛されているか」を知る格好の材料があります。

ダイ・シージエ(戴思傑)著、新島進訳『バルザックと小さな中国のお針子』(早川書房、2002年)は、中国人作家が文化大革命当時の体験をもとにフランス語で書いた小説です。四川省の山奥に下放された知識青年が、当時禁書となっていた外国小説の翻訳をこっそり読み、文字を知らない村娘に語り聞かせる、というお話ですが、主人公が読みふけるバルザックの小説は、傅雷が翻訳したものなのです！　読むだけでは飽き足らず、気に入った文章を一字一句もらさず写し取る青年、そして初めて聞く西洋の街並みやファッションにあこがれて、ついには村を飛び出してしまう少女……。傅雷の文章は、当時の若者たちの人生を変えるほど、大きな力を持っていたのでした。

著者のダイ・シージエは、作品を通じて、文化大革命で迫害された数多くの知識人に、限りない愛惜の念を表しているように思われます。この小説は映画化もされ、みずみずしい映像と、ほろ苦くもユーモアあふれるストーリーで話題になりました(邦題は『小さな中国のお針子』)。原作の小説も、映画もそれぞれにすばらしく、胸を打たれますので、ぜひご覧になってください。

傅雷は息子に会えない寂しさや人生の苦しみと闘いながら、身を削るようにして、日々翻訳の仕事に打ち込みました。「生きている限りは仕事を続け、お迎えが来た時に初めて休めばよい」という言葉は、学問に一生を捧げた知識人の鑑とも言えるでしょう。だからこそ傅雷は、今なお中国で尊敬され、愛される存在なのです。

イスラーム社会の恋愛と家族

松田俊道　東洋史学専攻 教授

MATSUDA Toshimichi

1　はじめに

このところ、イラクで毎日のように自爆テロあるいは自爆攻撃で人が亡くなっています。そういうテロとか戦争が連日報道されると、日本人の多くは、中東あるいはイスラーム社会というと、何か怖い世界のように思えてしまうかと思います。そして我々日本人は普通、〈すごい事件が起きているんだな〉とは思うけれども、イスラーム世界というと何となく遠い世界、遠いところでテロが起こっているように考えてしまう。これだけ世界が狭くなっているのにもかかわらず、イスラーム世界というと、よくわからない遠い世界のように思えてしまうような気がします。そういう遠い、よくわからない世界をどうやって理解したらいいか。政治や経済というようなものを通じて学問的に分析して理解していく。確かにそれも一つの方法です。しかし、そういう遠い世界というのは、むしろ恋愛とか家族など身近な事柄を通して、人々が日常的にどんな生活をしているのか、普通に暮らす人たちの姿を理解していった方が、理解しやすいのではないかと思います。

イスラーム社会の恋愛と家族の話をするに当たって、私はどうも、家族、恋愛、そして未来という順番でお話ししたいと思っています。イスラーム世界で暮らしてみると、家族があって、そこから子供が生まれ、恋愛をして新しい家族ができる。そういう家族の絆の強さが、私には非常に強く感じられるからです。

まず、そもそも「イスラーム社会」という言葉ですが、イスラームという宗教がすべてを覆い尽くしているそういう場所、そういう世界が存在するのか。実は存在しません。我々は何となくイスラーム世界と漠然と理解できますが、そこは決してイスラームがすべてを覆い尽くしている世界ではありません。これは現在に至るまでもそうなのです。キリスト教徒も住んでいるし、イスラームを信じていない人もたくさん暮らしている、そういう世界です。イスラーム世界、あるいはイスラーム社会というのは、厳密に定義すると「存在しない」ということになってしまいますが、そうは言ってもイスラームがその社会の中心的な位置を占めているので、言葉としては使ってもいいのではないかと思います。

それからもう一つ、実は画一的なイスラーム社会というのはありません。イスラームは地域によって受容の仕方が少しずつ違います。例えばエジプトに行けばエジプトのイスラーム社会がありますし、シリアに行けばシリアのイスラーム社会がある。中央アジアに行けば中央アジアのイスラーム社会がある。それは決して同じではありません。イスラームが入っていく前の土着の文化が残っていて、その土着の文化も一緒に残ってイスラームを受け入れている。そういう点で実はイスラーム社会といっても、画一的ではないわけです。そういうわけで今日は、私が知っているエジプトのイスラーム社会の中での恋愛と家族の話をします。

2 背景

さて、エジプトのイスラーム社会の家族から考えていきますが、この場合、四つの背景というものにまず注目してみたいと思います。

(1) 風土

その背景の一つ目は、風土だと思います。風土は、エジプト人の家族のあり方に非常に強い影響を与えているように思われます。非常に長い間にわたって、エジプト人とエジプトの大地の結び付き、かかわり合いがありました。エジプトは国土の一〇％しか農耕が可能ではない。それ以外はほとんど緑のない砂漠の土地です。

そして国土のおよそ一割のところに人口の九六％が集中している、そういう社会です。地図を思い浮かべてください。ナイル川が流れて地中海に注いでいますが、ナイル川周辺とデルタ地帯、言わば、ハスの形をしたところが緑地帯で農業が可能です。ここに多くの人々が暮らしています。日本と比較してみると、日本も山岳地帯、山の多いところで人間が住めるところが限られるように、似ている点があるかと思います。

このように、エジプト人は限られた狭い土地の中で長い間暮らしてきました。「エジプトはナイルの賜物である」という有名な言葉がありますが、それに象徴されるように、エジプトは昔も現在も典型的な水利社会です。そういう社会ですから、多くのエジプト人は農村に郷愁を覚え、農村を自分の故郷だと思っています。農村出身の人が都市に集まって暮らしています。これは日本も同様で、東京というと都会のように思えますが、実は田舎の人たちが集まってきて暮らしているところですから、そういう点では似ているかもしれません。シャルカーウィという人が書いた『大地』という小説を読むと、大地というか、農村に郷愁を覚えるエジプト人を見ることができます。そういう意味で、エジプト人の「農業に基礎を置く社会」というものが、長いエジプト史の中でずっと存在していたような気がします。

ですから、家族のあり方も、実は農業生活と結構結び付いているようです。例えば財産や用益権を次の世代に伝える相続法とか、家族単位の労働、それから男女別の労働等がある。そういうことから、やはりかつてそれが農業生活と密接に結び付いていたということがよくわかります。それ以外にも、農業と結び付いた家族のあり方が見て取れます。もちろん風土論を強調するつもりはありませんが、風土と家族のあり方が、何か結び付いているような気がします。

（2）異民族による長い支配の歴史

それから二つ目の背景としては、実はエジプトには「異民族による長い支配の歴史」がありました。それは王朝時代が終わりプトレマイオス時代と共に始まります。古代のエジプト王朝時代は第一王朝から第三〇王朝まであり、そのあとアレクサンダー大王がエジプトを征服する。そしてそのあとプトレマイオスがエジプトを統治するのが、紀元前の三〇四年です。エジプトはそれから、ローマ帝国、アラブ、トルコ人、ムハンマド・アリー、イギリスと、二〇〇〇年以上にわたって外国人、異民族に支配され続け、一九五二年にナセルがエジプト革命を起こしてエジプトを統治する。エジプト人の支配がようやくここで回復する。そういう歴史をもっています。

なぜ外国人、異民族がエジプトに繰り返しやって来てエジプトを支配したか。これはエジプトがアジア、アフリカにまたがる地域であり、大変豊かな穀倉地帯であったからです。ナイルの恵みがもたらす非常に豊かな農業、そこから上がる農産物がすごいものだったので、この豊かなエジプトに異民族がやってきた。そして支配をする。いろいろな社会制度を持ち込む。いろいろな文化が入ってくるわけです。

ところがエジプト人は、そういう外国からやってきた文化にかたくなに抵抗していきます。何かを受け入れる場合も、それをいったん自分たちの概念の中につくり直し、合わないものは排除して、それを受け入れていくというようなことをします。そういう意味で、彼らは長い異民族による支配の間に、非常に強い頑固さというか、粘り強さ、そういう性格を身に付けていきます。ですから人のものを簡単にすぐ受け入れてしまうということはあまりしない。そしてじっと大地にへばりついて、恐らくその中から粘り強さというものを身に付けていったのではないかと思います。そしてまたエジプト人の家族の団結、家族の団結力の強さにも、恐らく影響を与えているのではないかと思います。

（3）宗教

三つ目は、宗教です。エジプトというと今はイスラームを受け入れているアラブの国ですが、イスラームが入ったのは七世紀です。それ以前は、実はキリスト教の国でした。そこにアラブの軍隊が入ってきて戦争をして、エジプトはアラブに支配される。以後イスラームが徐々に浸透していって、現在はイスラーム教徒が人口の八十数％、そしてキリスト教をかたくなに守り続けた人たちがまだ、人口の一割以上はいます。

イスラームが入ってきましたが、征服されてもすぐイスラームの国になったわけではない。人口の過半数がイスラーム化するのは、何百年も経ってからです。その間土着の習慣、慣習がずっとエジプト人の中に残って現在に至っています。しかしイスラームは非常に力強い宗教なので、それらが提供するいろいろな枠組みが社会の中に入ってきます。家族のあり方もイスラームによって枠組みがつくられ、その影響を受けています。ですから宗教も考えなければならない。

（4）法

それから四つ目、これは宗教とも関係していますが、法です。具体的にはイスラーム法ですが、これもやはりエジプト人の家族のあり方に影響を与えています。イスラーム法とは、簡単に言ってしまえばイスラーム教徒が守らなければならない規則です。しかし法といっても、我々がイメージする近代ヨーロッパで発展した実定法とは少し趣を異にします。つまり実定法は人間がつくった法律ですが、イスラーム法は究極的に言えば人間がつくった法ではなく、神（アッラー）がイスラーム教徒に命じた法ということになります。イスラーム法には、イスラーム教徒はどのように生きたらいいのか、人間の生き方つまり日常生活、社会生活のあり方、人間関係のあり方、そういうものが規定されている。つまり、人間の生き方を示したものと言えるのではないかと思います。もう少し具体的に言うと、例えば人と家族の関係、あるいは人と両親の関係、あるいは人とその妻の関係、あるいは人とその息子とか娘の関係、あるいはその人とまったく違う他人の関係とか、そういう人間関係のあり方を非常に細かく規定しています。したがって、イスラーム教徒の家族であれば、このイスラーム法の影響、考え方を皆が受けていることになります。

以上挙げた四つの背景をきちんと考えておかなければ、エジプト人の家族を正しく理解することはできないと思います。

3 家族

(1) 家族のアラビア語の用語

エジプトのイスラーム社会では、「家族」は恐らく一番強い社会集団です。家族よりもう少し大きな社会集団はいろいろありますが、実はそういう集団も結構家族の構成の原理を元にしているようです。

家族を構成するメンバーの言葉を取っても、それがいかに社会に影響を与えているかがわかります。例えばアヒー、ウフティー、イブニー、ビンティーなどの言葉を挙げると、「これは私のアヒー（兄弟）」などと言います。ウフティーは「私の姉妹」、イブニーは「私の息子」、ビンティーは「私の娘」という意味です。例えば道で誰かに会ったとします。あるいはどこかの会場など、人が集まっているところで人に会った時に、年齢がだいたい近い人の時は「誰々さん」と名前を呼ぶ場合もありますが、「わが兄弟よ」、「わが姉妹よ」とか、年が違えば「わが息子よ」というように、本当の血のつながりはないけれども親しみを込めて呼び掛けることは、結構普通に行われています。こういう言葉を見ると、人間関係の距離が非常に近いことがよくわかります。

家族の構成原理を超えた社会集団の例にはどのようなものがあるのか。例えば、何十人かの従業員を雇って会社を経営するという時、経営者は自分の会社で働く人間をどうやって集めるかというと、自分と同じ地域（村）の出身者とか、自分とつながりのある人間を雇います。自分に近い人を雇って会社を経営するから、安全なわけです。さらに新たに人を雇う時には絶対、従業員の推薦で雇う。そのようにして、非常に家族的な経営を行う。経営者は従業員の様々なことに関して家長のように気を配り、困っていれば助けます。そういう非常に強い絆で結ばれた会社という社会集団も、エジプト社会ではよく見受けます。このように、家族の構成原理が非常に強いことが、エジプト社会で暮らしているとよくわかります。

アラビア語では、家族は「アーイラ」と言います。「血を分けた人間の集団」という意味です。血縁関係がある人たち、それも父系の親族集団をアーイラと言います。アーイラは我々が知っている核家族のような小さい場合にも使われますが、それを超えたもう少し大きな家族もアーイラです。もう一つ、概念としてはアーイラの中に含まれる、もう少し小さないわば核家族、夫婦と子供というような小さい家族を「ウスラ」と言います。アーイラは、核家族よりもう少し拡大した父系の親戚もこの中に含まれる場合があります。例えば「私の親戚の中にはこういう偉いお医者さんがいる」という時の「親戚」にはアーイラを使います。親戚を表す言葉は別にありますが、アーイラという言葉は「一族」とか「家族」という意味で使うのです。

イスラーム社会の家族は、我々日本のそれとは違います。先ほどアーイラを父方の父系集団と言いました。実はその名前の付け方とも非常に強く関係しています。

(2) アラブ人の名前の付け方

我々日本人は、普通は家族名というものを持っています。私には松田というファミリーネーム（家族名）があり、松田という家族名で自分の先祖をたどることができるわけです。ところがアラブ人は、ファミリーネームをもっていません。そういうものがありません。それではどのようにして先祖をたどるかというと、父親の名前をたどって過去をさかのぼっていきます。だから、父親が誰であるかということが、人間にとっては重要です。それはもう名前に付いてしまうからです。

ちなみに、現在のエジプトの大統領の名前はムハンマド・ホスニー・ムバーラクといいます。「ムハンマド」がファーストネーム（大統領自身の本当の名前）、「ホスニー」はお父さんの名前、「ムバーラク」はおじいさんの名前です。名前は正式にはムハンマド（・イブン）・ホスニー（・イブン）・ムバーラク（・イブン）・ムハンマドといいます。名前の間にイブン、イブン、イブンと入れて、ずっと続いていきます。この「イブン」は、アラビア語で「息子」という意味です。したがって、ホスニーさんの息子のムハンマドさんということで、もっとたどるとムハンマドさんの息子のムバーラクさんの息子のホスニーさんの息子のムハンマドさんという意味なんです。つまり、「ムハンマド」だけだとそこら中にムハンマドがいるので誰だかわからないけれども、後ろにホスニーとあれば大丈夫。しかし、この二つだけだとまだ重なる場合があります。有名な名前が二つある人はいっぱいいるかもしれませんが、三代続けばだいたい重なることはないだろうと思います。ですから身分証明書とか学生証の名前（フルネーム）には、自分の名前、お父さんの名前、おじいさんの名前、だいたい三代の名前が書かれています。

そのように父親が誰かで過去をたどっていきますが、これをずっとたどっていくと、どうなると思いますか？　最後は人間の祖先のアダムにたどり着きます。これは男性の場合です。女性はどうか。女性も同じです。アラブ人の男性の名前で一番多いのはムハンマドだと思います。女性の名前ではたぶんファーティマではないかと思います。ファーティマは預言者ムハンマドのお嬢さんの名前なので、イスラーム社会では大変人気のある名前です。女性の場合も、後ろにアリーとかフセインなどと、お父さんの名前が来ます。もう少し詳しく言えば、フセインの息子のアリーの娘のファーティマといいます。男性の場合は「イブン」でしたが、娘という意味は「ビント」です。そこが違うだけなのですが、実際の身分証明書などはこれらを省略し、ファーティマ・アリー・フセインと、最初だけ女性の名前で、後ろは男姓の名前になります。ですから大学の卒業式などでフルネームで名前が呼ばれているのを聞いていると、女性なのに後ろが男の名前で少しびっくりします。

女性はファミリーネームがないので、結婚しても名前が変わりません。今日本で夫婦別姓が言われるようになってきましたが、アラブの社会ではもう何百年も前から夫婦別姓でした。ですから普通の人は自分の身分証明書を見れば、おじいさんの名前やおじいさんのお父さんの名前など、父系をたどって四代～五代ぐらい前まではわかります。しかし実際に家族として暮らす、家族として認識するのは、三代ぐらいでしょうか。だいたいこの三代ぐらいの意味でアーイラ（家族）を使います。

父系でもって家族の過去をたどるように、父系の家族という意識が非常に強い。したがって、家族の絆は非常に強いのですが、父親を中心とした家族のつながりはさらに強いです。父親の権威が強い、非常に家父長的な家族だというような気がします。

(3) エジプト人の家族

私がエジプトに留学していた学生の頃のことです。ある友達の家に行って勉強を教えてもらったりしてなごやかに過ごしていたのですが、父親が帰ってくるといきなり全員立ち上がって、お父さんに最敬礼するようなしぐさを見せました。その父親が軍人だったということもあるのでしょうが、私はどうしていいかわからなくて、一人だけおどおどして座っていたことを覚えています。そういう父親の姿、ひょっとしたら明治とか大正の頃我々日本人にもあった家族に近い姿のような気がします。テレビドラマとか映画に出てくる父親像にも、これに近いようなものがあります。

エジプトのテレビドラマとか映画を見ていると、悲劇の場合、日本のように病気で死んでいくカップルというのはありません（恐らくエジプト人にとってはそれがすごく軟弱に見えるのかもしれませんが）。恋愛しているカップルに起きる不幸とは病気ではなく、だいたいが父親の権威との衝突です。つまり、好きな人と結婚したいが、お父さんの仕事の都合でどうしてもこの人を自分の娘のお婿さんにとか、逆に自分の娘を自分のお父さんの知り合いの息子に嫁がせるなど。そうすれば、お父さんとしては非常にいいわけです。お父さんは自分の子供が経済的に幸せに暮らしていける環境をつくってやりたいと思うわけですから。しかし子供にしてみれば、お父さんとは全然違う世界で生きていて、好きな人がいるから困ってしまう。そこで悲劇が始まるわけです。そういう場合、日本人のカップルだったら恐らくお父さんの言うことを聞かず、自分の好きな人と結ばれる道を選ぶでしょうが、エジプトのドラマや映画では、だいたいお父さんの言うことを聞いて結婚を承諾して悲劇がやってくることが多い。父親の権威がもたらす悲劇みたいなものです。そういう意味で、家族の絆は非常に強い。そして父親の権威が非常に強い家族を見ることができます。

私が学生時代に暮らしていた家は、一つのビルの中に、軍人であったおじいさんの一家、そのおじいさんの子供たちがそれぞれ結婚して家庭を持ち、何世帯かで暮らしていました。空いている階もあったので、私はそこに間借りをしていましたが、大家さんであるおじいさんは「お父さんの権威」がやはり強く、退役して悠々自適の生活をしているのですが、それでもその一族の中心にお父さんがいるという一家でした。四階建てぐらいのビルの三階に私は住んでいましたが、通りがすぐ目の前にありました。ある時、通りに人がいっぱい出て大声がするので〈何だろう〉と思って上から覗くと、何十人かですごい喧嘩をしている。それが何と、私の大家さん一家と別の一家なんです。大家さんの家族全員ともう一つの家族、合わせて三〇人近くが、小さい子供まで出ていって家族同士の大喧嘩をしているんです。一族での喧嘩は初めて見る光景で、〈僕も一緒に参加しなければいけないのかな〉と思ったのですが、家族の一員ではないので、しばらく見ていました。壮絶な喧嘩で、〈ああ、こうやって一族でやるんだ〉と、びっくりした記憶があります。家族の絆、父親の権威がそれだけ強い集団であるという気がしました。

その代わり、家族の中で誰かが取り返しのつかないような不祥事（例えば家族の恥になるような、家族の名誉を汚すようなこと）をしでかした時は、家族から縁を切られることもあります。結び付きが非常に強い分、その逆もまた非常に強いと思います。例えば政治的な事件を起こして投獄された人は、「社会に申し訳が立たない」と、父親に勘当される。また、女性の場合は結婚しないで男性と関係を持ち、子供ができてしまった場合は問題になります。イスラーム法では結婚前にそういうことになってはいけないからです。地方に行くと、特に大きな問題になります。その家の恥ということで、ひどい時には父親が自分の娘を殺してしまい、その死体が例えば「ナイル川に浮かんだ」と、新聞記事になったりする。そのように、家族の結び付きは非常に強いが、逆に、非常にシビアな関係を持っている家族のあり方も見ることができます。

4　恋愛――男と女の関係

（1）イスラームにおける男女

順番が逆になりますが、次に「恋愛」について。先ほど、イスラームでは人と家族の関係、人と両親の関係、人と人との関係など、人間関係のあり方をいろいろ規定していると言いましたが、男と女の関係も、イスラームはきちんと規定しています。つまり、男と女の関係が許されない限り、その男女は社会から非常に厳しい目で見られるということになります。許される男女の関係というのは、結婚を通じてということになります。しかし結婚前に男女関係が何もないわけではなく、もちろん恋愛はあります。

愛情表現は非常に豊かで、恋愛映画や日常生活の中でも、日本人はちょっと恥ずかしくて言えないような表現が結構あります。そういう表現は、子供の頃から鍛えられているような気がします。ある時、よちよち歩きの小さな女の子がいる家庭に行くと、その子がお父さんに「ババ・ハビービー、ババ・ハビービー」と言いました。ババは「お父さん」、ハビービーは「私の恋人」という意味です。つまり「お父さんは私の恋人ですよ」。「ババ・ハビービー、ババ・ハビービー」の連発に、最初は〈何を言っているのかな〉と思いましたが、意味がわかると〈すごいことを言っているんだな〉と思いました。このように、愛情表現はすごく豊かで、人間と人間の間合いが日本人は結構離れていますが、エジプト人はもう少し狭いような気がします。付き合っていると、それを強く感じます。

例えば大学に通っている時もそうでした。先ほどイスラームは非常に厳しい規定をいろいろ持っていると言いましたが、女子学生は結構積極的であるような気がします。男女交際が許される場は、キャンパスの中などの本当に限られた空間しかありません。そこで、私の体験を踏まえて、イスラーム社会の恋愛を少し話してみます。

私が留学したのは二〇代の終わり頃であり、結婚していませんでした。大学のキャンパスには女子学生がたくさんいて、結構積極的でした。日本でももちろん大学の中で女子学生に話しかけられましたが、それほど積極的に話しかけられたことはありませんでした。エジプトでは女子学生が親近感を持って近づいてきてくれました。そして、ある女子学生と友達になり、私がその子に日本語を教える代わりに彼女からアラビア語を教えてもらい、五年近く仲良くしてもらいました。キャンパスの中にいる分にはもちろん自由であり、彼女の家の中でも自由なのですが、キャンパスの外を一歩出ると、これが駄目なんです。例えばキャンパスを出てどこかに行きたい時は、彼女の弟が一緒に付いてきて三人で行かないといけないという、非常に不自由な交際をしなければなりません。大学の近くでたまたま二人だけで歩いていたら、知らないおじさんに注意されてしまい、「今日はこれで」とそのまま別れた記憶があります。〈すごく厳しいんだな〉と思いました。

しかし、言葉はガールフレンドができたおかげで飛躍的に上達しました。彼女とはそれからもしばらく付き合っていましたが、日本に帰ってくる時に非常に困りました。結婚を考えたりもしましたが、そのためにはイスラーム教徒に改宗しなければなりません。イスラーム教徒の男性は、異教徒のキリスト教徒の女性とも結婚できるのですが、イスラーム教徒の女性はイスラーム教徒の男性としか結婚はできないのです。つまり、私がイスラーム教に改宗しない限りは、彼女と結婚できないのです。しかも、彼女のお母さんは「エジプトに住まないと駄目」ということでした。この二つの条件をクリアするのはさすがに大変難しく、〈これはやはり駄目かな〉と思っているうちに、帰国することになってしまいました。

その後彼女は一所懸命頑張って日本に留学するための試験に受かり、半年後に来日しました。彼女と結ばれることは結局はなかったのですが、森鴎外の『舞姫』を思い出します。『舞姫』の中に「我学問は荒みぬ」と書いてあるところがありますが、本当に〈ああ僕の学問も荒んだな〉と思った時期がありました。楽しかったことともに、イスラームの厳しい決まりなどを思い出します。

(2) オルフィ婚

自由恋愛が認められないのは、エジプトで暮らしている人たちも同じです。最近のエジプト人の若者の結婚事情みたいなものを紹介した、読売新聞の記事があります。(1) 自由恋愛が認められないということですが、自由恋愛というのは要するに男女関係を伴う、婚前交渉を伴うような恋愛のことであり、それをしてはいけませんという意味です。ところが、最近の若者の傾向として「オルフィ婚」という結婚があります。

イスラーム社会の結婚はハードルが高く、非常に難しいです。先ほどの記事を見ると、経済的に結婚が大変だということが書かれています。「イスラームの教えに基づき、新郎が新居を用意しなければならない」と書いてあるように、とにかく結婚するにはお金が必要なのです。タリクさんが結婚することになり、お父さんである大学の先生のサフワットさんが、自分の年収の六倍に当たる二〇万エジプトポンド（日本円で約三八〇万円）もするカイロ市内の新居を買ったとあります。お父さんの年収の六倍もするものを準備しなければいけない。お父さんの年収は日本円でおよそ六〇万ちょっとぐらいですが、エジプト人の大学の先生の給料水準というのは、だいたいこのぐらいなのでしょうか。とにかく、このようにお金を準備しないといけない。さらに、結婚の結納金みたいなのも四万ポンド（約七六万円）必要でした。この結婚する男性の年収が一万ポンド（約一九万円）ですから、年収の数倍のお金を準備しないと結婚できない。結婚することは、若者にとっては非常に大変です。お金がないともてない、経済力がないと駄目という、厳しい社会なのです。

そうなると、若者はどうするか。そこで「オルフィ婚」という言葉が出てきます。これは親の同意を得ないで結婚する、イスラームの普通の結婚の形式にのっとらないで結婚契約をするという結婚形態です。その実態は、別の朝日新聞の記事に、(2)「若者が伝統的な結婚への反発をしたとして、また男性は住宅や結納金を用意する必要があり、結婚できるのは三〇過ぎだ」というふうに書いてあります。「かつて女子学生にとって男子学生は結婚対象ではなかった。今はオルフィ婚という形で女子学生が好きになった男子学生と結婚するようになっている」、そして「オルフィ婚をしている女子学生は三〇万人で、全体の一七％」と書いてあります。ですから、これは非常に大きな社会問題になっているのではないかと思います。このような傾向は、どうも一九九〇年代の中頃から出てきているようです。最近の結婚事情の難しさから、若者が実質上、今までの伝統的な結婚形態とは違う形の結婚に走るようになってしまっているということになります。これはもちろん従来のイスラームの伝統的な結婚とは違うので、年配の人の中には、「むしろ不倫と言ってもいいのではないか」、「結婚ではなくて不倫である」ということを言っている人もいました。

5　結婚――家族の成立

(1) 契約としての結婚

では、イスラーム社会では結婚がどのような意味を持つのか。イスラームでは「結婚は宗教の半分である」という教えがあります。宗教の半分というのは何か。先ほど、「イスラーム法は人間の生き方を教えたものである」と言いました。ですから、宗教を人生と考えると、人生の半分である。つまり、人間は結婚してようやく一人前になった、次の世代を生み出せる、そういう人間になったということです。したがって、経済的に女性を養える人は、結婚しなければならないのです。それはなぜか。イスラームでは、結婚は単に夫婦関係を取り結んだということではなく、また一組の男女が仲良く暮らしていけるかどうかは問題ではなく、次の世代を生み出すということです。つまり、人間社会を構成するために、結婚というのは非常に重要な社会的な男女の結び付きだという意味なのです。結婚を通じて家族が新たに形成されていく。家族は人間社会をつくるための基本ですから、結婚は家族・人間社会をつくっていくものとして、非常に重要な意味を持っています。

イスラーム社会では、結婚は個人と個人の契約です。これはキリスト教で言う儀式・セレモニーではなく、あくまでも男女間の契約ということです。その契約を結ぶ際には、マハルという結婚資金を相手側に支払うという条件があります。マハルは、結婚した時に払う前納と、結婚契約が解消した時、つまり離婚に至ってしまった場合に払う後納の、二つに分かれます。結婚する時はいくら、離婚する時はいくらと、契約書に契約がなされ、それが実行されます。契約には、それ以外にどんなことが書かれるか。これは契約ですから、履行されるものであれば何を書いてもいいのです。例えば「夫は週三回食事を作らなければならない」とか「週二回部屋の掃除をしなければならない」とか「妻が実家に年間一〇回帰ってもいい」など、いろいろな条件を盛り込むことが可能で、そういう契約書を取り交わして結婚することができます。

結婚すると、子供を残すことが重要な意味を持ちます。イスラーム法では養子縁組は認められていないので、夫婦にとっては子供は非常に大事な意味を持ちます。

(2) エジプト人の結婚・家族観

エジプト人が結婚したり家族を持つということに関して、どんなイメージを持っているかと聞いたことがあります。不完全なアンケートによるものですが、紹介します。「結婚する利点は?」と聞いてみると、やはり「家族が得られる」という意見がありました。「結婚相手としてどんな人を考えますか?」という質問には、

「人柄」という答えが意外に多かったのですが、これは数字が少ないのであまり当てになりません。もっとたくさんの人に聞けば、恐らく「経済力」が一番多いだろうと思います。それから「家族の中で誰の意見が強いですか?」という質問に、やはり「夫」が多いですが、「妻」というのが一人いて、この人は性格が「かなりきつい」というコメントが付いていました。これは実際現地でアンケートをお願いしたエジプト人が付けたもので、実は赤で書いてありました。ですから、「妻の意見が重要」というのは、まず普通はないのだろうと思います。それから、「夫婦の家事の分担に関してコメントを書いてください」という項目でちょっと面白かったのは、「夫は頼りなくスポイルされていて、妻にこれといって何かを与えるわけでもないのに、愛や優しさを受けることだけを考える」とありました。また、そういう男性が多いとも書いてあり、ちょっと意外でした。また、ちょっとぎょっとしたのは、「家族は大変強いものであったが、妻が外で働き出してから家族が崩壊した」という意見もありました。

このように、イスラーム社会の家族は一般的に非常に絆が強い。イスラーム法、あるいはエジプトの長い歴史の中から生み出されてきた絆の強さみたいなものがあるのではないかと思います。

国連の統計によれば、エジプトの出生率は三・二九。日本の一・二九を大きく上回ります。実は三・二九というのは二〇〇〇年から二〇〇五年までの平均値で、少し前までは四%、五%ありました。エジプトはそれだけ子供の数が多い社会です。非常にたくましい子供たちがエジプト社会にはたくさんいる。なぜ子供が多いかというと、一つには「子供はアッラーからのリズク（賜物）である」という考え方があるからです。日本だと教育問題や経済事情、子供を育てるための保育園が整備されていないなどの問題があり、若い夫婦が子供を育てていくのは大変です。昔は子供を四人も五人も産むような非常にバイタリティーのある女性がいましたが、日本の今の若い世代の人たちの中には、そういう人はあまりいなくなってしまったように思います。それは、子育てが大変ということもあるでしょう。ところがエジプトでは、〈アッラーの授かりものだから大丈夫、何とかなるんだ〉というように楽観的に考えます。これがやはり大きいと思います。

それと、養子縁組が禁止されている。子供がいなければいけないということです。また、今は乳幼児の死亡率がだいぶ下がりつつありますが、昔は乳幼児の死亡率が非常に高く、弱い子供は割とすぐに死んでしまいました。今は少しずつ改善されてきたので、それはあまり理由にならないと思います。

もう一つ、エジプト社会では富裕層はそうでもありませんが、経済力の低い家庭の子供たちは重要な働き手であるということです。ですから小さい子供が一所懸命親の仕事を手伝う姿が、そこら中で見られます。私は昔、働いている子供を見て非常にショックを受けたことがあります。今でもそうですが、ロバに荷車を付けてそこにごみを集め、ごみ捨て場に処分します。それを普通は大人がやりますが、小さい子供がやる場合もあります。小学校低学年ぐらいの小さい子供が泥だらけになってごみを集め、そのごみをロバに積んで捨てに行く途中でした。ロバの荷台に乗って手綱を持ち、ちっちっとロバをたくみに操って得意気な少年が、何とうまそうに片手で煙草《たばこ》をプカーッとふかしていたんです。その姿が「一家を支えているのはこの俺だ」というような感じに見えた私は、〈ああ、こんなたくましい子供がエジプトにはいるんだ〉と思い、ショックを受けました。

それからもう一つ、これは笑える話です。父親に店番を頼まれた子供が、その父親が日頃客に愛想を振りまくのと同じような言葉を我々に投げ掛けたのを聞いたことがあります。このように、子供は小さいうちから鍛えられて、労働力としても活躍して頑張っていく。そういうたくましい少年少女たちがいる世界です。ですから、非常に貧しいのに子供に明るさがある。温かい家族のつながりや日々の生活を見ていると、テロなどが起こる怖い社会のように見えますが、決してそうではないような気がします。

6　未来

イスラーム社会に暮らす人々の非常に間が狭い結び付きをもった密度の濃い人間関係と、片や日本や欧米のようにそうではない人間関係のあり方があります。未来に話を続けるとすれば、我々はそういうイスラーム世界の人たちの人間関係を学んでいかなければならないし、イスラーム世界の人たちも、私たちがもっているような人間関係を学んでいってほしい。両方が学び合っていけたらいいと思います。

（二〇〇五年一〇月一五日）

〔注〕

（1）読売新聞二〇〇五年九月二〇日、朝刊。
（2）朝日新聞二〇〇五年四月一六日、朝刊。

III

若者文化 そして未来

ケータイでつながる家族

松田美佐 社会情報学専攻 助教授

MATSUDA Misa

私は社会情報学専攻の教員で、講義としては放送通信論という科目を受け持っています。放送、つまり、テレビやラジオ、そして電話などの通信について扱う授業です。通信といえば、郵便から話さなければいけないところですが、そこから話していると、今日の目まぐるしい変化まで行けません。ですから、ラジオや電話の誕生辺りから始めて、インターネットや「放送と通信の融合」についての話、最近では「どうして、ライブドアはフジテレビを欲しがったのか」というような話までを扱っています。

個人的に興味を持っているのは、「社会に新しくメディアが登場し普及していく中で、人間関係、あるいは社会にどういう影響を与えるのだろう」といったことや、そういったメディアは必ずしも開発されたままの形で社会に普及していくわけではないので、「社会の側から新しいメディアにどのような働きかけがなされるのだろう」といったことです。言い換えれば、メディアと社会の相互関係に興味を持っています。たとえば、今日では当たり前のメディアになり、むしろ消え去りつつあるように見える固定電話だって、昔は新しいメディアだったわけです。明治期に電話が登場した時には、「電話線でコレラが伝わる」なんていう噂が流れるほど、人々は「新しい」メディアである電話に対して抵抗感を持っていました。「では、その頃の人たちはどうやって電話を受け入れていったのだろう」と。かつてのメディアと社会との関わりは、現在の、そしてこれからのメディアと私たちの関係を考えるヒントとなると考えています。

今日お話をさせていただくケータイのサービスが日本で開始されたのは一九八七年です。その前に、自動車電話のサービスが開始されたのは一九七九年のことです。そうすると、比較的、歴史のあるメディアということになります。ただ、普及したのはここ一〇年、一九九五年辺りからで、みなさんが何となく目にするようになったのもその頃からではないでしょうか。

私が研究を始めたのもちょうど一〇年前です。一〇年前といいますと、ケータイよりはポケットベルがはやっていた頃です。ポケベルこと、ポケットベルが女子高校生の間で流行していて、何か知らないけれどもメッセージ交換している。高校や繁華街などで公衆電話に高校生が並んでいて、物も言わずにタッタッタッと、ボタンを押しているというのが、マスコミなどで注目されました。「あの子たち、いったい何をしているんだ」と。大人からすれば、ポケベルというのは会社から呼び出されるための厄介な道具だったものを、女子高生たちが非常に楽しそうに使っている。あれはいったい何なんだろう？　と話題になったのが、一〇年前でした。

さて、今日はまず、この講座全体のテーマと絡めて、「ケータイと家族」についてお話しします。ケータイといいますと、家族の中でも特に若者の利用が目立ちます。どんな調査結果を見ても、二〇代だと一〇〇％近くが持っているようです。大学で授業をしていましても、たとえばこれぐらい、五百人ほど大学生がいても、ケータイを持っていないのはたぶん一人か二人、それ以上にはなりません。そういう状況が高校生にも広がり、さらにケータイ所持年齢は低年齢化しています。最近では小学校低学年に持たせるようにもなっています。私には一年生の子どもがいるのですが、同級生のお母さんには、「最近、物騒だから、ケータイ持たせようか」なんていう人もいます。そこで、二つ目のテーマとして、「ケータイと若者、子どもたち」について話をさせていただきます。

1　ケータイと家族

「ケータイと家族」については、「ケータイで家族がばらばらになってしまう」といった見方がよくされているように思います。

そこまででではなくても、「子どもの友人関係がわからなくなってしまった」という話には賛成なさる方も多いのではないでしょうか。家庭の電話であれば、かかってきて誰が取るかわかりませんでした。特に思春期に異性からかかってきた電話を親が取って、「ねぇ、〇〇ちゃんと付き合ってるの?」というようなことがあったのが、ケータイになるとありえなくなってしまいました。そういったことを含め、ケータイを持つようになって、子どもの交友関係がわからなくなってしまったので不安だ、と。あるいは、これも最近よく新聞などで取り上げられていますが、夕食の時間、家族みんなで食卓を囲んでいるのだけれども、子どもがケータイを手元から離さない。すぐ横に置いて食事をしている。鳴ったらすぐ見て、その場で返事をする。親がそれに「何、やってるの」などと言うと、「うるさいな」という顔をして、別の部屋に行ってメールを打っている。「家族団らんの時間であるはずの夕食の時間が、ケータイという侵入者によって脅かされてしまっている」といった状況もよく聞きます。

また、夫婦のことでいうと、急にケータイを持つようになると、あるいはケータイを配偶者に見せなくなると、少し怪しいのではないか、疑った方がいいのではないか、などというようなことも、週刊誌ネタとしてよくあります。このような事例からすると、どうもケータイは家族をばらばらにしてしまうとなります。夫婦がお互いどこで何をやっているのかわからない。普段付き合っている相手がわからない。別に隠していなくても、これまで何となく気配でわかっていたものがわからなくなってしまう。親子関係でもそうであると。

その一方で、逆の話もよく聞くと思います。むしろケータイを持っていることで家族のつながりが緊密になった気がする、というものです。

家族間でケータイが利用される状況として一番多いのはカエルコールです。このカエルコールが、ケータイを使うようになって頻繁になったといいます。学校や職場から家に「今から出て、帰る」。高校生だとだいたい何時に帰るか決まっている人が多いでしょうけれども、大学生や社会人になると、いつ帰ってくるか、そもそも帰ってくるかどうかもわかりません。そういう時にメールが来る。「今から帰る」とか、「今日はご飯いらないから、すませておいて」。向こうから連絡が来ないのなら、家で待っている側から「今日どうするの」と連絡できる。これまでは、外出している家族がどこにいるかわかりませんので、カエルコールを待つしかなかったのですが、待っている側からもアプローチができるわけです。このように連絡を取り合う機会が増えるので、おかげでよけいなトラブルがなくなったといいます。「なぜ、連絡しなかったの」などというのは、ちょっとしたトラブルになりますよね。

「言いにくいことはメールで」というのも、若者たちの友だち付き合いだけではないようです。親子でも、少しけんかをした、あるいはしかり過ぎた、などという時に、どちらからともなくメールを送る。「ちょっと言い過ぎたけど」と、メールで送れば、お互い少し頭も冷えてきているので、それをきっかけに仲直りができる。もちろん、家族であればそのうちに仲直りしていたのでしょうが、積極的に仲直りするツールとしてケータイが使われているわけです。ですので、ケータイのおかげで家族関係がうまく行くようになったと。

高校生や大学生ぐらいの孫がいる年代になりますと、「ケータイは使ったら便利だろうな」とは思うけれども、機能がたくさんあって、複雑過ぎて、使い方がわからないという人も多いでしょう。電話だけならともかく、「メールってどうやって打つの」。それをお孫さんに「ちょっと教えて」と尋ねるようなところから話が弾む。そうやって話が弾めば、自然と他の話も増えて……と、ケータイをきっかけに孫とのコミュニケーションが増えたという話もしばしば耳にします。

ケータイが家族をばらばらにするのか、それとも結びつけるのか。この両説は矛盾しているのですが、両者ともそれなりの説得力を持っています。では、どう理解すればいいのでしょうか。そこで、ケータイ・コミュニケーションの特徴をまとめてみました。

2　「社交のメディア」としてのケータイ

まず、ケータイは、「社交のメディア」としてとても大きな貢献をしているようです。

ケータイに対する批判に、「電話で話して、それでおしまい。直接顔を合わせる機会が減ってしまうのではないか」というのをよく聞きます。もっとも、ケータイ以上にそのように批判されるのは、インターネットかもしれません。インターネットでどこの誰ともわからない人とコミュニケーションをしていて、それだけで満足して、外にも出かけない。直接的な人間関係を築かない。そんな若者が増えている、と。「そういった人が全くいない」とは言いません。しかし、圧倒的多数にとって、ケータイはむしろ人と直接会うために使われる傾向があります。大学生にしても社会人にしても、若者は外出時間が長く、お互いにどこで何をやっているかわかりにくい傾向があります。しかしケータイなら、外出先でも相手をつかまえられます。つまり、忙しい人間同士が都合をすりあわせ、何とか顔を合わせる機会を設けるためにケータイは便利な道具なのです。

ケータイが「社交のメディア」であることのもう一つの例は、頻繁なメールのやりとりにあります。頻繁なやりとりの中身は、「元気?」とか「何している?」、「今日は○○だったんだよ」というような、一見「取るに足らない」ことです。しかし、そういうものが無意味かというと、そうではありません。どうも、そうやって常にお互い「かまい合っている」のです。「あなたのことを、私は常に気にかけていますよ」ということを、メールで伝え合っているのです。さらに、普段のこまめな連絡は「直接会う」ことにおいて重要です。というのも、普段連絡を取り合っていない人に、いきなり電話して「ねぇ、会おうよ」とはなかなか言いにくい。しかし、普段からつかず離れずの人、この場合、ときどきメールをやりとりしている人には、言いやすいわけです。実際、たとえば、地元を離れ、東京で独り暮らしをしている大学生などに聞くと、帰省する予定が決まるとすぐに、地元の友だちに「いついつ帰るから、会おうよ」といった連絡を送るそうです。なぜなら、普段からメールのやりとりで何となくつかず離れずでいるから、機会があれば、顔を合わせるのも自然だし、そもそも「久しぶり」の感覚もあまりない、と。

いずれにしても、「ケータイで話をするだけで、直接顔を合わせない」というのは非常に少ないわけです。強調しておきたいのは、むしろ逆で、ケータイを通じて何とか顔を合わせる機会を作ろうという意識を、学生を含めた若者たちは持っているということです。学生たちはコミュニケーションについてはむしろ保守的で、レポートを書かせると、「対面のコミュニケーションが一番だ」、「メディアを介したインターネットのコミュニケーションなんてうそっぱちだ」といったものが多く、かえってこちらが驚くほどです。「そんなにケータイを使っているのに、『自分たちのコミュニケーションはうそっぱちだ』と思いながらやっているの？」と、突っ込みを入れたくなることがよくあります。

さらに、いくつかの質問紙調査の結果を見ると、社交性の高さはケータイの利用頻度と関連しています。つまり社交性の高い人ほどケータイの利用も頻繁だという傾向があるのです。活動的でいろいろなところに友だちがいて、頻繁にやりとりをする人、そんな人は当然、ケータイも利用する機会が多いし、利用しないと日常生活がうまくまわらないのでしょう。

3　選択的人間関係

では、ケータイを通じてつながる人間関係はどのようなものでしょうか。

私や一緒に研究をしてきた仲間は、ケータイを通じた人間関係の第一の特徴は、選択的な関係を促進することにあるのではないかと考えています。ケータイを通じて人と会う機会を設ける。逆に言うと、ケータイであらかじめ約束をつけないと、誰かと一緒に過ごすことが決められない。たとえば大学生の場合、授業が終わるといきなりケータイを取り出してメールを打つ。あるいは電話をかけて、「今、授業終わった。お昼一緒に食べよう」なんてことをやっています。私からすると、「友だちなら、キャンパスを歩いていれば、その辺にいくらでもいるじゃないか」と、まどろっこしくてしかたないのですが。ただ、友だちはどこにでもいるものの、今その場で会いたい友だちは、教室を出てすぐにはいないのです。そこで、ケータイに登録されているリストの中から、誰か一人を選んで電話をします。「選ぶ」というと、聞こえが悪いですが、自分のケータイに入っている人たちの中の一人にわざわざ電話をかけるのです。あるいは逆に、自分が選ばれて連絡が入ってくるのです。

ですので、偶然顔を合わせるような関係より、選び選ばれる関係をケータイは促進していると考えられるのではないでしょうか。「偶然、誰かに会った」というより、「いつ、誰と、どこで、どのように過ごすのか」を、たとえ直前であっても自分で決める。どうも、ケータイはそういう傾向を強めているようです。

ケータイについてはもう一つ特徴的な「選ぶ機能」があります。今、ほとんどのケータイは、登録しておくと、相手からかかってきた時に「○○さん」と表示されます。学生たちなどは、相手に合わせて、その相手の写真が画面に出るようにしていたり、それぞれ別の音楽が流れるようにしていたりしています。これまでなら、電話というものは、鳴ったら取りあえず出なければいけないものでした。誰からかかってくるかわからないからです。緊急の用か、セールスかは出てみるまでわからないものでした。しかし今では、かかってきた表示を見て、「あ、この人からだ」とわかって電話に応答するわけです。あるいは、今、出られない、出たくないのであれば、その時は出ずに、「さっき出られなかったから……」と後で電話あるいはメールで言い訳をするということも可能なわけです。

この発信者番号表示サービスは家庭の電話にもありますが、あまり普及していません。ＮＴＴに頼んで局内工事をしてもらうだけなのですが、月々の追加料金がかかる面が大きいのかもしれません。あるいは、家族に共有される電話なので、かかってきた相手がわかる必要性を感じないのかもしれません。さらには、ケータイがメインとなっていて、家庭の電話はほとんど使われていないためかもしれません。それと比べるとケータイでは、九五年以降各社のサービス競争が非常に激しくなった結果、ほとんどの端末に標準装備になり、日常的に使われています。

いずれにしても、かける場合だけでなく、かかってきた電話も選べるのです。応答を「選ぶ」ことまではできなくても、少なくとも、心づもりしてから電話に出ることができるわけです。それまでの「必ず出なければいけない」という電話の特性がこのサービスで大きく変わったと言えるでしょう。

以上のように、ケータイは人間関係を阻害するのではない。むしろ、直接、顔を合わせる機会を設ける道具なのですが、その人間関係は選択的になる傾向が強いのではないかと見てきました。では、これを家族に当てはめるにはどうしたらよいのでしょうか。

4　家族の変容とケータイ

結論から言いますと、ケータイで家族がばらばらになるのか、それともつながりが緊密になるのかというのは同じ現象の表と裏であり、同じ論理で説明がつくと考えています。それを考えるためには、ケータイがどのような人間関係をもたらすのか――選び選ばれる関係性を強めると申しましたが――と同時に、家族がどのように変容しつつあるのかをとらえておく必要があります。ここでは、家族変容のキーワードとして、個人化と饒舌化を挙げておきます。

家族社会学では、家族変容の潮流の一つとして、個別化、個人化が挙げられています。これは、大家族が核家族化していくだけではなく、家族の一人一人がそれぞれ独立した存在になることも含んでいます。家族がそれぞれ独自の人間関係を築くようになれば、場合によっては、家族がばらばらになることもあるでしょうし、反対に「家族だからこそ」仲良くしようとするかもしれません。「家族だからつながっている」というよりも、「家族だからつながろう」「家族だからつながらなければいけない」となるのです。家族は「当たり前」のものから、意識的に維持・管理するものへと、その性格を変えつつあります。

次に、饒舌化についてです。「昔は家族の間でコミュニケーションが取れていたのに、今は家族間のコミュニケーションがない」といった話をしばしば耳にします。しかし、これには「本当なのか」と疑問を呈しておきたいのです。もっとも、「昔の家族はわかり合えていなかった」と言いたいのではありません。少なくとも、「互いに言葉を通じて理解し合う」のではなかったのではないか、と考えるのです。

一九五五年に、三世代が一緒に暮らしているある奈良県のある村の家にしばらく滞在し、その家族の間でどのようなコミュニケーションがなされているのかを調べた非常に興味深い調査があります（加藤秀俊、「ある家族のコミュニケイション生活」『思想』一九五八年)。家族間コミュニケーションだけでなく、その家族と同じ村に住むほかの人たちとのコミュニケーションや、ラジオをどう聴いているのか(当時、すでにテレビ放送は開始していましたが、その家にはありませんでした)、あるいは大阪まで映画を見に行く人はどんな人で、どのような影響があるのか、といったことを一緒に過ごして調査したものです。さて、ある日の夕食から就寝まで三時間の家族の発話数を数えたところ、「うん」とか「はあ」などの相づちも含めて一九五回しかなかったといいます。子どもをのぞき、大人一人当たりで計算すると、一時間に八回しか口を利いていなかったそうです。この結果は特異な例ではなく、同時期に行われた同種の調査でも同じような結果が得られています(加藤秀俊『暮らしの世相史』中公新書、二〇〇二年)。

一方、それから三〇年ほど後に行われた、首都圏の主婦を対象とした調査データがあります。これは先の調査のように誰か観察者がいて、きっちり数えたものではなく、「あなたは配偶者と、どれぐらいの時間、会話をしましたか」と質問したものですが、平日の夫婦の会話時間の平均は七三・三分。ただし、家族によって会話時間にはばらつきがあり、毎日三時間以上話をしている夫婦が一〇・八%いた反面、三〇分未満の人も三割強いました。これもまた特異な例ではありません。興味深いのは、近年のこういった調査では、ほとんどの主婦が「うちは会話が少ない」、「夫は全然話してくれない」といった意見や希望を残すことです。会話していない夫婦も、会話している夫婦も、「会話の不足」を「問題状況」としてとらえているのです。

つまり、「夫婦の間では言葉を通じたコミュニケーションが必要である。しかし、それが不足している状況にある」というある種の価値観と現状認識が、どうも時代を経るごとに広まっていったと考えられるのです。ただし、このような傾向はごく最近のものではないようです。柳田国男が昭和六年に書いた「世間話の研究」に次のような一節があります。

女房や妹たちにも、何か話をしなければならぬことになったのは西洋風である。話が修飾を要する技術であると解すれば、取り繕うてはならぬ人たちに対しては、これを用いないのがむしろ礼儀であった。

（柳田国男「世間話の研究」一九三一年→ちくま文庫『柳田國男全集9』筑摩書店、一九九〇年、五一三頁、後収）

家族相手に話をしなければならなくなったのは西洋流である、と。話というものは特別なことであり、ある種の技術だと考えるのであれば、取り繕ってはならないような親しい関係の者、つまり、家族に対しては、話をしない方がむしろ礼儀にかなったことである。しかし、家族の間でも言葉を通じてわざわざ話さなければならなくなってきていると、昭和六年の段階で柳田が書いているわけです。

今と比較して、昔の家族が良かったのか悪かったのかは、わかりません。言葉を介さなくても、お互い理解し合えていたのかもしれませんし、それは単なる幻想で「理解し合えている」と思っていただけかもしれません。もしかすると、全然わかり合っていなくて、それでも満足できていたのかもしれません。私自身は「理解し合う」といったこと自体が、今とは違うのではないかと考えます。いずれにしても、少なくとも、「言葉を通じて家族は理解し合わなければいけない」といった「価値観」が強くなってきていると考えられます。

その延長上で理解しやすいのが、「友だち親子」「一卵性母娘」「仲良し家族」など、最近の——といっても、三〇年前から言われているものもありますが——親子関係の特徴をとらえた言葉です。

中高生の第二次反抗期が消滅しかけていると言われています。中高校生になるとプイッと親の言うことを聞かなくなるという子どもは、最近では珍しいそうです。高校生を対象とした調査などを見ても、相談相手として選ばれる相手のトップは「母親」であって「友だち」ではないのです。その他の結果を見ても、親子の親密度は昔よりどうも上がっているようです。ただ、その場合の「親密さ」というのは母と子の間でして、父子間ではありません。父子のコミュニケーションは回数も時間も少なく、お互いに「理解し合えていない」と思っています。それに比べると母子は話す機会も多く、会話時間も長いので、双方が「理解し合っている」と自己評定している傾向が見られます。

これはケータイの利用にも直接的に影響を及ぼしています。母子間のケータイ利用は、通話もメールも多いのに比べると、父子間では両方とも少ない。つまり、「ケータイ以前」の家族関係、あるいは「ケータイ以前」の人間関係があって、それに乗っかる形でケータイは利用されるわけです。母子間は「ケータイ以前」もコミュニケーションが多く、お互いわかり合っていると思っているので、互いを選び合ってますますケータイを使ってコミュニケーションを取ります。しかし、もともとコミュニケーションが少ない父子関係では、「わざわざ話すほどでもないだろう」とケータイは使われず、ますますお互いがわからないという状況になっています。

こういった傾向は、家族観の変化とも関わっています。「血がつながっているから家族」というのは、一見、当たり前のように思えるのですが、その中でも、互いに連絡を取り合う家族と取り合わない家族がいます。どちらが、「家族のつながり」を強く意識し、また、大切に思っているのでしょうか。それは、「こまめに連絡を取り合う家族」ではないでしょうか。家族は当たり前のものではなく、むしろ自分で努力し、維持・管理していかなければいけないものになりつつあります。家族の条件として「血のつながり」は、むしろ二次的なものになりつつあるのです。「家族」がそういった方向に変わりつつあることとケータイが使われること／使われないことは、ぴったり一致していると考えられるのではないでしょうか。ケータイが家族を結ぶようにも、逆にばらばらにするようにも見えるのは、家族観の違いを原因とした家族間コミュニケーションのありようの差異が原因であると考えるのです。

5 「欠かせないメディア」としてのケータイ

では、「ケータイと若者、子どもたち」という話に入りたいと思います。家族の中でも特に若者、子どもたちに焦点をあてた話です。

最近の若者は、「ケータイ依存」などという言葉がぴったりくるように、四六時中ケータイから離れられず、出かけた時にケータイを忘れると、取りに帰るほどだと言います。「財布を忘れても取りに帰らないのにケータイを忘れると取りに帰る。なぜなら、ケータイがあれば、友だちに会えるので、お金は借りればいい。でも、ケータイを忘れると誰にも会えない。」という「笑い話」まであります。しかし、単なる「笑い話」ではないようで、実際に取りに帰った経験を持つ学生は私の周りにも結構います。

選択肢を示して、「あなたにとって、どうしても欠かせないものはどれですか」と尋ねた調査があります（上村修一・井田美恵子「インターネットはテレビと置きかわるか」『放送研究と調査』二〇〇一年一二月号、ＮＨＫ放送文化研究所）。家族知人との話、テレビ、新聞、ラジオ、携帯電話などの選択肢の中から、一つだけ選んでもらう調査です。一〇代女性だと「家族知人との話」（二六％）よりケータイ（三八％）を選んだ人が多いのです。一〇代男性だとテレビと同率ですが、やはりケータイがトップ（二七％）にきています。二〇代以降には、こういう傾向はなく、「家族知人との話」がトップです。ただし、実は六〇代以上の男性に限っては、テレビが一番支持されています（笑）。

別の調査では、一〇代の女性のケータイの一日の平均利用時間が二時間弱という数字が出ています（三矢恵子・荒牧央・中野佐知子「広がるインターネット、しかしテレビとは大差」『放送研究と調査』二〇〇二年四月号、NHK放送文化研究所)。これは一五分以上の活動について、日記式に書き記してもらうタイプの調査です。この調査が行われたのは二〇〇一年一〇月ですが、調査当日(平日)にケータイを使った一〇代の女性は調査対象者の三分の一ぐらいでした。意外と少ないという印象を持つかもしれませんが、対象が一〇歳からであることが原因でしょう。ともあれ、一〇代女性の三分の一がその日にケータイを使ったのですが、その平均利用時間が一時間五四分、約二時間なのです。一日二四時間のはずだと思うのですが、もしかすると、若い人には一日はもっと長いのかもしれないと思ってしまうようなデータです。

こういうデータを見ると、「若者のケータイ依存」という言葉が頭をよぎります。なぜ、ケータイが手放せないのかというと、「友だちから連絡が入ってくるかもしれない。ケータイさえあれば友だちとつながってい られる。だから手放せない」わけなのですが、それをもう少し深く考えてみましょう。「ケータイを通じて友だちとつながるのが大切」であるなら、「友だちとつながる」とは、若者にとって一体どのような意味を持つのでしょうか。

友だちとつながっている利点は自己確認にあるというとらえ方が可能です。たとえば、電話がかかってくる、あるいはメールが送られてくるのは、先ほどの「相手を選んでかける(メールを送る)」という話を合わせるならば、友だちが他でもない私をその時思い出し、選んでかけてくれたということになります。もちろん、普段はそこまで重くはとらえてはいませんが、「私は選ばれた」「友だちに必要とされた」という意味になるのです。しかもケータイの場合、恐ろしいことに、全部が着信履歴という形で記録に残ります。もちろん、メールの文面も残ります。高校生には、一日に二〇〇~三〇〇通のメールをやりとりするのが当たり前という人もいますが、いくら最近のケータイでもさすがにすぐにいっぱいになってしまいます。そうなると、残しておくものを選ぶんですね。友だちからもらって嬉しかったメールは残しておいて、暇な時などに見てニコッとしているようです。友だちの中で自分がどう思われているかが、非常にわかりやすく目に見える、ケータイはそんな道具になっているのではないでしょうか。

さらには、これを「大人になる」という過程において考えてみましょう。家族の中で「私というもの」を確認できていた子どもの頃から、もう少し広い対人関係――友人関係の中で「私というもの」を確認しなければいけなくなるのが思春期であると考えるなら、ケータイから離れられなくなることも理解できるのではないでしょうか。ケータイは私が友だちからどのように思われているのか、明示してくれる道具なのですから。そう考えれば、「ケータイ依存」と眉をひそめるのではなく、「理解できる」「理解しなければ」と私は思うようになりました。

「それなら依存していていいのか」という話になりますが、「ケータイ依存」は、どうも今日の「通過儀礼」になっているように思います。「通過儀礼」というのは文化人類学の言葉で、人間の一生の中で、それぞれの年齢的な節目で行われる儀礼を指します。子どもたちが大人になる際には、たとえば、非常に重い物を持ち上げるとか、肝試し的なことをやらなければいけない。大人として一人前になった証を立てるこのような儀礼を設けていた共同体は数多かったといいます。

今日の若者は「ケータイ依存」を経なければ大人になれないというと、言い過ぎの感もありますが、実際、ケータイでのメール利用のピークは高校生です。高校を卒業して就職する、あるいは大学に行くと、メールの利用は減ります。一つには、大学生になると、遅い帰宅が認められるなど、行動の自由が与えられることが原因でしょう。社会人になればなおさらです。自分の置かれている立場が変わることで、行動の自由が増し、ケータイを触っている暇がなくなる面は確かにあります。しかし、それと同時に、少し「大人」になったため、高校生の時ほど、四六時中友だちとやりとりをしなくても平気になってくるのです。高校生などは、届いたメールにはその場ですぐ返事をしなければいけないという脅迫観念にかられているようです。しかし、実際にすぐに返事ができないことが続いても、友人関係が壊れないことを経験していけば、「ああ、平気だ」、「何だ。すぐ返事を送らなくたっていいじゃないか」となってきます。プライベートでの通話利用も、ピークは大学生～社会人一、二年目ぐらいでしょうか。たとえば大学を卒業して社会人になると、通話利用が減るようです。お互い忙しくて電話をする暇がなかったり、翌日も仕事もあるので時間が限られたりするためです。

ケータイ普及以前は、家庭での電話利用というと、「子どもの長電話」が一つの大きな問題になっていました。高校生から大学生、あるいは独身で家庭にいる子どもが長電話をする。親が「緊急の電話が入ってきたらどうするの」とか「電話代を払いなさい」と言い出し、親子間のトラブルのタネになっていました。しかし、一〇代後半から二〇代前半にかけて長電話していた人が、今、たとえば、三十代、四十代になっても同じように毎日長電話をしているかというと、そうではありません。その人をめぐる状況が変わって、する必要もなくなっていますし、しても楽しくない。する相手もいない…。友だちとの間で長電話して楽しい、その上、それが自己確認につながるといった時期をいつまでも引きずる人は少なく、ほとんどの人は「卒業」していったのです。逆から言えば、それが「大人になる」ということなのです。

これと同じことが、ケータイにも当てはまりつつあるのではないかと考えています。

6　ケータイを持つ子どもたち

二〇〇四年一一月に㈱サーベイリサーチセンターが行った「ケータイを持つ子どもたち」という調査か

ら、子どものケータイ所持率をご紹介します（http://www.clue.ne.jp/index.html）。それによれば、高校生では九六・七％、中学生で約半分、小学校の高学年で四分の一強がケータイを持っているといいます。地域差なども大きいのですが、全体的な傾向として、ケータイ所持年齢は高校生から中学生、そして小学生へと低年齢化しています。ただし、持つ理由は違っていて、中学生以上でケータイを持つ子どもは、たいてい本人が「持つ」と言い出したためです。それに対して、小学生が持つケータイは、親が持たせるものです。

このような「親が持たせるケータイ」と関連しているのが、子どもの位置情報を把握する各種のサービスです。PHSを利用したサービスやGPS機能がついた携帯電話、防犯ブザーとそういったケータイがくっついたようなものもあります。また、ケータイではありませんが、塾に通う子どもがICタグを持っていて、タグをピッとかざすと、「〇〇ちゃんは何時何分塾に着きました」、帰る時もピッとやると、「何時何分塾を出ました」と親に通知されるといったサービスも登場しています。いずれも、子どもの安全を考え、親が導入するものです。

しかし、「ケータイを持たせれば、子どもを守れますか」と聞かれると、「守れません」と私は答えます。ケータイを持っていたからといって、子どもが犯罪に巻き込まれなくなるということは考えられません。実際に犯罪に巻き込まれたケース、むごい事件があったことをご記憶の方も多いと思います。ではケータイを子どもに持たせるのは無意味かというと、そう言い切ってしまうことはできません。私自身、子どもには持たせるつもりはないのですが、「せめて居場所ぐらいわかったら安心できるのに」という気になることはあります。ですから、親が安心できるという感覚も重要だと実感しています。そこをきっちり割り切る必要があるのではないでしょうか。つまり、子どもの安全にはつながらないけれども、「私が安心するために持たせる」と、ある意味、開き直ることができるようであれば、持たせることも一つの案かもしれません。もちろん、この場合

「子どもの安全対策」は別に考える必要があります。

ただし、その場合でも考えていただきたいことがいくつかあります。親が「心配だから、ケータイを持ちなさい」と言うと、子どもは「いや、持たない」とは言えないわけです。これは電子メディアによる一方的な監視になるのではないかと。「監視」というと、非常に仰々しい言い方ですが、親あるいは近所の人でも誰でもいい、「大人が子どもを見守る」という場合、同じ場所に居合わせて見守るなら、見守る側が子どもを見ることができると同時に、子どもの方も見守っている大人の気配を感じることができるはずです。しかし、ケータイを通じて見守っているのでは、子どもは見守っている大人の気配を感じることはできません。気配や視線を感じることで何が起こるかというと、自分への配慮を感じ、それに対してどう振る舞ったらいいかということを、自分なりに考えることができます。また、「大人がこうしている」と、大人の行動から自然に学ぶことだってできます。しかし、ケータイではそういう機会がなくなるのではないでしょうか。

小学校高学年の子どもがいるお母さんなどに聞いていますと、「ケータイを持たせているので、何かあるとすぐかかってくる」と。「仕事中だと、結構、面倒なのよね～」と、仕方がないといった口調で話をします。娘や息子から仕事中に電話がかかってくるので、「あ、それはこうしたらいいんだよ」と答えるのだそうです。これはどうでしょうか。今時の子どもには当たり前なのかもしれませんが、親からの自立が遅くなることは明らかでしょうね。「困ったな」とか「どうしよう」という時に、自分の中で解決を試みるわけでも、試行錯誤するわけでもない。近くに居合わせた大人に声をかけて、助けてもらうのでもない。ポケットの中のケータイにはいつもママがいるわけですから。

「子どもとケータイについて、それでもアドバイスを」というのなら、「ケータイを子どもに持たせる前に、家族間のコミュニケーションを十分に取る」となるのでしょうか。たとえば「食卓で子どもがメールを打つのが気になる」のであれば、まずは親が食卓でメールを打つことや電話に出ることをやめたらいいと思うのです。それをせずに、子どもだけ禁止しても無理でしょう。もちろん、「大人の電話は仕事だから必要だ」と、大人と子どもの違いを説明するのも大切でしょう。ただ、これも難しいと思います。いわゆる「外で働く仕事」であればわかりやすいのですが、「母親の仕事」とされるものはより多様です。たとえば、ＰＴＡ関係の連絡は、「母の仕事」として大切なものの一つです。しかし、そういった「母親の仕事」には普段からの人間関係の維持・管理が関わってきます。だとすると、用件があっての「連絡」だけでなく、「雑談」も必然的に入り込んできます。そういうものも「仕事」であって、「子どもが友だちと交わす雑談」とは違う、とわからせることができるでしょうか。そう考えていくと、「食卓ではケータイ禁止」を子どもに守らせたいのなら、親も食卓でケータイを使うべきではないと思うのです。

一方で、十分にコミュニケーションが取れている家庭においては、メールを打った子どもが親から聞かれるまでもなく、「あ、今、○○ちゃんからメールで、こうこうだったから、すぐにメールの返事を打ったんだよ」と話すとも聞きます。「ケータイ禁止」ではなく、そういった方向性を目指すのも一つでしょう。

いずれにしても、ケータイだけで家族関係が変わるというより、もともとの家族関係がよく見えるようになるのが、このメディアではないかと考えます。ですから、大人のみなさんには、お手本を見せていただきたいですし、それを踏まえた上で、具体的な使い方を――使わないことも含め――子どもたちと話し合っていただきたいのです。ケータイの操作法など、年を取るほど馴染めないですよね。私自身、ケータイの機能がよくわからず、学生に教えてもらいながら使っています。「わからないから利用しない」「必要がないので利用しない」というのも一つでしょうが、もしケータイを通じて子どもたちと話したいのなら――そして、日常的なコミュニケーションを増やしたいのなら、使ってみるといいのではないでしょうか。

最後はごく当たり前の話をすることになってしまいましたが、以上で「ケータイでつながる家族」についてのお話を終えさせていただきます。

（二〇〇五年五月二八日）

〔参考文献〕

岡田朋之・松田美佐編著『ケータイ学入門』有斐閣、二〇〇二年。
松田美佐・岡部大介・伊藤瑞子編著『ケータイ文化論（仮）』北大路書房、近刊。（Ito, M., D.Okabe and M.Matsuda（eds.）Personal, Portable, Pedestrian : Mobile Phones in Japanese Life. MIT Press, 2005 の翻訳・再編集本）

今日の青少年の性意識

矢島正見　社会学専攻 教授

YAJIMA Masami

1　前口上

私の専門とする社会学はひどく幅の広い学問でして、そのなかで私は犯罪社会学、特に少年非行や青少年問題といったようなことを研究しています。また、それと同時にセクシュアリティに関して、やはり社会学的に研究しています。

性というのは大きく三つに分けることができます。一つは生物学的な性である「セックス」、二つ目は社会的性である「ジェンダー」という概念で語られるところの性、そして三つ目が性に関する文化総体、つまりエッチな小説やビデオ、漫画またセックス産業だとかラブホテルだとかといったような性的なことすべてを含んだ性文化現象を研究する「セクシュアリティ」です。

私はこの三つ目のセクシュアリティを研究しています。ですから、本日の話しはシモのほうの話になって、品のないことになる危険性があります。というのは、社会学という学問は、理想とかロマンとかというものを追求せず、まさに事実は事実として論じるので、シモネタを愛だとか心だとかいった心地良い言葉で語ると言うことはしません。少なくとも私はしません。よく言えばリアリティに、悪く言えば露骨に語ります。したがって、わいせつぎりぎりの話がでてくるかもしれませんが、ご容赦願います。

2　調査データより

まず、話のはじめとして、資料を見ていきたいと思います。データは、警察庁生活安全局少年課が二〇〇二

（平成一四）年一二月に出した『青少年と生活環境等に関する調査研究報告書』から出してきたものです。この調査は少年課を事務局として、「青少年問題調査研究会」（委員長・矢島正見）を設立して、そこで調査したものです。なお、ほぼ同一の調査として、最後に掲載してある総務庁青少年対策本部の一連の調査があります。また、こうした調査から導き出した私の論考としては、やはり最後に掲載してある論文、著書がありますので、よろしければご参照ください。ただし、『男性同性愛者のライフヒストリー』は残念ながら絶版になっていますので、ちょっと入手しづらいかもしれません。

それでは、表①をご覧ください。これは「あなたと同じ年くらいの人がセックスをすること」をどう思いますか、という質問です。この調査対象の子供たちは中二と高二です。したがって中学生の回答では「中二の子がもししたら」、高校生の回答は「高二の子がもししたら」ということになるので、中学生と高校生が描く年齢は違っているということを頭に入れて、データを見てください。

中学生男子では、かなりのパーセンテージで「まだだめ（まだ早い）」と回答しています。しかし「愛しあっていればいい」は、中学二年生でも男子の二〇％、女子では三一％が「してもいい」となっています。高校生になると男子は四二％、女子はさらに増えて五三％が「愛しあっていればいい」となります。次に「したければしてもいい」、つまり「愛」がなくても「あなたがしたいのならしてもいい」ということですが、これは中学生男子で二七％、中学生女子で三一％、高校生男子で四八％、高校生女子で三四％という数値になっています。したがって「愛しあっていれば」という昭和二〇年代から（もしかするとそれ以前から）ずっと続いてきた性交許容の恋愛神話・意識と同時に、「したければしたっていいじゃない」、「やりたい人は勝手にやれば」という意識もきわめて増えてきているということがわかります。女の子の場合は、それでもまだ「愛」を重視します。ところがそういう女の子であっても、高校生の女子・中学生の女子とも、一〇人に三人は「したければし

ても いいじゃない」と答えているのです。

次に表②。「同じ年くらいの女の子が、見知らぬ人（知り合ったばかりの人）とセックスをすること」をどう思うか、という質問です。つまり、今知り合ったばかりで、どこに住んでいるのかも知らない。愛はまったくないわけです。そのような人とのセックスはどうかという問いに、「問題ではあるが本人の自由」という回答が、中学生男子で四七％、中学生女子で五四％、高校生男子で六四％、高校生女子で六六％となっています。

このように、中学生ではほぼ半数、高校生では三人に二人が、「道徳的には問題はあるけれども、それは本人の自由である」と思っていることがわかります。道徳や規範から少々逸脱しても、個人のしたいことのほうが優先ということであり、行動基準では道徳・規範よりも、「したい」という感情のほうが優先性が高いということが窺えます。もちろん、これは自分がするというわけではありません。裏には「自分はしないけれども、高校生や中学生がしたって構わない。私には関係ない」という意味も含まれていると考えられます。

表③に移ります。今度はもっと過激な質問です。「あなたと同じ年くらいの女の子が、見知らぬ人（知り合ったばかりの人）とセックスをしてお小遣いをもらう」ことについてどう思うか、という質問です。これは売春に相当するわけですが、プロの売春婦でなく、アルバイト的にやろうという人を想定して、このような文言にしてみました。驚いたことに、「問題ではあるが本人の自由」という回答を見ると、表②の回答とほぼ同じなのです。中学生男子は三七％、中学生女子は四〇％、高校生男子は五〇％、高校生女子は五一％、つまり中学生では五〇％が四〇％に一〇％減っただけであり、高校生も六〇％が五〇％に一〇％減っただけです。ということは、見知らぬ人とセックスをするのと売春をするのとは、大して変わらないと認識している、ということなのです。

表④。今度はちょっと質問を変えてみました。「お互いの同意があれば誰とセックスしても構わない」か、

表① 同じ年くらいの人がセックスをすること

	まだだめ（%）	愛しあっていればいい（%）	したければしてもいい（%）	わからない（%）	無回答（%）	合計
中学生男子	27.6	20.4	27.3	23.6	1.1	100%（740人）
中学生女子	21.8	31.4	31.2	15.0	0.5	100%（733人）
高校生男子	4.9	42.0	47.6	5.2	0.3	100%（657人）
高校生女子	4.9	53.2	34.2	7.3	0.4	100%（1003人）
全体	14.2	38.0	34.7	12.5	0.6	100%（3133人）

表② 同じ年くらいの女の子が、見知らぬ人とセックスをすること

	してはいけない（%）	問題ではあるが本人の自由（%）	してもかまわない（%）	無回答（%）	合計
中学生男子	40.8	47.0	11.2	0.9	100%（740人）
中学生女子	39.3	53.6	6.1	1.0	100%（733人）
高校生男子	20.2	63.6	15.7	0.5	100%（657人）
高校生女子	27.1	65.8	6.9	0.2	100%（1003人）
全体	31.8	58.1	9.6	0.6	100%（3133人）

表③ 同じ年くらいの女の子が、見知らぬ人とセックスをしてお小遣いをもらう

	してはいけない（%）	問題ではあるが本人の自由（%）	してもかまわない（%）	無回答（%）	合計
中学生男子	55.3	36.6	7.7	0.4	100%（740人）
中学生女子	54.6	40.4	4.6	0.4	100%（733人）
高校生男子	41.7	50.1	8.2	0.0	100%（657人）
高校生女子	45.3	50.5	3.9	0.3	100%（1003人）
全体	49.1	44.8	5.9	0.3	100%（3133人）

表④ 「お互いの同意があれば、誰とセックスしても構わない」という意見

	そう思う（%）	そう思わない（%）	わからない（%）	無回答（%）	合計
中学生男子	30.8	24.5	44.2	0.5	100%（740人）
中学生女子	36.3	27.3	35.9	0.5	100%（733人）
高校生男子	57.8	20.4	21.8	0.0	100%（657人）
高校生女子	51.6	23.4	24.8	0.1	100%（1003人）
全体	44.4	23.9	31.3	0.3	100%（3133人）

という質問です。あくまで「お互いの同意」ということが大前提になります。同意があれば誰とセックスしてもいいか、という質問です。表に見るとおり、「そう思う」という回答は中学生男子で三一％、中学生女子で三六％、高校生男子で五八％、高校生女子で五二％となってます。「わからない」という回答が非常に多く判断に迷っていることがうかがえますが、「そう思う」と「そう思わない」を比べると、「そう思う」のほうが多く、特に高校生では圧倒的に「そう思う」の比率が多くなっています。これは、高校生ではお互いの同意があればセックスしてもいいということが既に市民権を得ているということを物語っているものです。

さて、表⑤は、⑤aと⑤bに分かれており、今までの質問とはちょっと質が違います。表⑤aは「男の子がひかれるのは、女の子の知性や人柄ではなく、女の子の顔や外形（容姿、スタイル）だ」という質問です。「そう思う」は中学生男子で二九％、中学生女子で三五％、高校生男子で三二％、高校生女子で四〇％と、女の子のほうが男の子よりもより多く「そう思う」と答えています。中学生女子も高校生女子も、男というものは結局は顔と躰と思っているということが、これでわかります。建て前では「君のその明るい性格が好きなんだ」などと言っているけれども、それは容姿が良いという前提があって、さらにその上に明るい性格が加わっているから「好きだ」と見るわけで、いくら明るくても顔と容姿が悪かったらもう駄目、ということです。

表⑤bは、「女の子がひかれるのは、男の子の知性や人柄ではなく、男の子の顔や外形（容姿、スタイル）だ」という、今度は逆の質問です。女の子だって顔や外形で男の子を見ているのだろうということです。回答は「そう思う」が中学生男子で二六％、中学生女子で二六％、高校生男子で三四％、高校生女子で二二％となっており、高校生男子ではかなり比率が高くなっています。三人に一人は「そう思う」と答えていて、女の子はそうではないと半数の人が否定していても、格好いい男に結局女は惚れるのだと、男子は見ているわけです。汗水流して一生懸命働くのが男の魅力だとか、誠実さこそ第一だとか言いつつも、それは建て前としては

表⑤-a 「男の子がひかれるのは、女の子の知性や人柄ではなく、女の子の顔や外形だ」という意見

	そう思う（%）	そう思わない（%）	わからない（%）	無回答（%）	合計
中学生男子	28.5	29.2	41.9	0.4	100%（740人）
中学生女子	34.9	26.5	37.9	0.7	100%（733人）
高校生男子	31.8	41.1	27.1	0.0	100%（657人）
高校生女子	39.8	25.6	34.3	0.3	100%（1003人）
全体	34.3	29.9	35.4	0.4	100%（3133人）

表⑤-b 「女の子がひかれるのは、男の子の知性や人柄ではなく、男の子の顔や外形だ」という意見

	そう思う（%）	そう思わない（%）	わからない（%）	無回答（%）	合計
中学生男子	25.8	17.0	55.9	1.2	100%（740人）
中学生女子	25.5	40.5	33.6	0.4	100%（733人）
高校生男子	34.1	26.8	38.8	0.3	100%（657人）
高校生女子	21.5	50.3	27.9	0.2	100%（1003人）
全体	26.1	35.2	38.1	0.5	100%（3133人）

表⑥　あなたが、女性の一番美しい時期と感じるのは、いつ頃だと思いますか

	小学生時代(%)	中学生時代(%)	高校生時代(%)	20歳前後(%)	25歳前後(%)	30歳前後(%)	その他(%)	無回答(%)	合計
中学生男子	0.5	10.8	45.1	29.6	3.5	0.3	7.0	3.1	100%（740人）
中学生女子	0.4	6.3	48.0	35.3	4.9	0.3	2.9	1.9	100%（733人）
高校生男子	1.4	3.8	28.3	53.7	8.7	1.1	3.0	0.0	100%（657人）
高校生女子	0.3	1.4	20.8	60.6	12.3	1.5	3.0	0.1	100%（1003人）
全体	0.6	5.3	34.5	45.9	7.7	0.8	3.9	1.2	100%（3133人）

表⑦　あなたが、セックスをしてもいい時期と考えるのは、いつ頃からだと思いますか

	小学6年(%)	中学1年(%)	中学2年(%)	中学3年(%)	高校1年(%)	高校2年(%)	高校3年(%)	高校卒業後（%）	20歳以上(%)	結婚してから(%)	わからない（%）	無回答(%)	合計
中学生男子	3.5	4.3	6.8	6.8	14.1	4.5	2.7	9.6	10.4	5.5	30.4	1.5	100%（740人）
中学生女子	3.4	7.1	9.1	7.6	16.4	7.0	2.9	9.3	7.0	8.6	20.6	1.1	100%（733人）
高校生男子	5.5	4.0	9.0	13.9	22.4	7.5	4.4	10.2	3.5	2.0	17.8	0.0	100%（657人）
高校生女子	2.0	4.1	6.7	11.6	29.1	6.7	2.4	8.5	3.3	3.2	22.2	0.3	100%（1003人）
全体	3.4	4.8	7.8	10.0	21.2	6.4	3.0	9.3	5.9	4.8	22.9	0.7	100%（3133人）

表⑧　次の３つの中で、あなたは何が一番ほしいですか

	顔や体の美しさ・かっこ良さ　(%)	頭の良さ　(%)	性格の良さ　(%)	その他　(%)	無回答　(%)	合計
中学生男子	26.8	36.4	26.9	8.0	2.0	100%（740人）
中学生女子	49.9	22.0	23.5	3.4	1.2	100%（733人）
高校生男子	36.7	23.1	31.8	8.2	0.2	100%（657人）
高校生女子	52.9	10.3	31.8	4.5	0.5	100%(1003人）
全体	42.6	21.9	28.7	5.8	1.0	100%(3133人）

今も残っていますが、中学生、高校生の男の子たちは本音としては、「顔・躰」と思っているのはないでしょうか。

表⑥は、「あなたが、女性の一番美しい時期と感じるのは、いつ頃だと思いますか」という質問の回答です。中学生男子では「高校時代」であり、中学生女子も圧倒的に「高校時代」という答えが帰ってきます。高校生では、男子も女子も「二〇歳前後」という答えになってます。つまり、自分より二、三歳上が一番美しいと思っているわけです。ということは、自分は今美しさに向かって急上昇中で、あと数年で最も美しくなると思っている、ということなのです。中学生は高校生になったら最高だと思い、高校生はあと二、三年で自分は最も美しくなると思っているのです。

表⑦はさらに露骨な質問です。「あなたが、セックスをしてもいい時期と考えるのは、いつ頃からだと思いますか」という質問です。一番多い数値は「高校一年生」です。中学生男子では一四%、中学生女子では一六%、高校生男子では二二%、そして高校生女子では二九%となってます。これを累積パーセントで見てみると、「中学三年生」までの累積は、中学生男子で二一%、中学生女子では二七%、高校生男子だと三二%。高校生女子では二四%になり、ほぼ四人に一人は、中学生まででセックスしてもいいと思っていることが分かります。これはショッキングなデータではないでしょうか。高校三年生までの累積を見ますと、中学生男子では四三%、中学生女子では五四%、高校生男子で六七%、高校生女子だと

六三％となり、中学生は高三まででセックスしてもいいというのが半分、さらに、高校生だと三人に二人いるということになります。しかも、「わからない」という数字を除くと、中学生段階でセックスをしてもいいという中学生が三人に一人、高校生段階でセックスをしてもいいという高校生が八〇％ほどいる、ということになります。

最後に、表⑧は、「次の三つの中で、あなたは何が一番ほしいですか」という問の回答です。「顔や体の美しさ・かっこ良さ」「頭の良さ」「性格の良さ」「その他」で回答してもらったのですが、ひと頃は高校生も中学生も受験地獄で、成績が悪い子は「落ちこぼれでかわいそうだ」と言われていましたが、成績を一番欲しがっているわけではないことがわかります。また、心・性格・思いやり・優しさというものを求めているかというと、必ずしもそうでないことがわかります。特に女の子を見てください。中学生女子では「顔・体」が五〇％。高校生女子では五三％と、女の子は中学生も高校生も一番欲しいのは、美しさやかわいらしさなのです。能力とかわいらしさとどちらを取るかと言われたら、かわいらしさを取る、ということです。

いかがでしたでしょうか。社会学の面白さの一つは発見です。調査をしてみて「えっ、こんな数字が出てくるの!?」という数字の面白さです。われわれは研究のなかから「ひょっとするとそうなのではないか」と思って調査票を作ります。ただし、やはり過激な調査票になってしまうので、「このような調査はとんでもない」と、学校ではほとんどやらせてもらえません。心の問題で愛の大切さなどの調査というと、とてもしやすいのですが、露骨に具体的になればなるほど、学校は「駄目」となるわけです。われわれは何年間も苦労して、やっと調査し得たわけです。

ですから、調査データの面白さということをわかってくだされば、今日のお話の第一は成功ということです。ただし、ここまででしたら、調査と統計等の技術を身に付けている研究者なら誰でもできることです。問題は、このデータから、どのように今の中学生、高校生を考察していくか、ということです。これからお話しする第二部は、あくまで仮説で、実証性はまだ十分ではありません。まったくないということはありませんが、きちんと検証されたということではないので、このデータとか他のもろもろのデータを重ね合わせて、私が立てた仮説と考えてください。その仮説をこれからお話させていただきます。

3　デュルケム社会学と犯罪化・非犯罪化

ただし、その前に、仮説のなかでデュルケムという人が出てきますので、デュルケムについて予備知識的にお話させていただきます。

デュルケムは三大社会学者の一人でして、今からほぼ一〇〇年前のフランスで活躍した有名な研究者です。偉大な研究者というものは皆、時代と悪戦苦闘していますが、デュルケムも例外ではありません。彼は、近現代社会を個人主義社会として捉え、何千年と続いてきた人間の歴史のなかにあって、ここ三〇〇〜四〇〇年前から徐々に出てきて、現在圧巻している個人主義という大きな時代変動を研究対象としたのです。

私はデュルケミアン（デュルケムを尊敬して研究している学者）ですので、私自身も、この近現代、わが国における明治以降の日本を見たとき、その根底に流れている歴史的な大きな変動を個人主義と捉えます。そして私のライフワーク、つまり生涯の研究は、個人主義社会のなかでの青少年問題ということです。

この個人主義社会のなかでの青少年問題を、非行だとか逸脱行動だとかという面で研究する場合もあれば、セクシュアリティ、性という面で研究する場合もあります。また、私はわが国の個人主義社会というものを前期、後期とに分けます。前期はまだ貧しい時代の個人主義社会、後期は豊かな時代での個人主義社会です。つまり、豊かな時代の個人主義社会のなかでの青少年問題が私のライフワークであり、これから私が申し上げる仮説も、根底はここにあるということです。

今一つ、犯罪化・非犯罪化ということについてお話しします。

この概念は、一人の子供が非行に走っていく過程という意味ではありません。ある行為が時代の推移によって犯罪とみなされるようになるのが犯罪化です。行為というのは、そのままでは犯罪を構成しません。例えば、人を殺すということ。これはとんでもない犯罪だと皆さんは思うかもしれませんが、犯罪は「殺人」であって、「人を殺す」というのは行為です。したがって、戦争中に敵を殺しても犯罪にはならないわけです。それが殺人となるのは、人々が「とんでもないこと」と思うからです。もし全世界の人たちが「人殺しはいいことだ、やれやれ」などということになったら、犯罪ではなくなってしまうわけです。

ある行為が犯罪とされていく過程を構成要素的に部分的に分けてみると、まずは一般の人々が「これは悪いことだ」、「犯罪だ」、「許せない」と犯罪視する過程（犯罪視化）。さらに、法律を作る過程（立法化）。法律があった場合は、もっと厳罰に法を厳しくする過程（厳罰化）。現場の警察等が厳しく取り締まる過程（取締強化）。これらのことをひっくるめて「犯罪化」と言い、その逆を「非犯罪化」と言うわけです。

一つ例を出しましょう。覚醒剤は一八八八（明治二一）年に合成された合成薬物です。日本人の長井博士という方が、麻薬を作ろうとしたわけではなく、人々のためになる薬として作ったのです。事実、明治から大正にかけては薬として使われていました。うつ病患者に投薬するのです。うつ病の人に与えるとすっきりするので、症状がすごくよくなったと言われています。戦争中には軍需物資になりました。通称「突撃錠」と呼ばれ、重宝されていました。戦後は闇物資として大量に流れ出て、生きる意味を喪失した若者がそれにしがみつきました。そして大きな社会問題になっていき、犯罪になったのです。覚醒剤は戦後に犯罪化した代表的な例です。

この犯罪化・非犯罪化を性犯罪に関して見てみると、小説、映画、舞台、写真、漫画等の性描写に関しては、つまり、猥褻といったことに関しては、現在、非犯罪化が進行しています。終戦直後のストリップでは「動いてはいけない」ということで、もし動いたら犯罪として摘発されたわけです。ですからストリップ嬢は腰から下は隠して、乳房だけを見せて、しかも乳首には紙等を貼りつけ、動いてはいけないので、「額縁ショー」と称して、舞台に大きな額縁を作り、絵のように五分間か一〇分間か幕が下りるまでポーズをとり続けたということです。そのうち「ヘアーは駄目だ」といって塗りつぶしたりしていましたが、今はヘアーなんてほぼ完全に見えています。このように、非犯罪化になっているわけです。

売春に関しては売春防止法ができ、それによって犯罪化になりました。以来、ずっと犯罪化になっていたのですが、最近は「いいじゃないの」という売春合法化の声が聞こえてきます。売春賛成というと、以前ではスケベおやじの意見と思われていたわけですが、今はそうではなく、女性の味方というフェミニストの人たちが売春賛成に回っています。今、売春に関してフェミニスト方たちは二つに意見が分かれています。売春というのは「女性の人格を売るものだ、許せない」と言うフェミニストの方もいれば、「売春は女性の特権的労働である。頭で労働するのと肉体で労働するのと労働に優劣はない。女性性器を使って労働してどこが悪いのか」と言うフェミニストの方もいるわけです。こういうふうに分かれて、今また非犯罪化の方向に向かっています。

ところが、強姦罪はかなり厳しくなり、さらに新しい法令が出てきています。セクハラ、ストーカー、児童の性的虐待に関してです。ポルノはいいけれど児童ポルノは駄目、犯罪化です。同じ性というものであっても、一方は犯罪化に向かっていて、今一方は非犯罪化に向かっています。どうしてでしょう。私は一〇年くらい前からずっと疑問を持っていたのですが、これも私の仮説だと理解できるのです。

先ほどの調査データでの「お互いの同意」「本人の自由」ということから推察すると、どうも「合意」というものが性に関しての一つの歴史変動概念になっているのではないかと思うわけです。

4　性の歴史的変遷

いかなる時代、いかなる社会にあっても、性はコントロールされます。もし性に対するコントロールがない社会であれば、その社会は滅びます。どんなことでもいいとなれば、近親姦だろうと強姦だろうと認めることになってしまいますから。何でも許されるという社会など絶対にあり得ません。性秩序を保つための性のコントロールは社会存続のために絶対必要なものなのです。その性のコントロールをつかさどる装置が、歴史的に〈制度から愛〉へ、〈愛から合意〉へ移ってきているのではないか。完全には移っていませんが、移りつつあるのではないか、ということです。

これを別の次元で、性をその時代ではどう考えていたかという性観念の歴史的変遷で見ていくと、〈制度によるコントロール〉と対概念になるのは〈生殖としての性〉です。性をコントロールするのは、性に生殖があるためである、産む・出産する、それがあるためだということです。そして、〈愛によるコントロール〉は〈絆〉と結びつきます。性というのは男と女の絆なのだという観念です。〈合意によるコントロール〉では、それが〈気持ち良さ・快感〉といった自己の快楽になってくるのです。

これらのことを今度は性関係といった次元で見てみると、制度によるコントロールでは、当事者である男と女の性関係が主ではなく、家と家との関係が主になります。家と家との関係のために、男と女の性関係が制度によってコントロールされているのです。これが愛によるコントロールでは夫婦関係となり、合意によるコントロールでは必ずしも夫婦でなくてもよいパートナー関係となるわけです。このパートナー関係は長く続く恋人関係でもいいし、一夜だけのパートナー関係でもいいと位置付けることができます。

さて、今までのことをここでまとめてみますと、〈制度によるコントロール―生殖としての性観念―家（もしくは一族）関係〉がセットとして、〈愛によるコントロール―絆という性観念―夫婦（もしくは家族）関係〉がセットとして、〈合意によるコントロール―心地良さ・快感―パートナー関係〉がセットとし歴史のなかで性を巡る装置となっているのです。そして性を巡る歴史は、コントロールということでは、〈制度から愛へ・愛から合意へ〉という歴史的変遷を、性観念ということでは、〈生殖としての性から絆としての性へ・絆としての性から快感としての性へ〉という歴史的変遷を、さらに関係ということでは、〈家関係から夫婦関係へ・夫婦関係からパートナー関係へ〉と歴史的変遷をたどっている、ということです。

5　それぞれの時代の性

それでは、今度は三つの時代のそれぞれについてお話ししていきます。

制度によるコントロールの時代には、まず女性の性を統制します。なぜなら女性は産む性だからです。特に、財産のある家の女性の性が統制されました。したがって封建制社会で最も性をコントロールされたのは、上層部、支配階層・金持ち層の女性たちです。江戸時代なら武士、豪商、豪農といった家の女性たちです。

長屋の八っつぁん、熊さんの娘あたりは何度出戻っても構わないのです。以前は性に対して非常に禁欲だったと言われていますが、文献等を調べてみると、それはどうも嘘のようです。明治、大正、昭和の初期くらいまで、農村では夜這いというものがかなりなされていました。若衆組とか娘組では、仲間内で「今週は誰それ」というふうに合意が形成されていましたし、女性の家の親も、雨戸を一カ所開けて入りやすくしておき、わかっていながら寝るか寝た振りをするという感じでした。このように、財産や土地がなく、家柄も身分もないといった女性の性は、たいしてコントロールされませんでした。

しかし、財産や地位のある人たちにとっては、自分の血の繋がっている子供を産む女性が不可欠となり、その女性に関しては絶対に他の男を排除するということが必要でした。結婚前は処女、結婚したら夫とは子供を産むために絶対にセックスをしなくてはならない、そして夫以外の男とは絶対にしてはならないという、今では大変きつい規制があったわけです。しかし、規制の対象とされた女性たちは恵まれた女性たちでした。なぜならば、財力・権力のある一族のもとで少なくとも衣食住は確保できていたわけですから。

こうした女性たちとはまったく対照的な、産んではいけない女性もいました。売春婦です。売春婦とは、男性の性的快楽用にできた女性なわけです。したがって、産むことはタブーとされています。もし産んだら、その赤子は殺されるか、どこかに預けられたりして闇に葬られることになります。そういう意味で、やはり女性は統制されていました。

こういう両極端で、性をコントロールする制度ができていたわけです。要するに、時代が制度を作り、制度が逸脱を作るのです。それ故に、この時代の性の逸脱とは、女性に関してのみですが、婚前交渉であり、結婚してからの不倫であったわけです。さらに、意外にも逸脱とみなされるのがマスターベーションです。なぜなら、これは出産とは無関係な性的行為であるからです。同性愛も子供ができないので同様です。こうして制度と観念が結び付き、時代の逸脱を生んでいくということです。

次に愛によるコントロールの時代。この時代の逸脱は愛のないセックスです。昭和三〇年代の流行歌には「あんた泣いてんのね」とか「だから言ったじゃないの」などと、女の恨み節がいやというほど出てきます。躰を捧げて結局捨てられる女という言説が、昭和二〇年代、三〇年代には浸透していました。また、これから結婚する人とは「運命の赤い糸で結ばれている」となっていたのです。その人に身も心もすべて捧げて、一生涯添い遂げるのだ、という観念が支配していました。こういう観念の浸透は、失恋した女性を自殺に追い込みます。昭和三〇年代初期、若い女性の自殺理由のナンバーワンは失恋です。今の女子大生ではそんなこと絶対にあり得ません。赤い糸は何本もあるのです。一本ぷつんと切れたらまた予備の糸を結ぶだけです。同時に三本くらい結んでいる子もいます。そんな感じですので、糸が一本切れたから自殺するということはありません。

愛が性をコントロールする時代を考えてみてください。愛のない不毛の夫婦は別れたほうがいいと言われているでしょう。もし愛がなくて、すでに関係が破綻して別居している亭主が無理やり奥さんを犯せば、それはレイプになります。制度的にはまだ結婚しているのですから、制度による性のコントロールでは許されますが、現在では愛によるコントロールのほうが勝っています。よって、レイプとなるのです。

「婚前交渉は駄目」と言われていたのが、昭和三〇年代になってくると「結納を済ませていればいい」となり、さらに、家対家の約束でなくても「お互いに結婚を約束し合っていればいい」ということになります。いずれ結婚して制度としても認められるから、ということです。ところが昭和四〇年代では、結婚に関係なく、「愛し合っていればいい」という考えが勝利を収めます。性コントロールの制度から愛への変遷です。

さて、次は合意についてお話しします。合意による性のコントロールの時代では、合意のないセックスは駄目となりますから、無理やりするレイプは犯罪となります。セクハラだってストーカーだって合意がないので駄目。すると、犯罪化の意味がわかってきます。性犯罪で犯罪化になっているのは全部、合意のない犯罪なのです。ですから「子供の性は駄目」となるのです。五つ、六つの子に「いい？」などと言えば、わかりませんから「うん」と言ってしまいます。そんな合意など成立しません。

逆に、合意があればいいのか？ということになってきます。これがよく言われる「今の性は乱れている」ということなのです。性に対してのコントロールはあるのですが、大半の人々の考えている性のコントロールは制度と愛です。この二つしか頭のなかにないので、一夜だけの関係でも構わない、遊びであっても構わない、愛がなくても構わない、となると、「乱れている」と思ってしまうのです。「遊びでセックスしようか」、「うん、しましょう」。これは合意です。一夜だけの関係も合意です。朝になると「さようなら」なのですが、相手が「さようなら」なのに、まだ「自分の女だ」と思ってしまう馬鹿男が出てくる。これがストーカーです。「一度抱かれた女は男の言いなり」と思う古いタイプの男は現代社会では極めて危険です。

さらに言うと、「お金を払っての合意」も成立するということです。売春の非犯罪化・合法化です。今は違いますが、この合意がさらに進んでいくと、何年後かわかりませんが、近親相姦ですら許容されるようになるでしょう。一八歳以上であれば、父と娘、母と息子、兄と妹、姉と弟、祖父と孫娘、祖母と孫息子、等、「合意」ということでは、理屈としては当然ありえることです。

アメリカで実際にあった裁判です。二人は恋人で、よくデートしていました。もちろんセックス関係もあります。その週末の土曜日も、いつものようにデートをする約束をしていました。ところが当日女性は気分が悪かったので取りやめにしようと思ったのですが、彼が望んでいるので、頑張ってデートに付き合います。デートが終わって、帰りがけ、男性はいつもどおり女性を家に送って行きました。いつもするように男性は女性の部屋に入ってキスをしました。女性が「今日は気分が悪いから」、「やめて」と抵抗したにもかかわらず、男性は無理やりセックスをしてしまいました。女性が「いやだ」、「やめて」と抵抗しているのに、してしまったわけです。恋人同士、愛し合う二人。しかし、愛があっても、その日はいやだった。つまり、合意がなかったのです。判決では有罪になりました。

6　今日の性

以上のことから、現在性関係が成立するのは、三つのパターンだということが分かります。

一つは〈合意＋愛＋結婚〉です。これは結婚した夫婦の性関係です。結婚は制度です。それに愛が入り込むと「恋愛結婚」という近現代の制度となります。愛は、言うならば長期的合意・長期契約です。これがあるから、夫婦間の性関係は合意となります。二つ目は〈合意＋愛〉です。恋人同士の性関係です。愛し合っていれば、ほぼその前提として合意が成立しています。先ほどの例は、愛していてもその日は合意がなかったという、ごくまれな例です。三つ目は〈合意〉。売春も含めて、行きずりの性関係・遊びの性関係です。

合意が成立すれば性関係は成立します。しかし、合意がない限り性関係は成立しません。制度だけでも愛だけでも成立しません。愛だけで成立していると錯覚していたのは、愛には当然合意が含まれているという前提だったからです。もちろんそうですが、現在では、愛と合意が分離され、合意だけでの性関係が当然視されて来ているのです。

ここで今ひとつ例を出しましょう。私は同性愛者の人生史をずっと追っています。レズビアン（女性同性愛者）の場合、互いに知り合って即性関係ということはあまりありません。お互いにおしゃべりをして、その人と楽しい時間を過ごして、初めて性関係を結びます。したがって、レズビアンの人は性関係を結ぶと案外長く続く傾向にあります。要するに、〈愛＋合意〉によって性関係が成り立っているのです。レズビアンの方だけではなく、一般にヘテロセクシュアル、つまり異性愛の人たちも、女性はだいたいこんな関係です。

ところが、ゲイ（男性同性愛者）の人たちはちょっと違います。誘われても、いやだと思うと「ごめん、申し訳ないけれど好みではないので」と断る。断りに、「愛」を出してこない。まずは外形から入るので、好みでないと駄目なのです。もちろん、外形といっても顔と躰だけではなく、服装だとか雰囲気、態度など全部を総合しての外形です。それで好みだと性関係を結ぶ。性関係を結んで気が合って、おしゃべりしても楽しいとなると、そこで付き合おうか、ということになります。よって、愛と合意が同時に成立するのではなく、まずは合意が成立し、その後で愛が芽生えるということなのです。

最近の大学生で、驚いたというか、考えさせられたというか、とにかく一つの発見をしたことがあります。ある女子学生が「付き合うことになりました」、「付き合ってくれと言われたので、それで恋人になりました」と言う。ところが、話を聞いていて、私は混乱し出してきた。付き合うことになる前に、もうその相手とは性関係があったのです。しかし、そのときはまだ彼氏ではなく、「友達以上恋人未満」ということで性関係があっただけで、まだ付き合っていなかったと言う。「婚前交渉」ではなく、〈恋人前交渉〉だったのです。婚前交渉によって制度から愛に変化していったことが確かめられたように、この恋人前交渉によって、愛から合意への変化が確かめられるのです。行きずりの愛、遊びの愛だけでなく、恋人関係にあっても、愛し合って恋人になって、そのあとでセックスするというのではなく、気心が知れたらとりあえずセックスをして、そのあとで愛が芽生えたら、そこで今度は恋人関係となる、という順が、ごく当然のことのように出現しているのです。「友達以上恋人未満」では〈合意〉のセックス、恋人関係になって〈合意＋愛〉のセックス、この二人が結婚すれば今度は〈合意＋愛＋制度〉でのセックスということになるのです。

以上、調査データや様々な日常でのケースを考え併せると、かなり信憑性のある仮説（まだ実証されていませんが）として以上のことが成り立つのではないかと思うわけです。ところが、この仮説がもし正しいとなると、合意による性コントロールの時代というものを、いま少し深く考えていく必要が出てきます。そして、そうしますと、この合意の背後に個人主義社会の大きな問題が潜んでいるのが見えてきます。

7　個人主義社会と人権神

一〇〇年前、デュルケムが個人主義社会というものを研究したとき、彼はある予言をしました。これからの個人主義社会においては、すべての神は没落していく。キリスト教の神、仏教の神、イスラム教の神、等々、絶対性を持たなくなっていく、ということです。今、私が教壇に立って「神なんて、いるわけない」、「キリストがなんだ」、「マリアだってただの女。処女受胎なんてウソ」と言っても、私は大学を首になりません。マホメットを批判しても、ちょっと危険にさらされるかもしれませんが首にはなりません。天皇批判も、一部の学生から抗議が来るかもしれませんが、問題ありません。ただし、人格を否定するような発言をしたら、極めて難しいです。デュルケムは、個人主義社会では、個人主義社会であるがゆえに否定できない絶対神が出てくる、それは人格である、と言います。「人格崇拝」という言葉を出してくるのです。この人格が絆や愛に繋がっているのです。よって、先ほどお話した売春反対のフェミニストの方々は、「性は人の人格の一部であり、性行為は人格と人格のふれあいである。売春はこの人格の否定である」という論調を張る。ここでは、〈性＝愛＝絆＝人格〉という図式が成立しているのです。

ところが、一〇〇年経った今、「人格」よりさらに強力な神が個人主義社会に出現しています。〈人権〉です。法律社会になるにつれて、人格崇拝が人格の法律的形態、〈人権崇拝〉になってきたのです。つまり、現代は人格の時代ではなくて〈人権の時代〉になってきているのです。よって、先述したように、人格を否定する以上に人権を否定したら首になります。人格というのは教養を積み経験を積んで、つまり学習したり体験したりして、やっと獲得するものです。性は人格といったとき、そこには教養と経験を積んだ重みのある性がイメージされます。ところが人権は人間であれば誰でも持っています。どんなに卑しい人にも人権はあります。人格はなくても人権はあります。ということは、〈性は人権〉となると、どんな人でも人権を損なわない限り、つまり強要ではなく合意であれば、誰もが誰とでもセックスしていい、という正義が成立します。

たとえ性に関しての自己コントロール・自己管理能力がなくても、人権はありますから、「やろうか」、「うん、しよう」で性の合意が成立してしまうのです。きちんとした自己管理能力と自己決定能力を持った上での合意でなければならない、と言っても、では、いくつになったらきちんとした能力が形成されるのか、残念ながら科学的な根拠はありません。しかも、当然一人一人異なるでしょう。

さらに、先ほど述べた無関心の寛容性が問題となります。中学生、高校生だけではなく大人も、「私には関係ない」と見て見ぬ振りをする「寛容」です。自分に災いが起こらなければ、また自分に不利益でなければ、「関係ない」という感じです。そうなると、無関心の寛容性のなかで自己管理能力や自己決定能力のない子供たちまでが、お互いに合意でいいではないかというような時代の流れに乗ってしまうことになります。子供にも人権があるという正義の言説は、子供にも合意の権利を与えます。合意しえる存在となった子供たちは、合意が性のコントロールである限り、性という快感を味わうことは当たり前です。現在はそういう時代なのです。

8　性的な躾の時代

お話の最後として、性的な躾の時代についてお話しします。

考えてみてください。人の躾がこれほどに性的な注目を浴びたのは、現代しかないのです。歴史的に見ると、男の躾も女の躾も、まずは〈働く躾〉が第一に求められました。女性は第二に〈産む躾〉です。いい子を産む躾が一番良かったのです。〈性的な躾〉が要求されていたのはごくごく一部の女性、例えば歴史的にずっとさかのぼると白拍子といったような女性です。男はさらに〈戦う躰〉でした。戦国時代はもちろんのこと、人間の歴史の大半は、男の体は働く躰と戦う躰だったと言っても過言ではないと思います。

それが明治以降になると、男の躰はもう駄目になってきます。芥川龍之介や夏目漱石の躰を思い浮かべてみてください。顔は強烈な個性を発揮しているにもかかわらず、躰はなかなか思い浮かべられないと思います。芥川龍之介など脱いだらおそらくものすごく貧弱だったと思います。しかし、彼らは頭で勝負したのですから関係なかったのです。つまり、ホワイトカラーが出てきたとき、男は頭で勝負するようになり、その結果、躰は頭を乗せておいて病気をしなければ、それでよい存在と化してしまったのです。

ただし、ここ二〇年来、頭で勝負できないような時代になってきました。頭で勝負する男はごく少数のエリートだけとなってきました。高校を卒業しても、いや大卒でも、頭で勝負する立場に立てる人など少ない。といって、肉体労働で働くという時代ではないし、戦う時代でもない。豊な社会では、金と地位で女をものにするよりも若さと性的魅力でものにしたほうが効率的である。そんな時代では、男の躰も性的になるのは当然です。「男が女性化した」とか「男が中性化した」とか言われていますが、それは男の躰も性的魅力を第一とする時代になったということが大きな要因としてあげられます。男も躰で勝負する時代になったのです。それ故に、男でもエステが流行り、体毛を除去し、美しい躰を競うようになったのです。

女の人は働く躰、産む躰から男以上に性的な躰になっていきました。女性が〈頭を支える躰〉になったのはごく最近のことで、女性が社会に進出し、「キャリアウーマン」などという言葉が使われだしてからです。それ以前に、既にほぼ全ての若い女性の躰は性的な躰となっていきました。銀幕のスターが顔だけでなく躰も競い合い、「ミス〇〇」などというたわいもない祭典が登場するのも、こうした性的躰の時代ならではのことです。売春を禁止しておきながら、躰の性的魅力化は歓迎している時代なのです。

9 まとめ

最後にまとめさせていただきます。今日の話は、まずデータを紹介させていただきました。次に、性コントロールの歴史的変遷を見てきました。制度から愛・愛から合意、産む性から絆としての性そして気持ち良さとしての性、家関係から夫婦関係・夫婦関係からパートナー関係。こうした時代の変遷が、それぞれの時代固有の性的逸脱を生み出してきたわけです。性の時代的変化によって、統制する内容も逸脱の内容も違ってくるわけです。しかも、現在の性を考えるとき、「人格崇拝」から〈人権崇拝〉という個人主義社会の絶対的正義の大きな変容を読み取ることが出来るのです。さらに、性の変容は、〈性的な躰〉〈性的魅力の時代〉を出現させ、さらに複雑に性の時代というものを作り上げているのです。

なお、このようなへんてこな話をするのは、たぶん日本で私だけだと思います。

（二〇〇六年一月二八日）

〔引用・参考文献〕

『青少年とポルノコミックを中心とする社会環境に関する調査研究報告書』総務庁青少年対策本部、一九九三年三月。

『青少年とアダルトビデオ等の映像メディアに関する調査研究報告書』総務庁青少年対策本部、一九九四年三月。

『青少年と生活環境等に関する調査研究報告書』警察庁生活安全局少年課、二〇〇二年一二月。

矢島正見編著『男性同性愛者のライフヒストリー』学文社、一九九七年。

矢島正見『忠犬パパは眠れない』宝島新書、二〇〇一年。

矢島正見「現代青少年の性意識」『犯罪と非行』一一五号、（財）青少年更生福祉センター・（財）矯正福祉会、一九九八年二月、二六―四八頁。

矢島正見「最近の若者文化と性」法務省保護局編『更生保護』第四九巻第八号、更生保護法人日本更生保護協会、一九九八年八月、六―一一頁。

矢島正見「青少年健全育成の今日的課題―性をめぐって―」『少年法の展望』（澤登俊雄先生古希祝賀論文集）現代人文社、二〇〇〇年、一〇一―一一九頁。

矢島正見「性的魅力としての躰（1）」「性的魅力としての躰（2）」『青少年問題』第四五巻一〇号・一一号（一九九八年一〇月号・一一月号）、財団法人青少年問題研究会、一二―一七頁、二二―二七頁。

自分探しをする若者たち

青少年問題のいま

古賀正義　教育学専攻 教授

KOGA Masayoshi

1　今日の自分探し

(1) 臨床的に研究する

私は、若者たちがいま生きている生活の世界に、自ら入っていってフィールドワークを行うという臨床的なタイプの研究をしてきました。教育研究でも、アンケート調査をして終わりという場合があるのですが、直に行って観察したり話を聞いたりという地道な作業にこだわってきました。その場で生きている当事者の考え方や生の声がとても大事だと思うからです。

先日「知の回廊」というテレビ番組を制作しました（二〇〇六年三月、八王子テレメディア）。ここでも、ニートと呼ばれた人たちの話を聞いて、彼らが何を考えて生きてきたのかを言葉にしてみようという内容にしました。ニートというと、概して〈元気がなくて、何を言っても言葉が返ってこないのでは〉という思い込みがあります。ですが、実際に行くと、意外にいろいろなタイプの人がいます。例えば、「僕はサッカー好きで、子どもの指導を続けてきました。そこに時間をさいていたら、仕事に就くタイミングを失ってしまった」という人もいて、驚かされます。だからこそ、現場で生きる人たちの想いを大事にした研究をしたい。そう思います。

そこで、今日は若者の「自分探し」ということについて考えてみたいと思います。どの時代にも「自分探し」はあったと思います。自分はどんな人なのだろうかという疑問は、どの人にとっても興味があり、いつも考え続ける大きな課題だと思います。しかし、今日の若者たちの自分探しには、我々世代とは違う特徴があります。それは、いったいどのようなものなのでしょうか。

(2)「ジコブン」の時代

まず気が付くのは、「自分がどんな人なのか評価してみたい」という想いが、表に出るようになってきたことです。中央大学では最近「キャリアデザイン」という授業を始めました。この言葉は、耳慣れないものかもしれません。多くの大学がだんだん就職のうまくできない人、職場に出て適応できない人を抱え始めています。中央大学はそういうことが少ない幸せな大学の一つですが、それでも、短いスパンで就職を考えるのではなく、学生の人生とか一生の中で仕事について考えるようにしていこうと考えています。

『キャリアデザイン・ノート』という学生向けの冊子もあります。これは、一年生のうちから「キャリア」(これからの仕事や生き方)を考えようというもので、仕事を考えるためのプロセスを記入するものです。そこには、「これまでの自分をチェックしよう」というコーナーがあります。多くの学生が「ジコブン」と呼んでいる作業です。自己分析を略して「ジコブン」。カタカナになっているのがみそで、少々軽いノリでできるという仕掛けです。一年生に入学してきた時から、ジコブンを手助けすることが行われています。

学生にとっては大変興味があり、ナイーブに受け止めたくなる課題らしく、このノートを一生懸命埋める学生もいるようです。例えば、「高校三年間で経験したことは何ですか」とか「これまで一番感動したことは何ですか」というような質問に一つひとつ答えていって、自分について考えていくという作業をしているのです。これまでの自分について整理する。「どのようなことを大切にして生きてきたか」を考えるということです。

(3) ジコブンしたい気分

誤解のないように言っておきますが、これは大学が無理にやらせている作業ではありません。学生たち自身が、ジコブンに大変興味があるのです。〈ジコブンしてみたい〉、〈ジコブンの結果を受け止めてみたい〉と思うわけです。受け止め方は様々ですが、本当の自分はどんな人かを知りたいし、考えたいのです。

私自身を振り返ってみると、中学生ぐらいの時、書棚から引っ張り出した本に「我とは何ぞや」などと書いてあって、鏡を見ながら「僕って、どうして生まれたんだろう」と考えたりしたこともありました。こういう作業は、生に対する「自己確認」と言ったらいいものかもしれません。

ここでの「ジコブン」と、それとはかなり違います。つまり、「ジコブン」は、〈自分について誰かが評価してくれる〉、〈誰かに聞きながら自分を知ってみたい〉という想いなのです。一定の客観的な方法によって、少しだけでも、自分がわかりたい。わかるような気がする。そこが大切なのです。

（4）「素の自分」

「ジコブン」の気分は、最近人気のあるテレビ番組にも現れています。芸能人が自分探しをするパーティーを見せる番組があります。ここでは三人のタレントが、全く打ち合わせのない状態で、ある場所に集合させられ、「どこかでパーティーをしなさい」という指示を受け、実行します。その一部始終を番組にするのです。

ここでは、「素の自分」を見せるということがウリです。まっさらな自分が見える。いつも芸能人として演技している人が、本当の自分を垣間見せる。その魅力を見るという趣旨です。隠しカメラが付いていて、雑談をずっと撮っていく。組み立てた番組ではなく、偶然の「素《ス》」が表れるところを見るわけです。恋バナ（恋愛話）でちらっと出る女の人の本音、男の人の本音。バラエティー番組でも、自分を見つけることがテーマなのです。

これと別に、占い師や心理学者が出てきて、「あなたの前世は」「ＤＮＡは」と問いかける番組もあります。

自分が背負っていた過去（トラウマ）がどんなものかを語る番組もあります。自分というものが、いつもは見えない自分の奥へ奥へと、どんどん深く掘り下げられていく。こういう番組が、視聴率も高いのです。

2 自己を「探す」

(1)「ナンバーワン」と「オンリーワン」

私のような中年世代ですと、「若者は、たった一人の自分の姿を知りたい。唯一かけがえのない〈個性〉がどのように表れているのか知りたいのだな」と考えてしまうわけです。だから、学生に、「自分が見えにくいのだね。あなたという個性がわかりにくいのだね。」と言ったりしがちです。

例えて言うなら、《世界に一つだけの花》の歌詞のような気持ちなのかなと思うわけです（会場に曲が流れる）。私は、この曲を聴くと少々感傷的になってしまいます。この歌詩の中には、困ったように笑いながら迷う人がいるとか、どの花も頑張って咲くからきれいだとか、若者を励ますようなフレーズが多々あります。歌詞を読むと、「ナンバーワンでなくてもいい。オンリーワンなら」というメッセージが読み取れます。

ここにいらっしゃる方々も、もしかしたらナンバーワン志向で生きてきたかもしれません。私も、「一生懸命勉強しなきゃ」、「いい大学に行かなきゃ」と思ってきました。受験体制の中で、「ナンバーワン志向」には大変な重みがあったわけです。〈努力して勉強し、いい仕事、安定した仕事に就こう〉、そういうことが多くの人の目標ではなかったでしょうか。

私も、学習塾帰りの子どもたちを、夜見かけたりすると、「この子たちは、誰かにナンバーワンを求められているのかな」と思ったりします。それが悪いと言っているわけではないのです。苦労を乗り越えることが、自分を確立することだ。「アイデンティティ」というものだ。こう教わってきたということです。だから、歌詞にあるように、「ナンバーワンだけではない。一人ひとり違う。オンリーワンでいいじゃないか。」「個性がある。どんな生き方も大事にしなくてはいけないよ」というメッセージに、共感を覚えてしまうのです。

(2)「探す」ための自己

ところが、学生たちに、「君が言っているのは、オンリーワン指向だろう」と言うと、少し怒ったような表情で語り出すことがあります。「先生の言っていることとは違います。オンリーワンと言ってしまえるぐらいなら、もっとずっと楽になれるんです。」と言うのです。

ある時、学生が、３２６《ミツル》というパーソナリティーの本（『３２６―ナカムラミツル作品集』マガジンハウス、一九九八年）を持ってきたことがありました。この本を読んでみると、「自分らしく生きるコトのムズカシサは本気で生きてる君にしかわからない。それを知っている君は、すばらしいキミなんだと思うよ」といった詩が書かれています。

これは、ＳＭＡＰを聴く私の感性とは随分違うものです。自分らしく生きることの難しさは、それを考えた人にしかわからない。迷って考えていること自体が大事だと言っているわけです。オンリーワンと言えるくらいなら、もう問題は解消していると言うのです。

「自分を探しているのではありません。探している自分が、愛おしいということを理解してほしいのです。探し続けている自分たちを、認めてほしいのです」と、学生は言います。「自分」というものがはっきりわかることは、一生ないかもしれない。いつまでも括弧にくくられていて見つけられないけれど、「探す」ということは、いまも一生懸命している。「懸命に探していて、立派だ」と励ましてくださいというわけです。

(3)「自分らしさ」への焦燥

「探す」という動詞の部分に重きがおかれる。この考え方は、友達との関係にも延長されます。先のミツルふうに言うなら、「どんなに友達がいたって、いつも一人じゃないかと不安になる。でも、みんな不安だ。一緒に分かち合おう。だって、友達なんだから。」といった具合になるのでしょうか。ひとりぼっちを共有する友達って、どういう友達だろう。矛盾してしまう話ではないかとも思えます。このように「メタな」、一歩後ろに下がったような見方で、自分探しを捕えるということなのです。

こういう探し方は、もう少し困難を抱えた人たちになってくると、自分らしさへの焦燥といった事態にもなりえます。フリースクールにいる子どもたちがこんな作文を書いています。「でも、ここ(フリースクール)に来てから少しずつ、考えることができるようになってきた。この前、実家に帰った時に、『最近、またお前らしくなってきたな』と、言われた。自分らしさって何だろう? はっきり言って僕は、自分の自分らしいところ、自分はどういう人間かというのが、よくわからない。でも、ここに居れば少しずつ、理解していくことができるような気がする。僕は、自分らしさとは何なのかというのがわかったら、その自分らしさを見失わないように、生きていきたい」(『私たちの不登校体験記・自分さがし』北海道新聞社、一九九九年)

「探す」という作業が大きな課題としてのしかかってくる。自分らしさとか「個性」といったものがわからないと、ここから逃れられない。自分らしさに対する切迫した感覚。〈自分がわからなくては〉という想いに強くかられて生きていく人たちも、いまでは出てくるようになっています。探すことを追いかける若者たちも、自分らしい個性に囚われる子どもたちも、どこか共通した気分を持っているように思えます。

（4）「個性幻想」の社会

いまや、自分というものは「探す」もので、はっきり「ある」とは言えないものです。「自分」探しから、自分「探し」へとなったのです。自己の「確立」から自己の「分析」へ。自分の内側へ内側へと目を向けていくことにもなります。言うならば、アイデンティティからポストアイデンティティへ。いつも違ったアイデンティティが、次から次へという形で待ち構えている世界へ。こういう状態が襲ってくるわけです。

これは「自分のやりたいことしか、したくない」という言い方にもなって現れます。自分というものを、いつも欲求ややりたいことの源泉として考えて、「やりたいこと以外、したくないんだ」と言ってしまう。これが、問題を抱えたニートの人など多くの若者に見られがちな語り方の特徴です。

こういう自分探しの方向は、別な言葉で言えば、イディオシンクラシー（個性消費社会）だとも言えます。個性というものが、何か大きな力を働かせて人に迫ってくる。自分らしい個性が見つかるはずだといつも自分に言い聞かせる。そういう個性の幻想を消費するような社会が、どうも若い世代にやってきているのではないか。もちろん一面でこれは、ナンバーワン指向の社会とは違う、経済的に豊かだったり様々な情報がインターネットに溢れていたりする中で、ある種の社会的な自由だとかゆとりだとかがあることから生じてきた考え方とも言えます。だからこうした気分は、悪い面ばかりでなく、いままで多くの人がやれなかった、自分というものについての多種多様な可能性を掘り起こす、組み立ててみるという生き方も生み出しているのです。

どうしてそういうことになってきたのでしょう。自分探しをする若者たちをバッシングするだけではなく、こういう自分の捕らえ方がどうして生まれたのか、そのメカニズムを考えないといけないと強く思います。

3　ユニークネスな私

(1)「ほどほどの個性」

それでは、どういう要素がこの気分を支えているのでしょうか。これから三つのキーワードを挙げて、自分探しが生み出されてくる土壌を考えてみたいと思います。まず一つ目として、ユニークネスというキーワードを挙げましょう。この言葉は、辞書にある「異常」といった意味ではなく、その人が主張できる個性の現れといった意味で取ってください。つまり、「ほどほどの個性」を表現したい若者たちということです。

学生たちと飲みに行くと、時々面白い奴が一人くらい混じっていて、他の人ではやれなさそうな一芸を見せてくれたりします。ある学生が「僕はケチャ（バリ島の伝統的な舞踏）ができまーす」と言って、宴会の時に「ケチャ、ケチャ、ケチャ」と踊りました。周りの学生は最初「ノリがいい」と受けていたのですが、長く続けていると、皆が「引くなー」と言ってうつむき出したのです。

後になってから、「何でケチャがウケたの?」と訊くと、「だって、テイストが変わってるから」と答えます。味わいです。ケチャは西洋的ではなく東洋的です。今どきの学生たちは、かつてと違って、アジアン・テイストが好きなのです。そういう意味で、ケチャがウケたわけです。ですが、皆が受けている「ほどほど」のところで降りればよかったのに、彼はやり過ぎました。「浮いたケチャ」を最後まで見ているのは、とうとう私だけ。彼とは親しくなれたのですが、「落ち込み」モードになっていました。

この話は、結末だけ見れば悲しい努力に見えるかもしれません。けれど、ここから自分という表現の仕方が、ある場所の中で非常に微妙な「間」とか、ある種の「あわい」を持っていることがわかります。のり過ぎてもいけないいし、引き過ぎてもいけない。空気を読むことこそが、その人そのもの、個性とも言えるのです。

(2)「自分ヒーロー」か「待ち受け」か

伊藤忠のファッション分析チームが『「漂い系」の若者たち』(ダイヤモンド社、二〇〇二年)という本を出しています。若い人たちの自分らしさのパターンを「消極的／積極的」と「自分本位の自分らしさ／他人の目を意識した自分らしさ」という二つの座標軸から表して、タイプを整理しています。いまの話に一番ぴったりくるのは、「自分ヒーロータイプ」でしょうか。非常に自分本位で自分らしい、しかも活動的で積極的な「バージョンアップ」を追い求めていく。自分の好きなことにこだわる、ナルシスト、一点集中消費の人です。

これに対して反対側のタイプが、他人の目をすごく意識して、すぐに「シェルタリング」してしまう人。シェルターという防衛的な言葉が使われていますが、何か場の覆いの中に隠れることを大切にする生き方です。この状態は、「待ち受けタイプ」と呼ばれます。携帯電話を思い浮かべてください。かかってきた時に初めて待ち受け画面を見るわけですから、かかってくるまで役立たないのです。この両タイプを極として、自分がどの辺のタイプかなと考える。そういうイメージでしょう。

個性があったらあったでいいというわけではないし、なければないでも困る。この二つのタイプの間を行ったり来たりしながら、苦労しつつ自分の像を考えるわけです。ある状況の中で、「私」というものがどう見えているか、座標軸の間を盛んに探るのです。つまり、「私」はある場の中で探り出されるものであって、最初からあるものではないのです。だから、「踏み外した私」といういやな事態も起きるのです。

(3) 多元的な自己

澤田知子『ID400』（部分）1998年©Tomoko Sawada

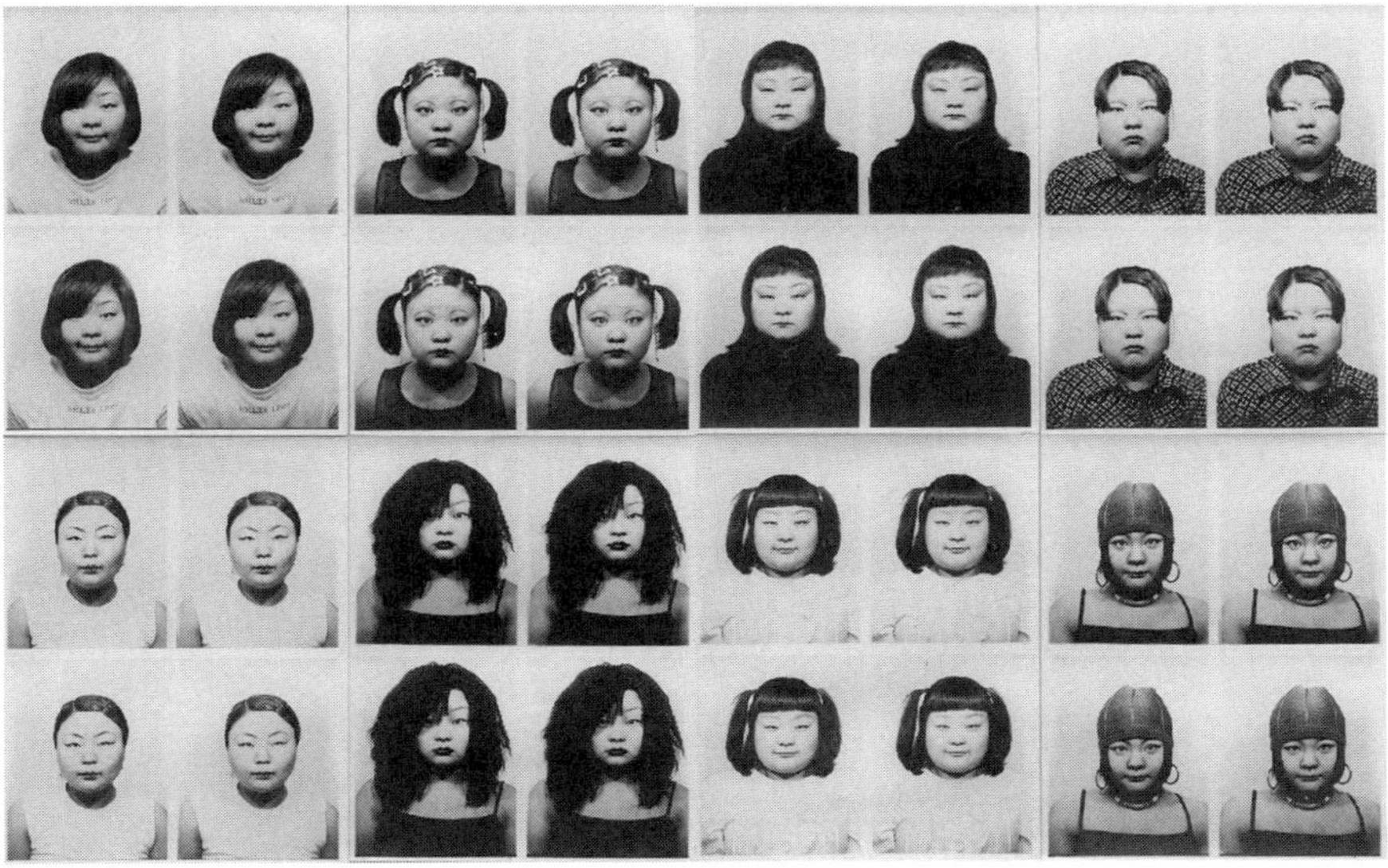

これがもっと進むと、自分の像は状況に応じて多種多様になり出し、多元化するということにもなります。この間、写真家の篠山紀信氏も出演して、澤田知子という若手写真家（第二九回木村伊兵衛写真賞受賞）を紹介するテレビ番組（ＮＨＫ教育テレビ『トップランナー』二〇〇六年一月放映）が放送されました。いまや欧米でも気鋭の写真家として注目されている彼女の作品（『ＩＤ４００』など）の話も出ていました。

彼女は、卒業制作で証明写真を撮る機械を使って、自分をたくさん撮りました。いろいろな変装をして、四〇〇通りの自分を撮影したのです。篠山氏は、いままでの写真はうまく撮る技術や撮られた人の姿が読者に伝わることを大切にしてきた。でも、これは写真家がどんな人かを写している。撮る人の視線を表現することで、いまの社会とか若者を表現することができている。すごく革新的な訴えかけの方法だと話していました。

いま一番写真に撮られるべきは、写真を撮っている自分なのだ。それをどうやって撮ろうかと考えた時に、この方法だったのでしょう。彼女は、アメリカなどでも個展を開いて、この作品の世界を見せている。こういうままでにないロジックで自分を描ける人が、世界じゅうの若者に支持されているのです。

「彼女が撮っているのは、自分ではない。若者の文化である」と言えると思いますが、多くの若者たちが、彼らなりに「たくさんの私」とか「多元的な私」というパフォーマンスの世界を読み取って、自分たち自身の姿を重ね合わせ、共感しているのでしょう。

(4)「自分らしさ」を感じる時

では、一般の若者たちは「自分らしさ」ということをどのように感じているのでしょうか。私は以前仙台にいたのですが、そこで成人式が荒れるという現象が起こり、急遽、高校生と二〇歳前後、成人式後の二三、四歳の人を対象としたアンケート調査をしました（仙台市教育委員会『成人式にかかわる青年の意識に関する調査報告書』二〇〇三年、筆者は企画立案者）。その中で、「自分らしく感じる時はどんな時ですか」という項目を聞いたのです。当初、高校生ぐらいが「自分らしく」を最も感じやすく、社会に出て行くとだんだん自分らしく感じる時がなくなっていくのではないか、社会の圧力が増すのではないかと思っていました。

ところが、男性の場合ですと、高校生から社会人までずっと一貫した割合（七割ぐらい）で、「スポーツや趣味に打ち込んでいる時」、つまり自分が好きな活動に取り組んでいる時、自分らしさを感じる人が多いのです。男性は、歳を重ねるごとに、「友達と一緒にいる時」とか「勉強や仕事をしている時」にも自分を感じられる度合いが増えていきますが、それでもなお「好きな活動」にはかないません。

女性はどうかというと、逆に歳を重ねるにつれて、スポーツや趣味にも友達にも、自分らしさを感じられなくなると回答しています。ネガティブな見方をするようになる。その分、「彼氏といる時」とか「家にいる時」とか、私的な関わりを感じるような場面に、自分らしさを感じる人が大変多くなっていきます。親密な人と関わる場で、自分らしさをより一層見つけていく。人が選ばれていくという感じです。

概ね、男性は趣味に生き、女性は他者との関わりに生きる。男女で違った形で自分らしさを感じるようです。それはともかく、年齢が進んで大人になっても社会に取り込まれる感じはなく、「自分らしく感じる時」がいろいろな局面で見つけられるという結果でした。この事実は、大変興味深いものと言えましょう。

自分らしさというものをいつまでも確認し続けられる社会があり、その中で、役割としての自分から状況の中に見える自分へと、自分探しの転換が起きていく。これが、いまのパターンだと思います。

4 インティマシーを求める気分

(1) 親密さの変容

二番目に若者たちが、インティマシー、つまり親密さや親しさを築き上げる努力をしていることを挙げたいと思います。いまお話ししたように、若者たちの自分探しは状況に依存するようになっています。どんなところでどんなふうに見えるかということが、自分のある姿だ、自分らしさだと考える。そんな時、自分を探すためのパートナーが必要です。自分というものを見つけるために、友達がいるということになります。

上智大学の武内清さんが、全国の大学一二校で、若い人たちの自己意識について調査をしています（第五六回日本教育社会学会発表）。一九九七年から二〇〇三年までの間で、その意識がどのように変化したかを見ています。五年間、割合が変わらない自己意識の項目は多いです。その中で特に増えたのが、「初対面の人と会うと緊張する」という項目でした。これは、九七年に六四パーセントだったものが、〇三年には七〇パーセントにまで増えています。親しい関係がない、初対面だと不安だという気分が、広がっているようです。

私が高校生に聞き取りをしていても、知らない人と会う時と知っている人と会う時では、『私』を使い分ける」と考える若者がいます。他人との「親しさ」というものは勝手に生まれるものではなく、自分を支えてくれる良いパートナーを見つけるための絶えざる努力の結果としてあるらしいのです。緊張は、その裏返しであると言えましょう。

(2) メル友の「カメレス」

実際、メル友という関係にも、こうした親密さへの配慮が見えます。メールのレスポンス記録の事例を見てみましょう。ある大学生のメールのやりとりの中身です。例えば、友達からクラブの試合のガンバレ応援メールが来たり、彼氏からベッドの中で「おやすみなさい」というメールが来たり、とにかく一日中メール交換がなされている様子がわかります。高校生ぐらいだと、「おっはー」という朝のメールが来たから、「ヤー」とすぐお返しメールをし、「元気?」とまた来ると、「うん」と返す。こうしたやりとりを、もちろん友達は選ぶわけですが、よく学校でも会うような親しい友達とたびたびするのです。

これは、親しい友達といつでもどこでも親しくしようという姿勢でグループを作ることであり、「フルタイム・インティメイト・コミュニティ」という研究上の用語にさえなっています。「二四時間コンビニ型でお付き合いしましょう」というのです。親しいというのは「片時も忘れないでね」というメッセージなのです。何かの拍子で親しくなくなってしまうかもしれないので、一生懸命フルタイムでレスポンスする。ある限られたメンバーの中で絶えず確認できることが必要なのです。

メールの返信が遅いと、関係が薄くなったのかと心配になる。「カメレス」と言って、カメのように遅いレスポンスは困りものです。すぐに返信することが、親しい関係を確認することでもあります。こうしてメル友であっても、気を使って親しさを互いに感じあうことが必要になります。

(3) 変わる「なま」の水位

哲学者の鷲田清一さんが、新聞記事(一九九六年四月四日、朝日新聞)の中で、「だんだんコミニケーションする時の、『なま』という感覚の水面が下がってきた。『じか』は苦痛になっている。」と、すでに一〇年ぐらい前に指摘しています。若者にとって、正面に向かい合うフェイストゥフェイスな関係、「じか」な関わりは、苦痛になっているというのです。

いま、大学生にとって、「なま」で話すというと、普通は電話をかけるというレベルを思い浮かべるようです。直に目と目を合わせて顔を見ると、「表情がわかるし、皮膚感覚もある」。ひどく気になる重い関係になります。だから、この「なま」の感覚、その水位に合っている関係が模索されるのです。ケータイもそうでしょうし、先ほどのメールもそうでしょう。親しい関係を維持するのにちょうど良い方法、ぴったりな「なま」の水位が選らばれているのです。

ちょうど親密だと言える、親近感が支え合える関係。状況が崩れていやな思いが生まれない、「優しい関係」の確保にあうコミュニケーション。そこには、こうした関わりの手段の変化も関係しているのです。

（4）ソーシャルスキルの育成法

実は、「親密さ」の問題はいろいろなところに波及しています。いま多くの学校で、「友達をつくるための方法やテクニックを覚えよう」と、ピアグループづくりが盛んです。「構成的グループエンカウンター」などの簡単な心理学手法を使って行われます。要は、ソーシャルスキル（社会性）を育成しようというわけです。

この頃は、臨床心理学の町沢静夫さんが「ランチメイト症候群」と呼ぶような問題があります。昼飯を友達と食べに行って、さてどんな話をしようか、〈雑談を何にしようかな〉と考え込んでしゃべれなくなってしまう人がいるというのです。だんだん苦しくなって、ご飯を食べに行くことが怖くなる。〈ご飯中、何か話しかけられるかもしれない。何を答えよう〉と迷ってしまう。

こうした事態を改善しようと、先の試みが行われているのです。正直言いまして、私はあまりこれが好きではありません。〈もっと違う、自然な関係作りを促したい〉と願ってきたのですが、この方法を取り入れる学校も多く、先生になりたい人にはこの技術を知っておいてもらった方がいいだろうと、教職の授業でも始めました。

よくやるのは、クラスにいる人と話しながら、その人の名前を書き写す「名前集め」という方法です。名前を聞き、自己紹介し、握手して帰ってくる。クラス全員の名前を集め終わったら座って、最後の瞬間に一斉に拍手しましょうというものです。最初の頃、大学生の大半はしらけていました。ですが、いまは違います。「とっても楽しかったです。大学なんて友達でない限り話さないので、こういう機会があってよかったです」と感想に書く人も出ます。好評なのです。限られた親密さのネットワークで生きている人たちからすると、こういう方法も価値があると言えるのです。

(5) 親密圏を作り出す

このように限られた人との親密な関係に重きをかけている人からすると、そこからはずれるのは大変なことです。逆に言うと、親密でない人たちのやっていることは、無視するのも簡単でしょう。電車の中でジュースを飲んだり、並んで化粧をしている女子高生を見かけますね。大人世代は場違いだと感じる。不愉快だという方もいるかもしれません。でも、あれは、横の友達と一緒に飲んでいる、お化粧している、という気分なのです。一緒の世界、親密な世界に入っているのです。この時、周りはもう全く関係なくなってしまうでしょう。

携帯電話が最初に街に入ってきた時、〈うるさくていやだな〉と思った方が多かったと思います。社会情報学の西垣通さんが、「それは、騒音の問題ではなく、場を支えてきた文化の問題なのです」と指摘していました。まさにそうです。公的な場だと思っていた人からすると、そこを私的に解釈し勝手に親密さに入り込んでいく人には違和感がある。つまり、若者が親密な人と付き合う姿勢は、どこでも、親密ではない人には徹底して不干渉、無関心でいられるということなのです。一面で、これは大変な意思がいることとも言えます。

以前、友達へのいじめを調べようと、「シカト」をある学生たちに見せてもらったことがあります。この「シカト」の力はすごく、私が話している横で、私のことは一切関係なく、自分たちで普段どおり話していました。〈シカトの眼差しとはこういう怖さなのだ〉と思いました。

このような親密さは、「親密圏」も構成している。「親しさ」のトレーニングが必要なほどの、フルタイムインティメイトという気分を持った「親密圏」。ここでは、ある場面で自分がどう見えるか、親しい友達に自分を評価してもらえるか、評価してもらえる友達がいるか。親密圏がこわれないような作業が絶えず求められているると言えるのです。

5　クライメットの大切さ

(1) ストレスフリーな場

最後になります。クライメット。雰囲気とか空気と訳せますが、この言葉を挙げましょう。若者にとって、居心地がいい場所とか空間は選択されるようになっています。〈居心地のいいところに行きたい〉〈悪いところからは逃げたい〉。よりすごしやすい自分の居場所を探し始めるということです。

先ほど紹介した仙台市の調査で、「どこにいると、自分らしくいられると思いますか」という質問を尋ねることにしました。聞き取りを始めると、多くの若者たちが、「自分の部屋と自分の家とは、同じじゃない」と言うのです。それで、調査では選択肢を別に用意しました。

親御さんと同居しているか否かで、また性別でもかなり回答が違っています。それでも、自分の家と自分の部屋は、いつも回答の上位二位以内です。ところが、自分の部屋は六割以上の人に支持されているのに対して、自分の家は四割強にとどまります。その差は大きい。これは高校生でも同じです。自分の家と自分の部屋は、空間としてすごく違う。その次に学校がきています。学校も友達と関わる大事な場なのです。しかしとにかく、自分の部屋が特化しています。

もっとも一番自分らしくいられて、ストレスがないと感じられることからすれば、自然な結果かもしれません。つまり、自分が素で、自由でいられる、ストレスフリーな空間の筆頭が「自分の部屋」なのです。

(2)「オタク」の部屋

岡田斗司夫というゲームクリエーターの人が、『オタク学入門』(太田出版、一九九六年)という本を書いています。そこに、オタクの部屋という図解があります。昭和五〇年代生まれの部屋を例に示している。いまのオタク世代より一〇歳ぐらい上の世代の部屋です。この本は、東京大学での授業をまとめたもので、人気沸騰の講義だったそうです。

部屋の中を見ると、エヴァンゲリオンのゲームソフト、漫画単行本、テレビや電話の子機などが、所狭しと並べられています。一つひとつのアイテムを説明していくと、多くの学生が納得していたそうです。こういう自分の部屋が一番ストレスフリーだということでしょう。気を使って親密圏をつくり上げていますから、揺り返すように、ストレスフリーな場が必要になってくる。オタク世代の部屋というのは、まさにこういう世界かもしれません。

コンビニという空間も同じだと思います。別に人との関係が希薄というのではなく、むしろ重いということがない。気を使うのであれば、行かない。儀礼的に挨拶してくれた方がいい。マクドナルドのお姉さんのように「はい、いらっしゃいませ、こんにちは」という方がいい。なまじ情緒的に「何がほしいのですか?」と言われると引きたくなる。こういう空間が、親密さと背中合わせで生じてくるのです。

言いかえれば、場を選んで、場に対応したコミュニケーションの形式が作られていく。「空気を読む」ということです。いま若い人がよく言います。すべてが「私」というものによって構成されている。こうした私事化した世界、情報消費に私化した世界がやってくることによって、自分探しの旅も永遠に続けられるということになるのです。

(3)「電車男」の世界

最後に、最近人気の出た小説『電車男』を紹介しましょう。『電車男』という作品は、若い人たちの生活スタイル、自分探しの形に非常にフィットしています。「エルメス（理想の彼女）に会いたい」。ネット掲示板で、彼は、愛を告白します。ネットという軽やかな公共圏で、私をさらけ出していく。私を語るわけです。そして、周りのネット他者がこの恋を応援する。公共の意味が変わっていく中で、自分と関わる匿名な他人が存在感を増していくことになります。

掲示板を読むと、「ワクワクテカテカ（☆入りで輝いている顔文字ふうな自分の絵）」、「女心なんてわからない

---

224 名前：Mr. 名無しさん 投稿日：04/03/28 21:51

```
 +    +
    ∧＿∧  +
  (0°・∀・)     ワクワクテカテカ
  (0°∪ ∪ +
  と＿_)＿) +
```

今こうなってる香具師挙手
ﾉｼ

---

234 名前：Mr. 名無しさん 投稿日：04/03/28 21:53

ああああああああああああああああああああああああああああ

もうわかんないの！！！
女心なんてわからないの！！！

俺ら真性毒男なの！わｋらるうううううううううううかあああああああ？

---

263 名前：電車男 ◆ SgHguKHEFY 投稿日：04/03/28 21:58

通話終了

なんというかみんなありがとう

（『電車男』新潮社、2004年、86ページより）

の!!!」、「なんというかみんなありがとう」といったメールが踊っています。どこかロマンティックで、でもどこか暗い。自分に自分で応答しているような、閉じたノリなのです。

「一人でも不安。皆でも不安」という時代。電車男は、自分探しをする若い人たちの気分にぴったり当てはまってくるのです。親密な関わりがネットを通して広がっていく。その島宇宙のような場に、自分を確認する可能性がある。いや、その中にだけ、自分が探し出せるという場合さえある。絶えず再帰的に自己確認していく。こういう世界なのです。

(4) 物語られる自己と向き合う

最近の社会学の文献でも、自己の変容は非常に大きく取り上げられています。構築主義からアプローチした『THE SELF WE LIVE BY(生きられる自己)』(ホルスタイン&グブリアム編、オックスフォード大学出版会、二〇〇〇年)や『脱アイデンティティ』(上野千鶴子編、勁草書房、二〇〇五年)という本も出て、「自分を物語る」ことの意味、語ることによる自己確認という世界が研究され始めてきています。

こうして見てきますと、「自分ってこんなものだ」と簡単には言えません。皆、「いい大学に行った」、「いい会社で仕事に就いた」というだけで、自分を語りきれないと思っている。自分なるもの、自分の個性なるものも安定しない。その中で、自分をどう語るか、自分をどう見せるのかが問われる。「いろいろな自分がいる。もっと深いところに本当の自分がいるかもしれない」と考え続けるということです。つまり、自己というものが茫漠と拡散し拡大していく。自分に迷い、自分を探すという行為に、ずっと付きまとわれるのです。

そうだとすれば、肥大化する自己の様子を、私たち大人がきちんとした言葉で語りかける必要がある。自己なるものを自分で追っかけ、また考えては追っかけるという悪循環に陥らせないように、きちんと歯止めをかけなければいけない。それは、探し続けて何が出てくるのかと批判することでは全くなく、一緒に考えて、「いま、描きうる自分の姿はこういうものじゃないか」と言葉にすることなのです。実際の若者の振る舞いを言葉にして語っていくことで、「自分を構築する」（とりあえずでいいのです）ための回路を作っておくということでしょう。大人の責任は、探す若者の手助けをして、探せている実感を与えていくということだと言えるかもしれません。

(5) いま大学でできること

「だらしない」とか「やる気がない」とかバッシングばかりしがちで、こういう若者のナイーブで生真面目な自分探しのロジックを、大人世代はいままで一緒に考えてきたことがあったでしょうか。一緒に迷いを語り合って、何が迷いのもとになっている振る舞いなのかを、ちゃんとした言葉で言うことから始める努力をしてきたでしょうか。今一度大人のあり方も振り返ってみたいものです。

そして、このように見てくるなら、大学という場もあながち捨てたものではないと言えます。こうした作業にとって、いまでも有意義で貴重な場であるということができると思います。未来に開かれた自分を考える十分な時間と多くの他者がいるということは、とても大切なことなのです。若者たちに言いたいのですが、大学生活というものの意味や価値を、いま一度見直してほしいのです。それが、いま、「自己」を生きる若者たちへの大切なメッセージだと考えます。

（二〇〇六年三月一八日）

リレー市民講座「恋愛　家族　そして未来」を振り返って

松尾正人

リレー市民講座「恋愛　家族　そして未来」（全一三回）は、二〇〇六年三月一八日が最終回となった。懇親会では、市民・学生の皆さんと講座を担当した教員・職員がビールやジュースを手にし、恋愛、家族、未来への思いをあらためて振り返り、リレー講義の感想、歓談を交わしている。今回のリレー市民講座は、一年間にわたる全一三回の開催。マスコミとの提携など、文学部のこれまでにない新たな企画であったといってよい。

今回のリレー市民講座実施のきっかけは、中央大学文学部が一学科制に改めることにあった。文学部は、それまでの文学・史学・哲学・社会学・教育学からなる五学科を、二〇〇六年四月から人文社会学科の一学科に改めることになった。学科のもとに設けられている一三専攻の名称も近年の現状に見合うように改める。その新たな文学部の特色を内外にアピールする場として、中央大学文学部と読売新聞立川支局共催のリレー市民講座を企画したのである。

新しい文学部は、大学院にまでつながる一三の専門領域を縦の軸とし、同時に専門領域を横断できる横の軸を設けて、多彩で柔軟な教育を行うことをめざした。中央大学文学部は、一〇〇人近い専任教員を擁し、それぞれの専門研究分野の第一人者を揃えている。専任教員の多くは一三専攻に所属し、大学院の専門教育と研究を担当している。一三専攻は、国文学、英語文学文化、ドイツ語文学文化、フランス語文学文化、中国言語文化、日本史学、東洋史学、西洋史学、哲学、社会学、社会情報学、教育学、心理学と実に多彩である。一学科制は、奥の深い専門研究の分野を、専攻の枠を取り外してより総合的に履修できるようにしたいという願いであった。そのような専門研究の追究と横につながる総合性は、近年の学生の多様なニーズに応える試みともなる。

今回の講座では、その文学部の新しい試みとして、一つの共通テーマを一三専攻の教員がそれぞれの専門研究の成果を生かして論じることにした。文学から見た恋愛と家族、歴史学から分析した恋愛と家族、哲学・社会学・教育学のそれぞれの分野から論じる恋愛と家族は、なかなか興味深い。専門研究にもとづく講義は、学問の奥の深さ、真理の探究、意外な切り口の面白さを会場の参加者に提供できる。専門性と総合的という新しい文学部のメリットを、まず最初にリレー市民講座で、多くの市民・学生の参加者に訴えることにしたのである。

読売新聞立川支局と文学部の引きあわせは、中央大学入試広報センターの広報課の紹介であった。二〇〇四年三月一日に西野芳明立川支局長、平野達雄デスク、恩田泰子記者と中央大学関係者が会合を持った。中央大学からは、松尾正人・中村昇両教員と鎌田弘文・依田崇臣文学部事務室職員、そして外村幸雄・森野滋文両入試広報センター職員が参加した。そこでは、全体のテーマと毎月第三週もしくは第四週の土曜日、午後一時三〇分から開催することが決まった。それまでの学部長補佐会議の意見交換に加えて、松尾・中村・鎌田・依田と中尾秀博・兵藤宗吉・宇佐美毅の実行委員会で議論を重ねた。文学部内の各種委員会、教授会の意見をふまえ、講座の講師一三人が揃ったのが三月中旬であった。同月二五日には、「恋愛、家族、未来がテーマ」「中大文学部と本紙立川支局が公開講座」として、読売新聞多摩版に大きく報道された。その意気込みは、「普遍的な思い、多角的に」とある。「リレー講座では、文学部各専攻の教員がさまざまな分野から、『恋愛 家族 そして未来』という普遍的なテーマについて語る。充実した講座となるに違いない」と掲載された。

そして、第一回は二〇〇五年四月二三日、文学部の一番大きい五〇〇人教室が満員となった。初回から四、五回目までは、教室が溢れてサテライトの部屋も使用する盛況である。毎回の講演は、読売新聞の紙面で予告が二回、概要と詳報が一回ずつの合計四回紹介された。前半の講演六回を終えた九月二四日には、シンポジウム「人と人との新しいつながりを求めて」を催した。パネラーが西野芳明・中尾秀博・杉崎泰一郎・野口薫、コメンテーターが松尾正人・宮野勝・宇佐美毅・恩田泰子、司会が中村昇で、講義とは違った恋愛・家族、未来のディスカッションを楽しんでいただいた。最後に一〇回以上参加された方に修了証書を差し上げた。その授与者は一七二人にのぼる。

懇親会あるいはアンケートの回答では、今回のリレー講座が大変に好意的に受けとめられ、高い評価を頂戴した。多忙な中で各回の講演や司会・会場整理・案内などを担当した教員・職員にとって、大変うれしい結果であった。一三回のリレー講座の開催およびその成果を取りまとめた本書の刊行が、中央大学とりわけ文学部のさらなる発展につながることを願っている。

〔中央大学副学長（前文学部長）〕

2005年3月25日、読売新聞より

恋愛、家族、未来がテーマ

中大文学部と本紙立川支局が公開講座

中央大学文学部と読売新聞立川支局は、共催による全13回のリレー市民公開講座「恋愛、家族、そして未来」を4月から始める。開催はほぼ月に1回のペースで、同文学部13専攻・コースの教員が1人ずつ登場し、表題に沿った講義を展開していく。

月1回ペース 13教員がリレー だれでも受講可

同じテーマでも、切り口次第で、語る内容は異なってくる。リレー講座の狙いは、そんな試みの積み重ねによって、視野を多角的に広げていくことにある。

「恋愛、家族、そして未来」という、だれにとっても身近で切実なテーマを、文学、歴史、哲学、社会学、心理学など、人間を見つめる学問のプロ13人にかわるがわる語ってもらい、1年がかりで掘り下げていく。「家族」は、05年の読売新聞年間テーマでもある。

同学部は2006年度に、13専攻・コースすべてを人文学科に統合することを決めている。既に同学部は500の専門科目のうち約300科目を共通して履修できる制度を設けるなど、一つの専攻・コースの枠にとらわれずに学ぶことができる仕組みを取っている。1学科制の導入により、さらに多様なアプローチで学業を進めていくことも可能になる。

そんな同学部の多様性が生み出す果実を、学生はもちろん市民にも享受してもらい、理解を深めてもらうことも、この講座の目的の一つだ。

第1回は4月23日午後1時30分から、英米文学専攻の中尾秀博教授が「1970年代のアメリカン・ポップスの場合」という副題で語る。

その後は、月1回のペースで開催（10月のみ2回）し、全回受講者には修了証を発行する。いずれの回も、会場は、中央大学多摩キャンパス（八王子市東中野）3号館3552教室（定員300人）。入場無料。だれでも受講でき、事前申し込みも不要。問い合わせは同大広報課（☎0426・74・2144）

普遍的な思い 多角的に

松尾 正人 中央大学文学部長

「家族とは？」と質問すると、学生は一瞬戸惑った表情になる。地方出身の学生の答えは「親子」「おふくろの味」。自宅通学生からは「スポンサー」「家主」といった珍答も。「ラブレターを書いたか？」と聞いても、手を挙げるものはいない。「メール」「携帯」といった回答が今日の相場であろうか。

そのような学生でも、百年前の日露戦争の出征兵士が家族や恋人に送った手紙を目にすると、胸を打たれるようだ。戦場のありさまの報告、故郷の村長や隣人への配慮、そして家族や恋人への思いが切々と記されている。まして毛筆で書かれた手紙をコピーして配ると、学生の目は本当に真剣になる。

「恋愛、家族、そして未来」への思いは昔も今も共通し、奥深い。文学、歴史、哲学、社会学、教育学のあらゆる分野からそれを語ることができる。

中央大学文学部は、2006年度から従来の5学科を1学科に改めることになった。人文社会学科のもとに国文学から心理学までの13専攻がそろい、それぞれ大学院に直結するとともに、横断的に学べるカリキュラムを用意した。専任の教授・助教授だけでも100人近い。これだけ充実した文学部は多摩地域で唯一と自負している。

今回、読売新聞立川支局と共催することになったリレー講座では、文学部各専攻の教員がさまざまな分野から、「恋愛、家族、そして未来」という普遍的なテーマについて語る。充実した講座となるに違いない。

（寄稿）

恋愛 家族 そして未来

2006年8月5日　初版第1刷発行

編者　中央大学文学部

発行者　福田孝志
発行所　中央大学出版部
東京都八王子市東中野742-1　〒192-0393
電話 042(674)2351　FAX 042(674)2354
http://www2.chuo-u.ac.jp/up/

装幀　清水淳子
印刷・製本　藤原印刷株式会社

ISBN4-8057-6163-6